Das Kaffeeorakel von Hellas | Reihe: 21

Die Deutsche Nationalbibliothek – CIP-Einheitsaufnahme.
Die Deutsche Nationalbibliothek verzeichnet dieses Buch in der Deutschen Nationalbibliografie;
detaillierte bibliografische Daten sind im Internet über http://dnb.d-nb.de abrufbar.

Erste Auflage 2013
© Größenwahn Verlag Frankfurt am Main Sewastos Sampsounis, Frankfurt 2013
www.groessenwahn-verlag.de
Alle Rechte vorbehalten.
ISBN: 978-3-942223-31-7
eISBN: 978-3-942223-49-2

Andreas Deffner

Das Kaffeeorakel von Hellas

Abenteuer, Alltag und Krise in Griechenland

IMPRESSUM

Das Kaffeeorakel von Hellas

Reihe: 21

Autor
Andreas Deffner

Seitengestaltung
Größenwahn Verlag Frankfurt am Main

Schriften
Constantia und *Lucida Calligraphy*

Covergestaltung
www.hasenstein-DISIGN.eu

Coverbild
© Dimitrios Pergialis, EL Politismos
www.griechische-kultur.eu

Lektorat
Michael Fröhlich

Druck und Bindung
Print Group Sp. z. o. o. Szczecin (Stettin)

Größenwahn Verlag Frankfurt am Main
November 2013

ISBN: 978-3-942223-31-7
eISBN: 978-3-942223-49-2

INHALT

Für Kristin, Janne, Marek und Lasse

Seit über 15 Jahren ist Griechenland mein erklärtes Lieblingsziel. Ein spannendes Land, mit Jahrtausende alter Geschichte, Wiege der Demokratie, Land der Götter und unendlicher Schönheit. Tiefblaues Meer, weiße Sandstrände, ausgesprochen liebenswürdige und aufgeschlossene Menschen. Land der Philosophen, Genießer und freundlicher Faulenzer. Stundenlanges Herumsitzen im traditionellen Kafeneion prägt das Bild nicht nur in den unzähligen Dörfern und auf den kleinen pittoresken Inseln.

Meinem ehemaligen Kunstlehrer Stefan Geyr habe ich es zu verdanken, dass ich nach dem Abitur in Tolo, einem ehemaligen Fischerdorf auf dem Peloponnes, gelandet bin. Seitdem fesselt mich dieses Land. Und seitdem ist die Familie von Perikles Niotis zu meiner »Zweitfamilie« geworden. So viele Jahre habe ich meinen Urlaub und meine Freizeit bei ihnen in Tolo verbracht, dass ich schon gar nicht mehr genau weiß, wie oft ich eigentlich da war. An was ich mich aber ganz genau erinnere: dass es in all den Jahren immer wieder Geschichten zu erzählen und Dinge zu entdecken gab, die manchmal kurios, ein anderes Mal ulkig und wieder andere Male kaum zu glauben waren. Und weil das Entdecken am besten geht, wenn man selbst geht, habe ich beschlossen, Spaziergänge in Griechenland zu unternehmen. Natürlich mit meinem guten Freund Perikles, aber auch mit vielen anderen, die allesamt spannende Geschichten aus ihren Alltagsleben zu erzählen haben.

So habe ich mit ganz unterschiedlichen Leuten immer wieder neue Seiten Griechenlands kennengelernt. Die pulsierende, moderne Hauptstadt ebenso, wie das antike Athen. Meine Spaziergänge führten mich über abgelegene Wege in der weiten Wildnis fast entvölkerter Gebiete, durch Olivenhaine, über schneebedeckte Bergkuppen oder durch ehemals einsame Fischerdörfer: unendlich faszinierende, idyllische Landschaften.

Aber auch die persönlichen Alltagssorgen der Menschen kommen ebenso zur Sprache, wie das Problem der Verödung ganzer Gegenden durch die Landflucht, oder die haarsträubenden Beispiele von Umweltzerstörung und -verschmutzung. Und als das Buch im Frühjahr 2010 fast druckreif auf dem Tisch lag, erfasste die schlimmste Wirtschafts- und Finanzkrise mein geliebtes Griechenland. Auch in Deutschland wurde wochenlang überall über die »faulen Griechen«, die »Betrüger in der Euro-Familie«, wie etwa der FOCUS titelte, berichtet. Meine ursprünglich gewählte Verlegerin stieg Hals über Kopf aus dem Vertrag aus. Mein Griechenlandbuch würde jetzt wohl doch nicht in ihre Reiseberichtsreihe passen. Nicht nur die Medien waren durch die Krise offenbar verunsichert. Glücklicherweise war schnell ein anderer Verlag gefunden, der genau zur richtigen Zeit das Kaffeeorakel publizierte.

Das deutsch-griechische Verhältnis hat durch die Krise einen Knacks bekommen. Umso wichtiger ist es, dass man sich gegenseitig besser kennenlernt. Das vorliegende Buch kann Hilfestellung dabei bieten, den griechischen Charakter und die Probleme des Landes zu verstehen.

Für das Begreifen des Alltagslebens ist es nicht notwendig, die zwanzig bedeutendsten archäologischen Fundstätten zu besichtigen oder alle Ägäisinseln zu besuchen. Fokussierte Ausschnitte können Verhaltensweisen, Kultur, Geschichte und kulturelle Unterschiede viel besser beschreiben als ein Sightseeing-Programm. Ich habe daher bewusst darauf verzichtet, allzu Touristisches aufzusuchen.

Die einzelnen Kapitel widmen sich immer einem Hauptthema. Dabei stehen sie jeweils für sich. Sie müssen nicht in der Reihenfolge von vorne nach hinten gelesen werden. Da Abschweifungen und Anekdoten für die aus deutscher Sicht oft unorganisiert wirkenden Griechen typisch sind, gesellen sich verschiedene Nebenthemen ganz selbstverständlich in die jeweiligen Spaziergänge. Erst das Ganze vollendet das Puzzle »Griechischer Lebensstil«. Ein konstruktives Chaos. Nur wer sich diese ureigene griechische Mentalität immer wieder vor Augen führt, der kann auch das Alltagsleben der Griechen richtig begreifen. Das letzte Kapitel ist der aktuellen Krise geschuldet. Sein Aufbau weicht daher etwas von dem der anderen ab.

Die im Buch genannten Personen sind alle existent. In den meisten Fällen habe ich sie mit ihren tatsächlichen Namen erwähnt. Wer von Ihnen eine dieser Personen trifft, möge ihr bitte schöne Grüße von mir ausrichten. Es sind allesamt ganz außergewöhnlich nette, freundliche und liebenswürdige Menschen. Gehen wir also los!

Andreas Deffner,
Tolo, August 2010

VORWORT ZUR NEUAUFLAGE

Vor Ihnen liegt die überarbeitete und ergänzte Ausgabe meines ersten Griechenlandbuches »Das Kaffeeorakel von Hellas – Abenteuer, Alltag und Krise in Griechenland«. Nach dem großen Erfolg der ersten Ausgabe des »Kaffeeorakels« im Jahr 2010 ist bereits zwei Jahre später der Nachfolger »Filótimo!« erschienen. Die vielen positiven Rückmeldungen zu beiden Büchern haben mich überwältigt. Mit dem »Kaffeeorakel« wollte ich den Lesern das wahre Griechenland zeigen, das Land abseits der stereotypen Tourismus- oder Krisenberichte. Und mit »Filótimo!« habe ich versucht, den Nichtgriechen das ganz spezielle griechische Lebensgefühl näher zu bringen. Beides hat, so meine Eindrücke von den zahlreichen positiven Kritiken, auch ein bisschen zur Völkerverständigung beigetragen. Deutschland und Griechenland haben sich viele Jahrzehnte als großartige Freunde in einem vereinten Europa gezeigt und gefühlt. Warum sollte sich daran ganz plötzlich wegen der Wirtschaftskrise etwas geändert haben?

Unsere Freundschaft hat zuletzt leider etwas gelitten. Die Realität zeigt, dass sich Deutsche und Griechen offenbar doch nicht so gut kennen, wie wir all die Jahre zuvor geglaubt haben. Diese Erkenntnis ist es aber, die uns *die* Gelegenheit bietet, daran etwas zu ändern. Lernen wir uns gegenseitig besser kennen, dann wird auch unsere Völkerfreundschaft in neuem Glanz erstrahlen!

Die Finanzkrise wird sicher noch eine ganze Weile andauern, aber eines Tages wird sie überwunden sein. Das legendäre griechische Filótimo aber wird die Krise überdauern und vielleicht sogar durch sie gestärkt werden. Und die griechische Leidenschaft für »paréa«, also sich in Gesellschaft füreinander einzusetzen und zu genießen, wird ebenfalls nicht untergehen.

Vielleicht ist gerade die Krise ein guter Anlass, sich auf die wichtigen Dinge zu konzentrieren. Sich nicht alleine zu fühlen, sondern in Gesellschaft, in »paréa«, zu sein, gehört auch dazu. Es sind die vielen kleinen Dinge, die dem Leben Sinn geben. Und da hierzu auch Essen gehört, haben wir uns für die Neuauflage dieses Buches ganz bewusst dafür entschieden, jedem Kapitel das dazugehörige Kochrezept anzufügen.

Zudem gibt es ein völlig neues Kapitel aus Nefelokokkygia, einem kleinen Dorf am Meer. Dieser »Spaziergang« unterscheidet sich in mehrfacher Hinsicht von den übrigen. Nicht nur der Dorfname und die Namen der Protagonisten sind frei erfunden, wir haben uns auch nicht wirklich viel bewegt. Dafür aber hat sich die Geschichte tatsächlich so zugetragen. Und das Schöne an einem echten griechischen Kaffeeorakel ist, dass man sich in »paréa« einfindet, über alles Mögliche orakelt und dabei in sich selbst hineinhört. Dabei vergessen wir nie das Menschliche und versuchen immer den Sinn des Lebens im Blick zu behalten. Und wer sich selbst hinterfragt, der hat auch ein besseres Verständnis für den jeweils anderen.

In diesem Sinne: Kali orexi mit dem Kaffeeorakel, und viel Spaß in Griechenland!

Andreas Deffner,
Potsdam, April 2013

AUF EINEN KAFFEE IN NEFELOKOKKYGIA
Ein inspirierendes Orakel mit Weitblick

Irgendwo in Griechenland. Ich habe vergessen wo. Zumindest behaupte ich das jetzt. Aber irgendwie glaube ich es auch. Oder besser gesagt: Ich befinde mich in Nefelokokkygia, einem kleinen Dorf am Meer.

Es knarzt. Der wacklige Korbstuhl, auf dem ich sitze. Unbeweglich. Ich. Dennoch knarzt er. Und vor mir sehe ich das Meer. Den weiten endlosen Ozean. Er ist zum Greifen nah. Wird das Wasser noch kalt sein? Wahrscheinlich. Es ist Februar und dennoch sitze ich im dünnen Pullover auf der Terrasse.

Wo bin ich?

Griechenland, ja, aber wo?

Die Zeit scheint stehengeblieben in Nefelokokkygia. Und ich sitze. Unbewegt auf diesem Stuhl, von dem der blaue Lack abblättert. Die Sonne wärmt mich. Mitten im Winter wird es hier richtig warm, fast heiß. Es fühlt sich behaglich an, heimisch. Ich träume. Mit geschlossenen Augen blicke ich in die Sonne. Ich fühle, wie ihre Strahlen mich piksen. Die Haut auf den Wangenknochen kribbelt zart. Wird dort das Vitamin D produziert? Mir ist egal, wo ich bin, solange die Sonne mich so verwöhnt. Es fühlt sich an wie Zuhause.

»Ela, o kafés su! – Komm, dein Kaffee!«

Da ist er wieder, dieser spitzbübisch lächelnde Mann, den ich so gut kenne. Wie heißt er? Theofanis? Apostolos? Es ist egal. Bin ich in Trance? Ich nenne ihn Sokratis. Er bringt zwei Kaffee in kleinen Tässchen. Echter griechischer Mokka. In Regenbogenfarben glitzern die winzigen Schaumbläschen auf der Oberfläche. Feiner, weißer Dampf steigt auf. Habemus Kafedes!

Die alte Möwe Stavros schreit urplötzlich am wolkenlosen Himmel über dem wellenfreien Meer. Warum schreit sie so laut? Immer wenn ich diese Möwe sehe, muss ich an einen alten Freund denken. Verschollen! Wo mag er sein? Sokratis nippt zaghaft am Mokkatässchen. Er sieht mich über den Rand seiner Brille an. Ob sich der Kaffeesatz schon ausreichend gesetzt hat?

Es knarzt. Wieder dieser Stuhl. Obwohl ich sitze, und zwar immer noch unbewegt. Nur meine Augen wandern über die laubfroschgrüne Hügellandschaft. Saftig-frisch wie im Böhmerwald. Ich muss unwillkürlich an dieses alte tschechische Sprichwort denken, das mir so gefällt: »*Kaffee darf sich setzen, Tee muss ziehen.*«

Bin ich Kaffee oder Tee? Ich liebe Kaffee! Aber? Ich nippe. Der Mokka ist heiß, der Schaum schmeichelt meinen fast geschlossenen Lippen. Ich sauge den Mokka ein. Habe ich mich bewegt? Es duftet. Der frisch gebrühte Kaffee, die blühenden Geranien auf der Terrasse und die Küchenkräuter, in dem zu einem Blumenpott umfunktionierten alten, blechernen Olivenölkanister, zaubern ein Aromapotpourri in die Frühjahrsluft. Ein Zitat von Honoré de Balzac kommt mir in den Sinn: »*Der Kaffee kommt in den Magen, und alles gerät in Bewegung; die Ideen rücken an wie Bataillone der Grand Armeé auf einem Schlachtfeld.*«

Der Mokkarest, der am Rand des Tässchens hängengeblieben war, zieht an der Außenseite eine Nase.

»Sokrati, gibt es hier bei euch im Dorf nicht noch eine echte Kafetsoúda, eine Kaffeesatzleserin?«, frage ich spontan, meinem Geistesblitz freie Bahn lassend.

Sokratis überlegt. Seit mehr als 50 Jahren ist dieses Dorf sein Zuhause. Es wird sicher eine alte Frau geben, die mir als Orakel dienen kann. Und wer, wenn nicht Sokratis, sollte sie kennen?

»Hm – so ein typisch altes Mütterchen gibt es hier in Nefelokokkygia nicht mehr«, denkt Sokratis laut vor sich hin, während auch er nun aufs Meer blickt. »Aber ...« – und jetzt sieht er mich ernst an – seine Stimme klingt fest und geheimnisvoll, »Lambros, der Besitzer vom Café Tulpe, ist ein echter Hellseher! Hast du schon mal Gäste in seinem Café gesehen?« Sokratis schaut fragend zu mir.

»Äh, nein«, antworte ich zögerlich.

»Siehst du! Von dem Kafeneion alleine könnte er nicht leben. Aber mit seinen Wahrsagungen macht er Geld. Und zwar reichlich. Ich ruf Isidoros an. Er kennt Lambros gut.«

Sokratis läuft ins Haus und erscheint bereits kurz darauf wieder auf der Terrasse.

»Isidoros kommt gleich rüber. Ich mach ihm schon mal einen Kaffee. Trinkst du auch noch einen?«, fragt er.

»Gerne!«

Sokratis ist gerade in der Küche verschwunden, um am Gaskocher den Mokka zu brühen, da erscheint plötzlich Nikodemos. Bis vor wenigen Jahren hat er als fliegender Händler gearbeitet. Dann kam die Krise und mit ihr das finanzielle Aus für sein Geschäft. Aber die kleine Rente, die er seit kurzem bezieht, genügt ihm. Wir kennen uns seit vielen Jahren und begrüßen uns dementsprechend herzlich. Schnell werden Neuigkeiten ausgetauscht und dann warten wir auf Sokratis, der schon bald mit einem Tablett zurückkehrt, auf dem vier Mokkas darauf warten, getrunken zu werden. Fast zeitgleich schlendert nun auch der vollbärtige, pyknische Lazaros heran. Sokratis hatte ihn aus der Kaffeeküche die Straße herabkommen sehen und gleich noch einen Mokka mehr aufgebrüht. Auf Lazaros' Nase sitzt eine dicke dunkle Hornbrille mit großen runden Gläsern. Auch er ist im Rentenalter und oft verabredet er sich mit Nikodemos hier bei Sokratis zum Kaffee. Heute haben sie sich frische Sesamkringel vom Bäcker an der Ecke besorgt, die wir nun alle gemeinsam beim Kaffee als Frühstückchen knabbern. Lazaros erzählt noch von seinem gestrigen Jagdausflug, bei dem sie einige große Vögel geschossen hatten, da erscheint auch bereits der angekündigte Isidoros. Er nimmt hastig die drei Stufen zur Terrasse, sieht unsere Runde und wedelt sofort fröhlich winkend mit den Armen. Großgewachsen und schlank ist er, und gut zehn Jahre jünger als die beiden Rentner. Sein dunkles, schütteres Haar flattert hin und her, während er aufgeregt fragt, wie er mir helfen kann. Nikodemos und Lazaros blicken fragend zu mir, und so berichte ich der versammelten Runde:

»Wisst ihr, mein Buch ›Das Kaffeeorakel von Hellas‹ soll als Neuauflage erscheinen. Und bei der Gelegenheit dachte ich mir, ich könnte ja auch ein Kapitel über eine echte Kafetsoúda ergänzen.«

Zustimmendes, nachdenkliches Nicken in der Kaffeerunde.

»Es gibt aber nicht mehr so viele, wie du vielleicht glaubst«, sagt Lazaros plötzlich.

»Ja, es ist schwierig, eine zu finden. Mir fällt spontan auch niemand ein«, ergänzt Nikodemos.

»Deshalb ist Isidoros hier!«, sagt Sokratis mit Stolz geschwellter Brust.

Nikodemos und Lazaros biegen sich vor Lachen und halten sich die Bäuche. »Seit wann kann der denn hellsehen? Er tippt ja nicht mal beim Fußballtoto richtig.« Und wieder ist ihr fröhlich-neckisches Lachen weit zu hören.

»Ich dachte an Lambros«, unterbricht Sokratis das Gejohle der lustigen Runde, die abrupt aufhorcht. »Isidoros kennt ihn doch so gut, da dachte ich ...«

»Aber warte mal, du suchst einen Kaffeesatzleser?« Isidoros schaut mich fragend an.

»Ja, das wäre prima«, sage ich.

»Dafür ist Lambros aber definitiv der Falsche. Er kann in die Zukunft sehen, ja. Darin ist er ein wahrer Meister. Aber er liest dir aus der Hand oder er schaut in seine Glaskugel. Kaffeesatzlesen kann er aber gar nicht. Ich glaube, das hat er noch nie gemacht.« Isidoros schaut entschuldigend zu mir.

»Vielleicht brauchen wir ihn gar nicht.« Nikodemos grinst mit einem spitzbübischen Lächeln. »Lazaros ist auch nicht schlecht im Kaffeesatzlesen. Er hat sich so einiges bei seiner Frau abgeguckt«, sagt er.

Ich muss an ein Zitat denken, dass dem amerikanischen Schriftsteller Mark Helprin zugesprochen wird: »*Der Voodoopriester mit all seinen Pülverchen ist ohnmächtig im Vergleich zu Espresso, Cappuccino und Mokka, die stärker sind als alle Religionen der Welt zusammen – vielleicht sogar stärker als die menschliche Seele selbst.*«

»Eigentlich ist es ganz einfach«, sagt Sokratis. »Es ist auch gar nicht so wichtig, was am Ende rauskommt. Es geht vielmehr darum, sich gemeinsam zu unterhalten, seine Fantasie spielen zu lassen und dabei ein Orakel zu entwickeln.«

Jetzt blicke ich skeptisch in die vier euphorischen Gesichter meiner Mokkapartner.

Kaffeesatzlesen ist seit vielen Jahrhunderten Tradition in Südosteuropa. Seine Ursprünge hat diese Art des Orakels, das auch als Kaffeedomantie bekannt ist, im Orient. Ein florentinischer Wahrsager soll sie erstmals im 17. Jahrhundert erwähnt haben. Viele Kaffeesatzlesemeister soll es noch immer geben und entsprechend ernsthaft betrachten viele diese spirituelle Technik. Vielleicht nicht ganz so streng nimmt es meine Kaffeerunde offenbar. Auch wenn Lazaros mit seinem wuscheligen, weißen Vollbart vertrauenswürdig aussieht, so ist doch fraglich, ob er ein echtes Orakel ist.

»Hör mal«, sagt er empathisch zu mir. »Ich kann dir gerne aus deiner Kaffeetasse lesen, aber ich gebe keine Gewähr. Und: Es ist vielleicht besser, wenn du mich nicht namentlich in deinem Buch nennst.«

Auch Nikodemos mischt sich nun ein: »Wenn man seine Fantasie richtig einsetzt und daran glaubt, was man meint im Kaffeesatz zu sehen, dann ist es immer richtig. Man kann so handeln, dass man eventuell seine Zukunft positiv beeinflusst.«

Ich sehe in nickende Gesichter.

Sokratis ergänzt sodann: »Weißt du, man sagt, im Kaffeesatz gibt sich das Unterbewusstsein zu erkennen. Man braucht also nur jemanden, der die Zeichen deuten kann. Mit Hexerei hat das also nichts zu tun. Es geht vielmehr um dein eigenes Ich.«

Und wieder zustimmendes Nicken.

»Na gut, versuchen wir es«, sage ich. »Ich werde euch einfach fiktive Namen verpassen und euer schönes Dorf benenne ich auch um. So bleibt ihr unerkannt. Daran soll es nicht scheitern.«

Und Sokratis entgegnet: »Unser Dorf ist ja eigentlich auch prädestiniert für spektakuläre Weissagungen. Hier leben doch mehr uralte Greise als in Delphi. Und sieh dir nur Lazaros an. Sieht er nicht aus, wie das perfekte Kaffeeorakel-Urgestein?«

Mein pyknisches, vollbärtiges Orakel scheint geschmeichelt, und es lächelt. Ich sehe auf das hinter dem urigen Bart versteckte unvollständige Gebiss mit den schiefen, kleinen, vom regelmäßigen Kaffeegenuss gebräunten Zähnchen. Erhaben bewegen sich nun die Lippen: »Bring uns eine Serviette!«

Lazaros bereitet sich auf seinen Auftritt vor, während Sokratis nach dem gewünschten Papierhandtüchlein eilt.

Gebannt schaut das Orakel-Team zu, wie ich meinen Mokka trinke. Knisternde Spannung liegt in der Luft. Stille. Nur mein Schlürfen ist zu hören. Sonst nichts.

»Pass auf, trink es nicht ganz leer! Ein bisschen restliche Flüssigkeit muss noch in der Tasse bleiben.«

Ich tue, wie mir geheißen.

»Jetzt schau genau in die Tasse. Schwenke sie dreimal im Kreis, damit die Neige den Kaffeesatz aufwirbelt.«

In sanften Schwüngen kreist das Tässchen über dem Tisch.

»Jetzt umdrehen! Hier, auf das Untertellerchen mit der Serviette darauf.«

Gesagt, getan, das Tässchen landet kopfüber auf der Untertasse und über uns schreit zeitgleich die alte Möwe Stavros. Ich blicke erschrocken zum Himmel. Der greise Vogel kreist über unseren Köpfen. Drei-, viermal, dann ist er urplötzlich verschwunden. Wie vom Himmel verschluckt.

Lazaros dreht sich zu mir. Er packt mich am Arm. Ernst. Wie ein hypnotisiertes Medium redet er mit mir. Dabei, so sagt man, bedürfe es keiner magischen Fähigkeiten beim Kaffeesatzlesen. Etwas Einfühlungsvermögen und Erfahrung im Umgang mit den möglichen Symbolen im Kaffeesatz genügen. In den Jahrhunderten der praktischen Anwendung der Kaffeedomantie haben sich bei den professionellen Kaffeesatzlesern Interpretationshilfen für die unzähligen Bilder herausgebildet, die sich in den Tassen bilden.

Lazaros sagt, ich solle jetzt warten, mich konzentrieren.

»Nicht ablenken lassen! Bis sich der Kaffeesatz ordentlich gesetzt hat.«

Das würde jetzt etwa fünf bis zehn Minuten dauern. Angespannte Stille. Ein spannungsgeladenes Nichts. Wie in einem abgedunkelten Raum einer runzeligen Wahrsagerin.

Und dann: »Jetzt dreh sie wieder um!«

Ich blicke in die Mokkatasse. Der Kaffeesatz hat sich raumgreifend im Tasseninneren verteilt.

»Was siehst du?«, fragt Sokratis.

»Hm, eigentlich nichts.«

»Du musst dich konzentrieren. Höre in dich hinein. Lausche deinen Gefühlen. Lass dich tragen und mitnehmen, dann siehst du klarer.« Lazaros blickt neugierig zu mir.

Der Kaffeesatz hat sich in der Mitte zu einem großen gleichmäßigen Klumpen zusammengeformt. Aus ihm greifen armähnliche Formen in Richtung Tassenrand. Ich meine, Finger zu sehen. Gerade und wellenförmige Linien, mit Kreisen und Punkten. Die Form des Kaffeesatzes wird mir von Sekunde zu Sekunde vertrauter. Ich flüstere: »Eigentlich sieht es aus wie die Landkarte von Griechenland.«

Lazaros Augen leuchten. Er nimmt mir die Tasse aus den Händen und blickt geheimnisvoll in den Prütt. Er besieht sich alles aus nächster Nähe. Die Nase steckt fast im Tässchen. Dann platziert er das Objekt der Begierde mittig vor uns auf dem Tisch.

»Ich sage dir, was *ich* sehe ... vor dir liegt eine lange ... ja, da ist sie, eine sehr lange Reise ...«

Wer jetzt Lust bekommen hat, auch einmal aus dem Kaffeesatz zu lesen, der findet hier das Rezept für einen echten griechischen Kaffee, so wie ihn Sokratis macht. Und natürlich ist auch gleich die Anleitung zum Kaffeesatzlesen dabei:

›Griechischer Mokkakaffee‹
Ellinikós kafés – Ελληνικός καφές

Zutaten für 2 Personen, weil man immer in »paréa« Kaffee trinkt:
3 TL Mokkakaffee, 2 TL Zucker, 2 Mokkatassen Wasser.
Utensilien: Briki – das langstielige Mokkatöpfchen, Gas-Stövchen bzw. Gas-Kocher, Mokkatassen mit Tellerchen.

Zubereitung:
Mischen sie im Briki Kaffee und Zucker und fügen Sie das Wasser dazu. Unter ständigem Rühren mit einem Löffelchen bringen Sie den Inhalt des Briki auf dem Gaskocher zum Kochen. Sobald sich das Wasser erwärmt hat und der Zucker gelöst ist, das Löffelchen entnehmen und den Kaffee vorsichtig langsam kochen. Aufpassen: Der Kaffeeschaum kommt hoch – wie die Milch beim kochen! Sobald der Kaffee den Rand des Brikis erreicht hat, das Briki vom Kocher nehmen. Wenige Sekunden abkühlen lassen, bis der Schaum etwas abgesackt ist. Dann das Briki wieder auf den Kocher setzen und erneut aufkochen, bis der Schaum wieder bis an den Rand hochsteigt. Jetzt erst verteilen Sie den Kaffee schluckweise abwechselnd in beide Mokkatassen. Dabei darauf achten, dass zunächst etwas von dem blasenartigen Schaum gerecht auf beide Tassen verteilt wird.
Auf der Oberfläche der Mokkatasse hat sich der Schaum gebildet. »Kaimáki« nennen es die Griechen und das ist ein ›Muss‹, ein Zeichen, dass Sie einen guten griechischen Mokka gekocht haben.
Servieren Sie den Mokka stets mit einem kalten Glas Wasser.

Orakel-Tipp:
Kaffeesatzlesen ist in Griechenland sehr beliebt. Natürlich macht er mehr Spaß, wenn mehrere Personen anwesend sind. Probieren Sie es selbst! So

wird es gemacht: Nachdem Sie den Kaffee Schluck für Schluck getrunken haben, merken Sie, dass Kaffeesatz in der Tasse übrig bleibt. Trinken Sie nicht die gesamte Flüssigkeit, sondern lassen Sie einen Rest übrig, damit der Kaffeesatz vermischt werden kann. Durch Rütteln und Hin- und Herbewegungen der Tasse, verteilen Sie den flüssigen Kaffeesatz im gesamten Innenraum der Tasse. Wenn Sie zufrieden mit der Verteilung des Kaffeesatzes und den entstandenen Mustern sind, stürzen Sie den übrigen Kaffeesatz auf das Tellerchen, so dass der gesamte Inhalt abtropfen kann. Halten Sie die Tasse kopfüber und stellen Sie sie auf eine Serviette zum »Trocknen« beiseite. Nach ca. 5 Min. sollte der Kaffeesatz nicht mehr tropfen. Erst jetzt ist die Tasse bereit zum Umdrehen und das Kaffeesatzlesen kann beginnen. Studieren Sie ihre »gemalte« Tasse in Ruhe und lassen Sie Ihrer Fantasie freien Lauf. Interpretieren Sie das, was Sie sehen: Tiere, Buchstaben, Zahlen, Figuren, Gegenstände, Gesichter, Länder. Stricken Sie Geschichten dazu und werden Sie so zum Orakel. Viel Spaß dabei!

KAFFEEPLAUSCH IM ZOBELJÄCKCHEN
Krisenfestes Kolonaki

Kolonaki heißt Athens kleines Nobelviertel, mitten im Herzen der Stadt. Hier zwischen dem Vassilissis-Sofias-Boulevard und dem Lykabettoshügel erstreckt sich das teure Szeneviertel, in dem sich die Schönen und Reichen, und die, die das noch werden wollen, treffen. Edle Schuhgeschäfte, gepflegte Stadthäuser, teure Boutiquen und schicke Cafés reihen sich aneinander. Geschäftsleute, Politiker, Schauspieler: Die Straßencafés sind überfüllt mit illustren Prominenten. Hier in Kolonaki bin ich mit der berühmten griechischen Schriftstellerin Lena Divani zum Kaffee verabredet. Im Café »Da Capo«. Wo sonst! Es ist DAS In-Café und nur hier treffen sich die wirklich prominenten und reichen Athener.

Das Kaffeetrinken ist essentieller Bestandteil des griechischen Lebens. »Páme ja kafé – Gehen wir einen Kaffee trinken« bedeutet dabei sehr viel mehr, als nur das Trinken eines Getränks. Es ist gleichbedeutend mit dem Erledigen wichtiger geschäftlicher Dinge. Ein soziales Ereignis und zugleich Unterhaltung und Zeitvertreib. Anders gesagt: eine griechische Leidenschaft. Ich behaupte sogar, dass ein normales Leben in Griechenland ohne die Teilnahme an der Kaffeekultur gar nicht möglich ist. Den Mietvertrag für meine erste Athener Wohnung unterschrieb ich beispielsweise beim Kaffee.

Damals, 2003, war ich für einige Wochen zu einem Praktikum im griechischen Gesundheitsministerium in Athen. Ich war froh, leicht und unbürokratisch eine kleine, zentral gelegene Wohnung gefunden zu haben. Und zu meiner Überraschung fuhr mich mein Vermieter nach der Vertragsunterzeichnung auch noch in bester Laune und laut gegen den dichten Verkehr anbrüllend auf seinem Moped durch die Stadt. Ohne Helm versteht sich! Die Griechen legen eben besonderen Wert auf eine offene und allzeit gesprächige Art. Und dabei ist das In-Gesellschaft-Sein – die »Paréa« – stets präsent. Daher gehört das Kaffeetrinken zum griechischen Alltag ebenso selbstverständlich dazu wie Essen und Schlafen.

Der Taxifahrer, den ich nach dem »Da Capo« frage, deutet in Richtung der Platia–Kolonakiou. Die »Platia – der Platz« ist überall in Griechenland ein Zentrum, ein Ort, an dem man sich trifft. In den Dörfern ist sie meist *das* kulturelle Zentrum. Hier gibt es das einzige oder gleich mehrere Kafeneions, die typischen griechischen Kaffeehäuser. Sind die echten Dorfkafeneions oft rauchgeschwängerte, karge Räume mit ausschließlich männlichen Gästen, so zeigen sich die modernen Cafés heute oft besonders schick oder extravagant eingerichtet und generationen- und geschlechterübergreifend besucht. Als ich mich vom Taxi bereits auf den Weg zum Kolonaki-Platz mache, ruft mir der Fahrer noch hinterher: »Das ist aber ein verdammt teures Ding!«

Teuer hin, teuer her, wir sind in Griechenland und da darf ein Kaffee in schicker Umgebung auch gerne 5 € oder sogar weit mehr kosten. Man gönnt es sich. Zumindest diejenigen, die es angesichts der wirtschaftlich schwierigen Lage noch können. Zum Kaffee bleibt der Grieche nicht vor der heimischen Filterkaffeemaschine, so er denn überhaupt eine hat, sondern er geht raus, mit Freunden in eines der zahlreichen Kafeneions, in eine der vielen, auch hier wie Pilze aus dem Boden schießenden Schnell-Imbissbuden mit integrierten Kaffeeecken oder in eines der modernen Cafés oder in Bars.

Kaffee ist omnipräsent. Sogar auf den Athener Hauptverkehrsstraßen wird er im Sommer an roten Ampeln verkauft. Dann schwärmen die fliegenden Händler aus, klopfen an die geschlossenen Scheiben der klimatisierten Autos, oder sie reichen ihren Kaffee gleich durch die geöffneten Fenster der Altwagen ohne Klimaanlage in das staubig-schwitzige Wageninnere. In den heißen Sommermonaten ist Kaffee-Frappé ein beliebter Begleiter auf den verstopften Athener Straßen. Der legendäre griechische Eiskaffee aus aufgeschäumtem Instantkaffee ist wegen seines festen Schaums bestens geeignet, während der Autofahrt getrunken zu werden. Es schlabbert nichts! Er wird dabei in verschiedenen Varianten angeboten. »Sketo – ohne Zucker«, »metrio – mittelsüß« und »glykó – süß«. Zusätzlich wählt man, ob er »me gála – mit Milch«, oder »horís gála – ohne Milch«, oder auch »me polí gála – mit viel Milch« serviert werden soll. An der Ampel kostet er meist nicht mehr als einen Euro. Dieser bleibt sicherlich immer unversteuert.

Das »Da Capo« liegt abseits der großen Hauptverkehrsstraßen. Hier in Kolonaki schmeckt der Kaffee edler, er ist allerdings auch ungleich teurer als der Straßen-Frappé. Im »Da Capo« trifft man sich nach dem Einkaufsbummel mit Freunden oder Geschäftspartnern, oder bevor man die Nacht zum Tag macht. Jetzt am Freitagnachmittag platzt das Exklusivcafé aus allen Nähten. Draußen gibt es schon keinen Sitzplatz mehr, ähnlich sieht es im Inneren aus. Viele Damen und Herren, die jüngere und ältere Schickeria, drängen sich in dem kleinen, schmalen und völlig verrauchten Raum. Ganz hinten in einer Ecke entdecke ich an einem kleinen runden Stehtisch Lena, die es sich bereits bei einem Cappuccino und einer Zigarette gemütlich gemacht hat. Freudig begrüßen wir uns in der Enge des Szenecafés. Lena bestellt mir einen Cappuccino, während ich meine Jacke aufhängen will. Dabei gerate ich im dichten Gedränge ins Straucheln und verbrenne beinahe sowohl meinen Mantel, als auch den teuren Anzug des ausgezeichnet gekleideten, älteren Herren am Nebentisch mit der von ihm geschmauchten, riesigen und sicherlich sündhaft teuren Zigarre. Mit einem Lächeln und Achselzucken nimmt er den Zusammenstoß gelassen hin. »Den pirázi – Macht nichts!«, sagt er.

Man ist entspannt in Kolonaki und genießt lieber den guten Kaffee, als sich über irgendwelche Belanglosigkeiten zu ärgern. Nicht nur deshalb liebt Lena das Leben in ihrem Viertel. Sie wohnt zwar nicht hier, arbeitet aber ganz in der Nähe und verbringt dementsprechend viel Zeit in diesem hübschen, kleinen Stadtviertel mitten in Athen. Lena Divani liebt die griechische Hauptstadt, liebt ihr Leben im Getümmel der Fünf-Millionen-Metropole. Neben ihrer erfolgreichen schriftstellerischen Tätigkeit ist sie zugleich Professorin der Geschichte der Internationalen Beziehungen an der juristischen Fakultät der Universität Athen. Außerdem sind nicht nur ihre Romane und Erzählungen in ganz Griechenland sehr beliebt, sondern auch ihre Theaterstücke. Sie ist umtriebig, lustig und lebensfroh. Und sie erzählt mir, dass sie so chaotisch sei, wie das Leben in Athen – sie schreibe ständig und parallel an verschiedenen neuen Buchprojekten und Theaterstücken.

Daneben hat Lena auch in ihrem Job als Professorin eine Menge um die Ohren. Die im zentralgriechischen Volos geborene Vollblut-Athenerin braucht das, wie mir scheint. Die große, schlanke Mittvierzigerin sprüht vor Elan und Witz. Sie ist ein echtes Energiebündel und wirkt mit ihrer dunklen Kurzhaarfrisur und dem stets zu lächeln scheinenden Mund deutlich jünger. Sie erzählt, dass sie nie wirklich eine eigene Familie haben wollte, um frei dafür zu sein, was ihr ganz besonders wichtig ist: immer dann in ein Café gehen zu können, wenn sie Lust darauf hat, sich zu amüsieren und zu entspannen. Dass das in Athen besonders gut geht, steht außer Frage. Lena steht für den modernen, emanzipierten Frauentyp, der in Griechenland zunehmend anzutreffen ist. Hatten früher in Griechenland noch die Männer »die Hosen an«, wandelt sich seit einigen Jahren die Gesellschaft zusehends.

Mein Freund Georgios aus Athen hatte mir erst kürzlich erzählt, dass viele seiner Freunde gerade geschieden werden. »Weil die Männer zu faul sind, schmeißen ihre Frauen sie raus.«

Frauen wie Lena scheinen in einer Zwickmühle zu leben, denn Familie und Kinder sind in Griechenland immer noch sehr bedeutend. In Umfragen nennen es über 80 Prozent der befragten Griechen als wichtigste Werte. Doch mit dem modernen Leben in Athen ist ein traditionelles Familienleben schwer zu vereinbaren – zunehmend aber auch wegen der Finanzkrise.

Lena hat einen weiteren Cappuccino bestellt. Genüsslich nippt sie am feinen Milchschaum: »In Europa gibt es eigentlich nur vier Städte, in denen ich leben könnte. Neben Athen sind das Berlin, London und Madrid. In genau dieser Reihenfolge!« Lena mag Städte, in denen das Leben pulsiert, so wie hier in ihrer Kaffee-Hauptstadt. All die vielen anderen Städte könnten nicht mithalten. »In Rom essen die Menschen mittags«, sagt Lena, »aber ab acht Uhr abends ist die Stadt im Vergleich zu Athen tot.« In der griechischen Hauptstadt hingegen gehe das Leben dann erst richtig los. »In Athen ist es immer voll.«

Aber auch Lena braucht offenbar manchmal Entspannung von der alltäglichen Hektik – und auch Abstand von der Entspannung im Café. Gerne unternimmt sie dann Trekkingtouren. Sie liebt es zu laufen, spazieren zu gehen oder gemütlich zu bummeln. Deshalb hat sie auch kein Auto. Sie findet es merkwürdig, dass Griechen grundsätzlich mit ihren Autos überall hinfahren, auch wenn das Ziel nur zwei Minuten entfernt ist. Immer wenn ihre knappe Zeit es zulässt, läuft sie daher zu Fuß von ihrer Wohnung im Stadtteil Maroussi ins Zentrum. Das dauert dann gut und gerne eineinhalb Stunden, aber die Bewegung ist es ihr Wert, und in Athen hat man auch immer das Gefühl, in Gesellschaft zu laufen. Im Auto hingegen, so Lena, sei man alleine, und gerade das mögen die Griechen eigentlich gar nicht. »Autos machen Menschen zu Sklaven!«, sagt sie. Im Bus und auf der Straße hingegen sehe man das Leben.

Wir haben uns beim Kaffee so ausführlich über das bewegte Athen unterhalten, dass ich es mir nun gerne ein bisschen zeigen lassen möchte. Allerdings meint Lena: »Was soll ich dir denn zeigen? Mein Leben ist hier! In den Cafés, den Tavernen, na ja, und in dem Drumherum dieser lebendigen Stadt.« Gerade das will ich mir ansehen, und so verlassen wir das »Da Capo« und wenden uns nach links. Vom Kolonaki-Platz aus geht es die Tsakalof-Straße entlang. Hier reihen sich Cafés an Cafés. Eines voller als das andere. »Eine echte Caféstraße eben«, wie Lena bemerkt. Einige hundert Meter weiter zeigt sie nach rechts: »Das ist die Straße, wo man zu Mittag isst.« Ich finde es faszinierend, wie die Griechen versuchen, ihr alltägliches Chaos dadurch zu ordnen, dass sie sich Caféstraßen, Mittagessengassen und Flanierboulevards schaffen. So spezialisiert finden sie viel einfacher auch die Cafés und Tavernen, die gerade angesagt sind. Die Griechen lieben es, in volle Cafés zu gehen, leere Lokale bleiben daher meist leer.

Im weiteren Verlauf unseres Kolonaki-Spaziergangs kommen wir in der Skoufá-Straße an einem gemütlich und einladend aussehenden Kafeneion vorbei. Lena erklärt mir, dass es sich beim »Filion« um eines der ältesten Cafés der Stadt handelt. Offenbar immer noch in, denn gut gefüllt ist es hier. Ein Besuch erscheint mir angebracht, aber ein anderes Mal, denn wir sind erst wenige Minuten vom »Da Capo« entfernt. Während wir weiter durch »Lenas Viertel« schlendern, kommen wir an vielen kleinen Buchhandlungen vorbei, alte wie neue. »Wir sind im Buchhandlungsviertel!«, bemerkt die Schriftstellerin an meiner Seite freudestrahlend. Der Dreiklang aus Spazierengehen, Kaffee und Büchern ist ihr ganz wichtig. Sie zeigt auf einen kleinen Laden auf der anderen Seite der Solonos-Straße: »Das hier ist eine der ältesten Buchhandlungen in Athen.«

Die Buchhandlung »Estia« existiert seit 1885. Damals war Athen noch eine kleine, überschaubare Stadt mit weniger als 90.000 Einwohnern und Kolonaki bereits als literarisches Zentrum gefragt. Lena ist in der Buchhandlung gut bekannt. In dem mit Regalen und zum Teil ungeordneten Bücherstapeln vollgestellten Laden, lässt es sich gut stundenlang stöbern. Wer lange sucht, oder einfach eine der freundlichen Verkäuferinnen fragt, der findet hier alte Bildbände ebenso wie den neuesten Roman von Lena Divani. Ich beschließe, sehr bald einmal wiederzukommen, um mich hier mit neuen Büchern einzudecken. Doch für heute bleibt es bei einem kurzen Abstecher ins »Estia«.[1]

Kurz darauf spazieren wir wieder durch Kolonaki, vorbei an schicken Cafés, modernen Galerien und sündhaft teuren Designergeschäften. Unser Bummel endet, wie es sich für einen echten Rundkurs gehört, wieder am zentralen Platz des Viertels, an der Platia–Kolonakiou. Lena erzählt mir gerade noch, dass ihr an Athen so gut gefällt, dass hier »alles geht«. Für Jeden, sagt sie, ob arm, ob reich, ob Manager oder Arbeitsloser: Jede und Jeder könne etwas aus sich machen. Das ist grundsätzlich sicher richtig, doch funktioniert in Griechenland vieles eben nur dann, wenn man jemanden kennt, der jemanden kennt ... Die viel zitierte Vetternwirtschaft treibt zum Teil bizarre Blüten: Wer einen Job sucht oder ein anderes Anliegen hat, der trifft sich gerne mal mit dem einen oder anderen Abgeordneten zum Kaffee und verspricht ihm als Gegenleistung für seine Kooperationsbereitschaft seine Stimme bei der nächsten Wahl.

Kolonaki ist das Ziel für alle erdenklichen Ideen und für Menschen jeglicher Couleur. Es steht für Erfolg, für Ansehen und Macht. Gerade daher war es auch häufiges Ziel von Anschlägen rund um die Unruhen im Dezember 2008. Auslöser der tagelangen gewalttätigen Auseinandersetzungen von autonomen und linksgerichteten Gruppen mit der Polizei war der Tod eines 15-Jährigen im angrenzenden Stadtviertel Exárchia. Der Junge wurde von einer Polizeikugel getroffen. Es blieb unklar, ob es ein gezielter Schuss oder ein tragischer Querschläger war. Die beteiligten Polizisten gaben später an, dass sie während einer Streife von Autonomen angegriffen worden seien. Andere sprachen von gezieltem Mord.

Exárchia gilt als Hochburg der autonomen Szene, als Künstlerviertel, und während der griechischen Militärdiktatur von 1967 bis 1974 war es das Zentrum des Widerstands. Heute gilt der Widerstand dem Kapitalismus und der Globalisierung. Nach dem Tod des 15-Jährigen in Exárchia bahnte sich die Unzufriedenheit der jungen Generation ihren Weg auf die Straße. Es kam zu blutigen Straßenschlachten: Schaufensterscheiben splitterten massenweise, Bankfilialen, Geschäfte und Polizeiwagen gingen in Flammen auf. Jugendarbeitslosigkeit, schlechte Bildungschancen, miserable Ausstattungen an den Schulen und Universitäten: düstere Aussichten für die Zukunft. Gerade Studenten und arbeitslose Jugendliche fühlen sich abgehängt und von der Politik im Stich gelassen. Viele haben die Nase voll von der manchmal grotesken Vetternwirtschaft. Die damalige Regierung wurde inzwischen abgewählt, in Exárchia brennt es nicht mehr. Dennoch ist die Lage, nicht nur dort, nach wie vor angespannt. Die Wirtschafts- und Finanzkrise ist deutlich zu spüren. Und nebenan, im schicken Kolonaki, treffen sich die Reichen und Neureichen weiterhin zum Kaffee.

Doch das moderne Kolonaki stößt auch an seine Grenzen. Es läuft nicht mehr alles rund am symbolischen Ort des Athener Erfolgs. Lena erzählt, dass die Platía–Kolonakíou vor einiger Zeit mit viel Geld umgestaltet wurde. Der gesamte Platz, der von engen Straßen umsäumt wird, wurde erneuert, er wurde »modernisiert«. Früher sei es hier immer voll gewesen. Man traf sich auf der ebenen Plateia, die mit vielen schattenspendenden Bäumen bepflanzt war. Hier suchten sich die Passanten ein freies Plätzchen auf den zahlreichen Bänken. Heute ist der Platz fast leer. Die Menschen meiden die jetzt graue, und im Sommer unerträglich heiße,

Betonoase. Sie weichen lieber auf die Cafés und Geschäfte an den Außenseiten des Platzes aus, zum Beispiel das »Da Capo«. Der mit verschiedenen Stufen und Kanten gestaltete innere Teil des Kolonakiplatzes wirkt unwirtlich inmitten dieses pulsierenden Viertels. Modern sollte es werden, zu Beginn des Zweiten Jahrtausends ein architektonischer Erfolg. Doch die kühle Optik des Betons versprüht wenig Charme, stattdessen im Sommer brütende Hitze. Auch in Deutschland hat es in den Siebziger- und Achtzigerjahren eine Reihe von Bausünden gegeben, die dem Betonmischerboom geschuldet waren. Und Lena sagt, dass Griechenland immer wieder gerne nach Deutschland schiele, wenn es darum geht, neue Modetrends zu übernehmen. Vor Jahrzehnten habe diese »moderne« Architekturwelle Deutschland erreicht, jetzt schwappe sie nach Griechenland. »Jetzt verbauen wir endlos Beton.«

Wollen wir nur hoffen, dass es nicht weitere Jahrzehnte dauert, bis die griechischen Entscheider entdecken, dass nicht jeder moderne Architekturtrend auch den Wohn- und Lebenswert erhöht. Denn wie schön wäre es gewesen, den Kolonakibummel auf dem Platz unter alten Bäumen im Schatten ausklingen zu lassen. So gesehen, könnte die Finanzkrise auch etwas Positives haben.

Ich verabschiede mich in guter Stimmung und mit vielen neuen Eindrücken nach einem sehr unterhaltsamen Nachmittag von Lena. Wir verabreden uns, einen so netten Kaffeebummel auf jeden Fall zu wiederholen. Es gibt hier noch so viel zu sehen, zu erleben, zu entdecken. Athen ist eine unendlich einladende Spaziergangstadt, in deren Ecken, Gässchen, Plätzen und Winkel es ständig etwas Neues aus dem Alltag der Athener zu entdecken gibt.

Als ich mich auf den Heimweg mache, höre ich plötzlich meinen knurrenden Magen. Ich beschließe, in die nahegelegene »Plaka« hinüberzuschlendern. Die Plaka, mit der über ihr thronenden Akropolis, ist das Altstadtviertel. Es gehört ebenso selbstverständlich zu Athen wie Kolonaki. In nur wenigen Gehminuten erreiche ich die »Ermoú«, die Hermes-Straße. Sie ist *die* Fußgängerzone der Stadt und führt vom zentralen Syntagma-Platz am Parlamentsgebäude bis hinunter in die Altstadt.

Auch hier herrscht reges Treiben: gut gekleidete Damen mit Einkaufstüten bepackt, Bettler und streunende Hunde. Glasfronten moderner Kaufhäuser prägen das Bild, alles wirkt weitläufiger als in Kolonaki. Ein mondänerer Schick, nicht ganz so edel. Eher so wie auf der Düsseldorfer »Kö« oder der Frankfurter »Zeil«. Am Ende der »Ermoú« laufen mehrere Straßen an der Platia–Monastiraki zusammen. Hier ist seit Jahren eine Großbaustelle. Die U-Bahnstation »Monastiraki« und der gesamte Platz werden umgebaut, doch immer neue archäologische Funde führen zu Verzögerungen beim Bau. Denn hier befand sich einst das antike Athener Zentrum.

Als vor Jahren der Platz noch baustellenfrei war, habe ich gerne mit Freunden in einer der Grilltavernen an der Ecke zur Mitropoleos-Straße im Schatten der Bäume »Souvlaki – Fleischspießchen« gegessen. Sie waren so köstlich, dass ein Freund einmal, am Tag seiner Abreise nach Deutschland, 50 Pita-Souvlaki zum Mitnehmen bestellte. Er hatte an diesem heißen Augusttag Geburtstag und wollte abends seine Gäste mit den schmackhaften Spießchen im Fladenbrot überraschen.

Baustellenbedingt setze ich mich heute lieber in das Innere des Ladens. Ich lasse die Augen über die Auslage kreisen. Vorspeisen, Salate und Fleischgerichte. Aber es ist etwas anderes, das mich stutzen lässt: In der Ecke, in der ein kleines Verkaufsfenster es ermöglicht, den eiligen Gästen ein Souvlaki auf die Hand herauszureichen, lehnt ein Gyrosspieß. Noch vor wenigen Jahren war Gyros vor allen Dingen im Ausland als griechische Spezialität anzutreffen. In Griechenland selbst grillte man Souvlaki auf dem Holzkohlengrill. Doch inzwischen hat der große Gyrosbatzen den kleinen Spießchen den Rang abgelaufen. Was ich an dem Batzen in der Ecke aber noch viel schlimmer finde: Dieses Ding erinnert an einen typisch »deutschen« Döner-Spieß! Industriell gefertigt sieht er aus, wie er, in Frischhaltefolie gewickelt, an der Grilltheke lehnt. Ich muss wieder an den neuen Kolonaki-Beton-Platz denken. Die Moderne scheint auch in Griechenland in allen Bereichen des Alltags Einzug zu halten. Es wäre jedoch schade, wenn der gute alte, handgefertigte, gegrillte und mit Oregano bestreute Souvlaki künftig einem »Mc-Döner« weichen müsste und der gute alte griechische Kaffee, der handgemachte Mokka, durch Maschinenkaffee ersetzt würde, der ausschließlich nur noch in Kaffeehausketten ausgeschenkt würde. Weltweit identisch. Aber am Ende eines solch wunderbaren Tages bleibe ich optimistisch. Solange es noch Leute gibt wie Lena Divani, die den Kaffeebummel lieben und zelebrieren, wird sich eine solche Monokultur in Griechenland hoffentlich nicht etablieren können. Das Kaffeetrinken ist für die Griechen eben doch zu sehr grundlegender Bestandteil des Lebens. Man genießt ständig und ausdauernd.

Einige Monate später bin ich spontan wieder zum Kaffeetrinken in Kolonaki. Diesmal im Kafeneion »Filion« mit Viktoria und Sofia, die es ebenso wie Lena Divani lieben, sich im Café zu treffen. Georgia, die in Kolonaki ein florierendes Geschäft für die Frau von heute betreibt, gesellt sich zu uns und ich stelle sie meinen zwei Begleiterinnen vor. Zu viert sitzen wir bei Frappé, Caffè Latte, Cappuccino, Freddo und dem zum Kaffee obligatorisch gereichten Glas Wasser und plaudern. Georgia verdient ihr Geld unter anderem mit Schuhkartons. Hier in Kolonaki, wo sich die Damen von Welt die Klinken der Haute-Couture- und Schuhgeschäfte in die Hand geben, ein sicheres Geschäftsmodell. Georgia vertreibt klarsichtige Schuhkisten aus Kunststoff als innovative Lösung für diejenigen, die eine stattliche Schuhsammlung in ihren Schränken aufbewahren. »The clearbox« gibt es in vielen bunten Farben, unterschiedlichen Größen, für Herren und Damen, für Stiefel und Schläppchen. Nachdem ich bereits vor Jahren mit Viktoria und ihrer Schwester Christina zum Schuhe kaufen mitkommen »musste«, war ich sicher, dass Viktoria begeistert wäre. Aber nicht nur sie. Auch Sofia ist sofort Feuer und Flamme, genauso wie offenbar sehr viele andere Athenerinnen. Athen ist bunt und Kolonaki ganz besonders. Und auch wenn ich selbst nicht besonders viel Wert auf eine umfangreiche Schuhsammlung lege, so bin ich doch gerne bereit, der liebenswürdigen Georgia zu helfen. So sitze ich wenige Tage später im Flugzeug nach Berlin und trage fast zehn Kilogramm Schuhkisten für Georgias Berliner Freundinnen mit mir herum. Als mir die Stewardess den dünnen Flugzeugkaffee reicht, und ich beengt auf dem Flugzeugsitz am Pappbecher nippe, denke ich sehnsüchtig an Kolonaki und seine Kaffeekultur. Wer viel spaziert und bummelt, der darf auch viele Schuhe haben. Und der sollte auch immer wieder gemütliche Kaffeepausen machen!

Im Frühjahr 2010 ruft mich Georgia aus Kolonaki an. Wann ich mal wieder zum Kaffee komme, will sie wissen. »Sobald wie möglich«, sage ich. Ich will mir immerhin auch vor Ort ein Bild über die Finanzkrise machen. Wie es denn sei, frage ich.

»In Kolonaki merkt man kaum einen Unterschied. Hier haben die Leute Geld, aber ringsum stehen viele Geschäfte leer, immer wieder wird gestreikt und die Stimmung ist angespannt.« Resignation? »Nein, die Griechen denken immer positiv«, erwidert Georgia. Im Übrigen sei der U-Bahnbau am Monastiraki-Platz inzwischen beendet und die Platia fertig. Georgia ruft freudig ins Telefon: »Der Platz ist ausgesprochen schön geworden.«

Ich kann mir ihr verschmitztes Lächeln vorstellen, als sie ergänzt: »Eines lernt man, wenn man lange in Griechenland gelebt hat: Die Lage ist hoffnungslos, aber nicht ernst.«

Wer sich darüber ärgert, dass es in deutschen Cafés keinen Frappé gibt, und er auch nicht an heimischen Ampeln angeboten wird, dem rate ich dazu, ihn zu Hause zu machen und ihn dann mit ins Auto zu nehmen. Hier das Rezept für Frappé, wie ich ihn mag. Métrio me gála:

›Frappé‹

Frapés – Φραπές

Zutaten:

1 ½ TL Instantkaffee, ½ TL Zucker, Eiswürfel, kaltes Wasser, eventuell ein Schuss Milch (10-prozentige Kondensmilch), Strohhalm, ein hohes Glas (0,3 l), Schaum-Mixer.

Zubereitung:

Das Instantkaffeepulver mit dem Zucker und einem Fingerbreit Wasser in das Glas geben und mit Hilfe des Schaum-Mixers (z.B. ein kräftiger Milchaufschäumer) zu einem festen Schaum mixen. Mit Eiswürfeln, einem Schuss Milch und Wasser auffüllen bis der Schaum über den Rand des Glases hochsteigt. Mit Strohhalm und einem separaten Glas kaltem Wasser servieren.

Und langsam, sehr langsam genießen.

XΙΟΝΟΔΡΟΜΙΚΟ ΚΕΝΤΡΟ ΠΕΡΤΟΥΛΙΟΥ
»SKI CENTER PERTOULI«

Das verbeulte Schild weist nach rechts. Mit dem Leihwagen biege ich in die kleine Straße ein, die sich auf das schroffe Bergmassiv hin zuwindet. Nur wenige Kilometer weiter weist ein Schild auf die Notwendigkeit von Schneeketten hin. Bizarr!

Ich befinde mich rund 350 Kilometer nordwestlich von Athen. Griechenland gliedert sich in 13 Verwaltungsregionen. Sie sind vergleichbar mit den deutschen Bundesländern und untergliedern sich wiederum in mehrere Präfekturen. Eine dieser Verwaltungsregionen ist Thessalien, das aus vier Präfekturen besteht. Trikala, mit der gleichnamigen Präfekturhauptstadt, ist eine von ihnen. Sie liegt in der thessalischen Tiefebene am Fuße des riesigen Pindosgebirges, das sich auf einer Länge von etwa 200 Kilometern von Nord nach Süd durch das griechische Festland zieht. Nicht nur der zweitgrößte Berg Griechenlands, der Smolikas mit fast 2.650 Metern Höhe, befindet sich im nördlichen Pindos, auch drei der fünf größten Flüsse des Landes entspringen hier. Starke klimatische Unterschiede prägen das Gebirge. Relativ heiße Sommer und schneereiche Winter in den Höhenlagen. Gut zwanzig für den Skisport interessante Wintersportgebiete gibt es in Griechenland. Die allermeisten von ihnen befinden sich in den Hochgebirgen des Festlandes. Das von Pertouli ist das zentralste. Drei Skipisten und drei Lifte gibt es hier. Die Tageskarte kostet moderate zwölf Euro. Und hier ganz in der Nähe soll das Landgasthaus von Kostas und seinen Eltern sein.

Am späten Nachmittag hatte ich mich von Athen aus auf den Weg hierher gemacht. Auf der »Ethnikí Odós«, der autobahnähnlichen Nationalstraße, fuhr ich lange Zeit an der Ostküste des griechischen Festlandes entlang. Dort hatte ich einen der wunderbarsten Sonnenuntergänge erlebt. Glühend heiß senkte sich ein roter Feuerball in das spiegelglatte euböische Meer. Jetzt kurz hinter Trikala, die Autobahn habe ich bereits verlassen, passiere ich in stockfinsterer Nacht und bei sommerlichen Temperaturen Mitte Mai den unwirklich erscheinenden Wegweiser zum Skigebiet. Die kleine Straße in Richtung Pertouli ist kaum befahren. Mein Wagen quält sich über Serpentinen den Berg hinauf, während ich mit der Müdigkeit kämpfe. Kilometer um Kilometer geht es langsam den steilen, finsteren Berg hinauf. Lange Metallstangen säumen den Straßenrand. Sie dienen in Schneezeiten als Orientierungshilfe und Wegbegrenzung. Es erinnert an österreichische Hochgebirgsstraßen. Nicht zu Unrecht wird das Pindos-Gebirge auch »die griechischen Alpen« genannt. Erschöpft lenke ich das Auto Kurve um Kurve den Berg hinauf. Plötzlich bin ich hellwach: Erschrocken weiche ich einem Luchs oder einer ähnlichen Raubkatze aus. Schwer zu erkennen, was da so plötzlich vor mir in finsterer Nacht die Straße überquerte. Kurz darauf hoppelt ein Hase über die Fahrbahn. Reichlich Lebewesen unterwegs, allerdings keine Menschenseele weit und breit. Am Ski Center bin ich bereits vorbeigefahren. Habe ich mich verfahren? Da erblicke ich nach langer Dunkelheit endlich ein trübes Licht am Horizont. Angekommen!

Ich parke den Wagen vor einem imposanten aber kaum beleuchteten Natursteingebäude. Der Haushund beäugt mich gelangweilt und legt seinen Kopf wieder seitlich auf das Pflaster vor der Tür. Ich trete ein. In der Ecke sitzt ein älterer Herr auf seiner Couch und sieht fern. Als er mich sieht, springt der grauhaarige 70-Jährige auf und begrüßt mich fröhlich. Jannis ruft nach seinem Sohn, der kurz darauf mit dem Handy in der Hand im Gastraum erscheint. Endlich lerne ich Kostas kennen, von dem mir mein österreichischer Freund Robert schon so viel erzählt hatte. Kostas hat mit seinen Eltern hier in den Bergen von Pertouli im Jahr 2002 ein kleines Paradies geschaffen. Rund drei Kilometer vom Ski Center entfernt liegt ihre Taverne und Hotel »Astrovoliá« an einem bewaldeten Hang, auf immerhin noch 1.150 Metern Höhe. Bis zur Waldgrenze sind es noch rund 700 Höhenmeter und bis auf fast 2.500 Meter wächst das Pindosgebirge hier noch in die Höhe. Tolle Möglichkeiten für Wintersportbegeisterte.

Wie geschaffen also für Vater und Sohn, die jahrelang in Österreich in der Tourismusbranche gearbeitet haben. Nach Jahren im Salzkammergut kümmern sie sich heute um ihre in- und ausländischen Gäste. Im Sommer sind es vor allem Einheimische aus Trikala, die dann der Glut der Stadt entfliehen wollen. Die Präfekturhauptstadt liegt so in den Bergen eingekesselt, dass sie von den Griechen auch Hitzekessel genannt wird. Im Winter kommen die Skifahrer.

Mit Hingabe kümmern sich Kostas und seine Eltern das ganze Jahr über um ihre Gäste. Hier finden die Touristen das »andere« Griechenland. Kein Vergleich zu den belebten Küstenorten, den Inseln oder dem Alltag in den Großstädten. Doch der Tourismus spielt im Pindos-Gebirge nach wie vor nur eine untergeordnete Rolle. Die Skigebiete sind nicht mit denen in den richtigen Alpen vergleichbar, obwohl sie für diejenigen Skifans eine echte Alternative sind, die gerne fast einsame Hänge hinabsausen.

Der Mittvierziger Kostas kennt sich aus in der Tourismusbranche. Nach seiner Zeit in Österreich hat er ein Reisebüro in Athen eröffnet. Er ist ein vielbeschäftigter Tausendsassa. Er vermittelt nicht nur Reisen, er organisiert auch die regelmäßigen Linienbusverbindungen zwischen Budapest und Tirana nach Athen und umgekehrt. Aber das funkelnde Beispiel seines Unternehmergeistes ist das »Astrovoliá«. Es ist nicht irgendeines dieser seelenlosen Standard-Touristenhotels. Im Gegenteil. Mit Herz und Leidenschaft bewirtet Kostas seine Gäste aus nah und fern, und seine Mutter bekocht sie. Man merkt, dass sie die Zutaten für ihre köstlichen Gerichte liebt wie ihre eigenen Kinder. Doch richtig voll wird es auch hier fast nie. Der Massentourismus hat die griechischen Alpen noch nicht erreicht.

»Du bist sicher hungrig, komm setz dich und iss was!«, ruft Kostas mir zu, und kurz darauf sitze ich im traditionell eingerichteten Restaurantbereich. Von der Wand über dem offenen Kamin starren mich ein Steinbock- und ein Rehgeweih an. In der Küche brät mir unterdessen Kostas' Mutter ein »Bifteki«, ein Hackfleischsteak. Ein köstlicher Duft dringt in meine Nase, als mir Kostas das Essen serviert. Knusprig frisches, selbstgebackenes Brot, Salat aus dem Garten, in Olivenöl frittierte »Patates« – Kartoffeln, ebenfalls aus eigenem Anbau. Ein Traum, vor traumhafter

Kulisse. Das »Astrovoliá« ist in traditioneller Bauweise errichtet und mit größtmöglicher Hingabe auch innenarchitektonisch perfekt inszeniert. Ornamentgefüllte Holzdecken, dazu dunkle Farbtöne an den Wänden und den Böden; Rot- und Brauntöne dominieren. Schwere, gusseiserne Wandleuchten und grobe hölzerne Deckenlampen fügen sich geschmackvoll in das Blutrot der Wände in den gemütlichen Sitzbereichen. Schlossambiente. Der Baustil des griechischen Vorkriegslandadels verbindet praktische Funktionalität mit orientalischer Üppigkeit. Überhaupt nicht mediterran, dafür deftig bergisch. Der Gastraum steht dem in Nichts nach. Hier genieße ich jeden Bissen mit Hingabe. Es schmeckt ausgezeichnet. Ich kann gut verstehen, dass zu den Gästen nicht nur Touristen aus dem In- und Ausland gehören, sondern auch viele Stammgäste aus den umliegenden Dörfern. Aus meinem Bifteki steigen mir Düfte orientalischer Gewürze in die Nase. Die gebirgige Region um Trikala ist griechenlandweit für ihr deftiges, gut gewürztes Essen bekannt. Die orientalischen Einflüsse hat sich die Gegend weit über die fast fünf Jahrhunderte der Türkenherrschaft bis heute bewahrt. Und der typisch griechische, wilde Oregano verbindet perfekt das osmanische Erbe mit dem Landestypischen. Eine wahrlich Appetit anregende Symbiose.

»Junge, du isst ja gar nicht! Ist alles ok?«, fragt Kostas. Mehr als das, alles Bestens. Deshalb esse ich so entspannt langsam, und, angetrieben von Kostas' Besorgtheit, immer mehr. Mehr als eigentlich in meinen Bauch hineinpasst. Doch das stelle ich erst fest, als ich mich nach dem opulenten Mahl ins Bett schleppe. Hundemüde und thessalisch satt. Es ist inzwischen weit nach Mitternacht, ein langer und zum Ende genussreicher Tag geht zu Ende. Nachdem ich noch die winzigen Holzfensterläden aufgemacht habe, sinke ich in das bequeme Bett mit der Daunendecke. Von meiner Schlafstätte aus bewundere ich die sich im Mondlicht abzeichnenden Gipfel der umliegenden Berge. Mit dieser Aussicht und dem gefühlten weiteren Berg in meinem Magen schlummere ich wohlig ein.

Gut erholt und einigermaßen ausgeschlafen treffe ich am nächsten Morgen Kostas in der Küche. »Kalimera. Ti kafé pinis? – Guten Morgen, was für einen Kaffee trinkst du?«, fragt der bereits hellwache und gut gelaunte Kostas. Natürlich Frappé, métrio me gála. Keinem Griechen käme es in den Sinn, morgens etwas anderes anzubieten. Der morgendliche Kaffee gehört zu einem Tag wie das »Kalimera«! Tee hingegen wird nur gereicht, wenn jemand wirklich krank ist. Dann brüht sich der Grieche einen frischen Bergtee mit möglichst selbstgepflückten Kräutern, die so köstlich duften, dass ich glaube, alleine der Duft heilt. Doch Gesunde trinken Kaffee, und ich meinen kräftigen Frappé.

Kostas hält bereits eine große Tasse heißen Nescafé in der Hand und inzwischen auch sein Mobiltelefon am Ohr. Er telefoniert geschäftlich mit Athen. Sein Vater schlürft indessen seinen griechischen Mokka an der Theke des Gastraums und begrüßt mich fröhlich wie am Vorabend. Ein typisches Bild. Während die ältere Generation fast ausnahmslos »ellinikó kafé« – den echten griechischen Mokka-Kaffee – trinkt, dessen feinst gemahlenes Pulver im Töpfchen aufgekocht wird, greifen die Jüngeren zu Nescafé. Filterkaffee ist in Griechenland kaum zu finden, auf dem Land ohnehin nicht. Der »moderne« Nescafé hat dem Mokka den Rang abgelaufen. Er ist eben abwechslungsreich: im Sommer eiskalt als Frappé – herrlich erfrischend, im Winter schnell fertig und heiß – wärmend.

Ob ich gut geschlafen habe, will Jannis wissen, und überhaupt müsse ich hungrig sein, der Frühstückstisch warte schon auf mich. Eilig verschwindet er in der Küche, stellt geschwind Marmeladen und Honig auf den Tisch, verschwindet erneut und kehrt umgehend mit einer Karaffe Milch und einer mit Wasser zurück. Kurz darauf mit frisch gepresstem Orangensaft. Dann bringt er Brot, Butter, Käse, Wurst und Kuchen. »Fast alles selbstgemacht, und die Salami kommt sogar aus Deutschland«, sagt Jannis mit seinem typisch entspannten Lächeln. Ich bin inzwischen viel Leckeres in Griechenland gewöhnt, aber die Waldbeerenmarmelade von Kostas' Mutter ist nicht zu überbieten. Aber auch alles andere auf dem Tisch scheint einem kulinarischen Märchen entsprungen. Die Milch vom Bergbauern um die Ecke schmeckt so frisch wie der Schnee auf den Berggipfeln weiß ist, auf die ich durch das Terrassenfenster blicke. Der Duft der selbstgebackenen, hellen und dunklen Brote und des Kuchens lassen das imaginäre Bild des inseldominierten, mediterranen Griechenlands, das ich noch gestern auf der Fahrt hierher entlang der Küste vor Augen hatte, vollends verblassen. Hellas ist so viel mehr als Inseln, Strand und Meer.

Nach diesem gesunden Bauernfrühstück könnte ich leicht ein Feld umpflügen, doch der Spaziergang wartet auf uns und ich, bereits vor der Tür des »Astrovoliá«, auf meinen Weggefährten. Der vielbeschäftigte Kostas erledigt noch schnell einige geschäftliche Dinge, danach soll es losgehen. Sein Vater kommt derweil mit einem roten, verbeulten Ford Fiesta angefahren. Und fast zeitgleich erblicke ich jetzt auch Kostas. Im Alltag pendelt er hektisch zwischen Pertouli und Athen, wo seine Frau und Kinder wohnen. Doch jetzt steht er, entspannt mit der Kaffeetasse in der Hand, auf der Schwelle seines Hotels und nippt genüsslich an seinem Heißgetränk.

Ich muss an eine Umfrage denken, von der ich erst kürzlich gelesen hatte. Danach lässt sich der Durchschnittsgrieche für jeden im Café getrunkenen Kaffee ganze 93 Minuten Zeit.[2] Kostas gehört ganz offensichtlich in die Kategorie derjenigen Kaffeegenießer, die den Schnitt nach oben ziehen. Mit dem Kaffeepott in der Hand setzt er sich ans Steuer des alten Wagens, aus dem sein Vater soeben ausgestiegen ist. Fliegender Wechsel.

»Auf zum Spaziergang!«, ruft er mir zu, und wenig später lenkt Kostas das Auto bereits geschickt und mit Kaffeetasse in der Hand die Serpentinen abwärts auf der Straße nach Chrissomiliá. Einige Telefonate und wenige winzige, genippte Schlückchen Kaffee später, parken wir den Wagen nach knapp zwei Kilometern an einem schattigen Plätzchen neben einer Quelle.

Hier, inmitten eines wohlig duftenden Platanenwaldes, liegt eine kleine Kapelle in einem gepflegten Gartenareal mit sattgrünen Wiesen und uralten knorrigen Bäumen. »Das ist die Zoodóchu-Pigís-Kirche«, sagt Kostas. Das kommt mir bekannt vor. Vielerorts gibt es Kirchen mit diesem schönen Namen – Kirche zur Leben spendenden Quelle – doch an kaum einer anderen Stelle passt die Umgebung so perfekt dazu.

Rund 97 Prozent der Griechen sind orthodoxen Glaubens. Die Orthodoxie ist tief im Alltag der Griechen verwurzelt und die christlichen Feiertage werden geehrt. Das größte kirchliche Fest der griechisch orthodoxen

Kirche ist Ostern. Das fröhliche Fest der Auferstehung. Wie in allen orthodoxen Kirchen Griechenlands feiern sie dann auch hier in der Zoodóchu-Pigís-Kirche ein großes Fest. Ich stelle mir vor, wie sich dann die Wiesen füllen und der Duft von den traditionellen, am Spieß gebratenen Lämmern und von frischen Kräutern die Luft erfüllt. Dann wird die Leben spendende Quelle auch zur Lebenslust spendenden Quelle. Jetzt, wenige Wochen nach Ostern, ist weit und breit niemand zu sehen. Nur ein erhabenes Blätterrauschen der uralten Platanen im Wind erfüllt die Stille. Friedlichkeit, Zufriedenheit, Vollkommenheit. Ich nehme einen großen Schluck Wasser aus der kristallklaren, kühlen Quelle, während Kostas an seinem Kaffee nippt und sich über sein dunkles, volles Haar streicht. Wir schlendern durch den Platanenwald während mein Kaffee trinkender Weggefährte auf einen der riesigen Bäume deutet. Krüppelig, knorrig die massiven Äste, die eine Seite moosbepelzt. Doch das dichte Moosfell ist nicht das Besondere. Kostas zeigt mit der Kaffeetasse in der Hand nach oben: »Guck dir das an!«

Der massige Platanenstamm gabelt sich in Scheitelhöhe und aus der Gabelung wächst etwas. Ein Baum. Noch einer? Ja, da wächst tatsächlich ein Kirschbaum auf der Platane! Und das im Garten der Kirche zur Leben spendenden Quelle. Passend!

Etwas später, die Straße weiter talwärts, befinden wir uns in Chrissomiliá. »Goldene Mühlen« bedeutet der Ortsname. »Chrissomiliá ist einzigartig in Griechenland«, sagt Kostas, als wir den Dorfplatz erreichen. Mindestens drei, vier Kinder leben hier in jeder Familie, erklärt er mir. Jetzt wird mir klar, warum ich bislang zwar keinen Erwachsenen, dafür aber reichlich Kinder hier gesehen habe. Die durchschnittliche Kinderzahl pro Frau liegt in Griechenland – ebenso wie in Deutschland – bei knapp 1,4. In Chrissomiliá ist sie fast dreimal so hoch. Entsprechend lebendig wirkt es hier. Der Dorfplatz wird von einem gepflegten Kinderspielplatz dominiert. Weniger als 1.000 Einwohner leben in dem Ort, der kulturell nicht viel Besonderes zu bieten hat, dennoch ist es eine außergewöhnliche Gemeinde. Ein großer Kinderspielplatz! Jetzt gegen Mittag sind die Kafeneions am Platz noch leer. Für die ersten Kinder endet gerade der Unterricht. Sie sind auf dem Heimweg von der Dorfschule, in der sie ausgezeichnete Voraussetzungen vorfinden. In der Schule und dem integrierten Kindergarten werden rund 150 Kinder betreut.

Kostas erklärt mir, dass hier höchstens zwanzig Kinder auf einen Lehrer kommen. Ein großartiger Personalschlüssel, besonders wenn man bedenkt, dass Griechenland bei der PISA-Studie ziemlich schlecht abgeschnitten hat. Beim Lesen und in Naturwissenschaften landeten die Hellenen gerade mal auf Platz 30, bei Mathematik sogar nur auf dem 32. Platz. Das vielgescholtene Deutschland lag in diesen Kategorien auf Platz 21, 18 und 19. Chrissomiliá hätte, isoliert betrachtet, jedoch sicher besser abgeschnitten.

Das Dorf ist kein Vergleich zur Situation in griechischen oder auch europäischen Großstadtschulen. Ich erzähle Kostas von »meinem Dorf« Tolo auf der Peloponnes, das eine ähnliche Größe, aber deutlich weniger Kinder hat als Chrissomiliá. Überrascht höre ich von Kostas, dass er vor Jahren auch dort ein Touristenbüro betrieben hat. Er kennt sich daher aus, und er stimmt mir zu. Tolo sei tatsächlich anders, typischer. Chrissomiliá ist eben besonders. Viele andere Dörfer schaffen es bei besseren Voraussetzungen nicht im geringstem, die Landflucht gerade junger Leute einzugrenzen. Ein griechenlandweites Problem. Rund die Hälfte der über elf Millionen Einwohner Griechenlands wohnt im Großraum Athen. Wer seinen Kindern eine gute Ausbildung oder ein Studium ermöglichen will, den zieht es bevorzugt in die Hauptstadt. Doch gerade die massenweise Zuwanderung nach Athen stellt die Großstadt vor Probleme, die sie kaum bewältigen kann. Überfüllte Hörsäle, schlecht ausgestattete Schulen, hohe Arbeitslosigkeit und eine Infrastruktur, die nahezu kollabiert. Athen platzt aus allen Nähten und die Landflucht geht trotzdem ungebremst weiter.

Das Bergdorf Chrissomiliá bildet eine hoffnungsreiche Ausnahme der Tendenz zur Metropolisierung. Weniger als 85 Einwohner leben in Griechenland im Durchschnitt auf einem Quadratkilometer. Wenn man jedoch berücksichtigt, dass die Hälfte der Bevölkerung in Athen lebt, so verbleibt eine Bevölkerungsdichte für den Rest des Landes von nur rund 40 Einwohner pro Quadratkilometer. Ein Wert vergleichbar mit dem in Tansania, und nur etwa ein Drittel des EU-Durchschnitts. In Deutschland beträgt die Bevölkerungsdichte 230 Einwohner pro Quadratkilometer. Beeindruckend, dass die Dorfbewohner von Chrissomiliá sich anschicken, der geringen Bevölkerungsdichte entgegenzutreten.

Am Rande des Dorfplatzes steht ein Schnellimbisswagen. Pommes Frites, Souvlaki, Toast und weitere Kleinigkeiten warten auf die Schüler und deren Schulende. Während wir, über die Landflucht diskutierend, an ihm vorbeischlendern, grüßt uns der jugendliche Verkäufer fröhlich. Er scheint froh darüber zu sein, dass derzeit keine Gäste warten. So bleibt ihm alle Zeit der Welt mit der etwa gleichaltrigen Kollegin zu flirten. Beiden gefällt das Dorfleben offenbar sehr. Das Gekicher der jungen Leute hinter uns noch in den Ohren dringen weitere fröhliche Kinderstimmen an uns heran. Von vorne, von den Seiten, von überall her. Der Unterricht ist zu Ende. Kinder laufen auf die Straße, es wird gespielt. Am Basketballplatz werden die ersten Körbe geworfen, auf dem Fußballplatz netzen die Jungen Bälle ein. Ein Kinderparadies inmitten der Berge, deren Umgebung so einsam ist, dass es oben auf den Höhenlagen noch Wölfe gibt. Doch in den Dörfern, so verrät mir Kostas, gäbe es genügend Hunde. Daher würden sich die Wölfe nicht herabwagen. Aber wer weiß, vielleicht werden sie auch einfach nur vom fröhlichen Geschrei der Kinder abgeschreckt.

Auf Tiere viel kleinerer Art treffen wir am Straßenrand auf dem Weg zurück in Richtung Pertouli. Kostas' Freund der Imker winkt uns mit einer Rauchdose in der Hand zu, während er an seinen Bienenkörben arbeitet. Etwas abseits der geschätzten Milliarden Insekten bleibt Zeit für ein kleines Schwätzchen. Der Imker freut sich sichtlich über diese Abwechslung und Kostas und er erläutern mir, dass diese Gegend hier berühmt sei für ihre reichhaltigen Bienenvorkommen und den guten Honig. Legendär ist er ohnehin, der griechische Honig. Mit Joghurt zum Frühstück serviert fehlt er in keinem Hotel auf den Urlaubsinseln. Der Honig aus der wilden Natur um Pertouli ist ein besonderer Genuss. Die Bergregion mit kalten Wintern und schneebedeckten Gipfeln hat eine einzigartige Pflanzenwelt. Die Bienen finden hier das, was auch die Kinder von Chrissomiliá haben: tolle Entfaltungsmöglichkeiten und erstklassige Entwicklungschancen. Wir verabschieden uns vom Imker, um ihn nicht allzu lang von seiner Arbeit an den Waben abzuhalten. Er verspricht Kostas in den nächsten Tagen seine Körbe wieder auf der Wiese direkt gegenüber dem »Astroviliá« aufzustellen. Dann können die Gäste beim Verzehren dieser Köstlichkeit sogar zusehen, wer diesen Honig zusammenträgt.

Noch einmal kommen wir am Hotel vorüber. Während eines Telefonats deutet Kostas im Vorbeifahren auf den kleinen Vorgarten des »Astroviliá«. Seine Eltern und ein Bekannter mit seinem Kleintraktor pflügen gerade das für das Gefährt fast zu kleine Feld. Kostas legt das Telefon zur Seite und sagt: »Dort ziehen wir unser eigenes gesundes Gemüse und da nebenan bauen wir noch einen Grillplatz.« Er wollte keinen Rasen vor der Tür pflanzen. »Davon gibt es doch hier bereits mehr als genug.« Kostas deutet mit der halbgeleerten Kaffeetasse in der Hand über die weiten grünen Wiesen und die grünen Wälder. Und so liegt es nahe, dass die Familie, die, so sehr typisch griechisch, viel Wert auf gesunde Ernährung legt, hier ihr eigenes Obst und Gemüse heranzieht. Alles Bio. Fast alle Griechen haben ihre Wurzeln und Verwandtschaft in irgendwelchen Dörfern. Und wenn sie nach Hause fahren, dann freuen sie sich auf das Gemüse aus eigenem Anbau oder auf den frischen, selbstgefangenen Fisch. Griechen essen gerne, lange und in Gesellschaft, und Familie ist ihnen sehr wichtig. Was die eigene Verwandtschaft anpflanzt oder kocht ist natürlich das Schmackhafteste. Mutters Selbstgekochtes wird dann mitgenommen in die Stadt, oder sogar mit den Überlandbussen in Tupperdosen nachgeschickt. Bis zum nächsten Dorfausflug greifen auch immer mehr Städter zu Bioware. Die Anzahl der ökologischen Unternehmen ist in Griechenland heute neunmal größer als noch vor zehn Jahren, und dieser Trend setzt sich fort.

Kostas will mir nun noch die byzantinische Kirche Agia-Paraskeví zeigen, die etwas außerhalb von Pertouli auf einer grünen Ebene liegt. Als wir ankommen, ist das hölzerne Tor zum Garten verschlossen. Am Straßenrand parkt ein Auto, dass gerade im Begriff ist loszufahren. Als uns der alte Mann am Steuer erblickt, lehnt er sich aus dem Fenster und ruft uns laut zu: »Macht bloß das Tor hinter euch wieder zu, wenn ihr reingeht! Die Kühe scheißen uns sonst wieder den ganzen Garten voll.«

Also doch nicht verschlossen, sondern nur kuhsicher verriegelt. Beschwichtigend versichere ich dem grauhaarigen Mann, dass wir ganz sicher alles gut verschließen werden. Dann öffnet Kostas ungerührten Blickes und mit seiner Kaffeetasse in der Hand den klobigen Riegel. Wir betreten einen ordentlich gepflegten Garten. Auch hier gibt es eine kleine Quelle, aus der kristallklares Bergwasser sprudelt. Das Areal um das kleine angelegte Wasserbecken ist über und über mit Kuhfladen bedeckt. Hier lässt man also auch sein Vieh frei herumlaufen. Ein Biobauern-Paradies, geht es mir durch den Kopf, als ganz plötzlich die Kirchenglocke läutet und die scheinbar endlose Stille jäh aufhebt. Ich sehe mich verdutzt um und entdecke Kostas, wie er in der linken Hand sein Heißgetränkebehältnis hält und mit der rechten das Glockenseil schwingt. Die Glocke ist an einem hölzernen Gestell außerhalb des kleinen Kirchengebäudes aufgehängt. Kostas lässt das Seil schwingen und grinst dabei schelmisch. Ein bisschen ist er der kleine Junge geblieben, der hier und da gern Unsinn macht und gleichzeitig gerne in der Natur herumstromert. Seine Freunde und Gäste sollen daran teilhaben.

Er zeigt auf die schneebedeckten Gipfel des Pindos-Gebirges: »Früher bin ich oft Ski gefahren, aber heute fehlt mir die Zeit. Wenn genug Schnee liegt, kommen die Gäste zu uns und ich hab alle Hände voll zu tun. Im Sommer fliehen sie vor der größten Hitze auf die Berge und wieder brummt tagein, tagaus das Geschäft.«

Auch jetzt wird des Geschäftsmanns Zeit allmählich knapp und wir machen uns auf den Rückweg. Der Nescafé ist inzwischen kalt, doch Kostas nippt ungerührt weiter an der Tasse, während er mit der anderen Hand den Wagen auf der kurvenreichen Straße behutsam zurück in Richtung Ski Center lenkt.

An einem erst vor wenigen Tagen eröffneten Restaurant hält Kostas spontan an. Er kennt jeden hier in der Umgebung und natürlich auch die Besitzer der neuen Taverne. Es ist bereits ihr zweites Geschäft in der Umgebung. Kostas will ihnen nur schnell Guten Tag sagen. Griechen lieben Konversation, leben in einem ständigen Smalltalk. Nach einer kurzen Fachsimpelei über die Größe und Leistungsfähigkeit des Stromaggregats und darüber, ob in Oliven- oder Sonnenblumenöl frittierte Pommes Frites besser schmecken, geht es auch schon wieder weiter. So kurz wir in der Gaststätte waren, so wenig hat sie bei mir einen bleibenden Eindruck hinterlassen. All das, was ich am Vorabend beim ersten Eintreten ins »Astrovoliá« sah und fühlte, fehlt mir hier: Wärme, Herzlichkeit, Gemütlichkeit. Vieles hängt eben an den Menschen und ihrem Engagement aus Leidenschaft für das Schöne im Leben. Von Letzteren gibt es viele in Griechenland, aber es gibt auch solche, die das schnelle Geld im Tourismusgeschäft machen wollen. Zuletzt leider zunehmend mehr. So wurde mir erst kürzlich in einem touristisch geprägten Küstenort berichtet, dass nahezu alle Tavernen am Ort ausschließlich auf tiefgekühlte Catering-Produkte zurückgreifen würden. Billig und schnell. Für Touristen ausreichend? Für die traditionell auf gutes Essen Wert legenden Griechen eher nicht. Auch die kulinarisch verwöhnten Franzosen und Italiener, von denen jährlich immerhin rund zwei Millionen nach Griechenland reisen, wollen sicher keinen Billigurlaub, sondern herzliche Gastgeber und gutes Essen. Das gilt sicher auch für Österreicher, für die Griechenland das zweitbeliebteste Urlaubsziel darstellt. Gerade jetzt in der Krise wird es darauf ankommen, dass die Griechen wieder ihre so typische Leidenschaft und Gastfreundschaft zeigen.

Aus dem fahrenden Wagen zeigt Kostas mit der Nescafétasse auf einen dichten, frisch-grünen Wald zu unserer Linken. Leider fehlt uns jetzt die Zeit in ihm herumzustreunen. »Hier gibt es unendlich viele und gute Pilze«, sagt Kostas. Monatelang könne man sie hier sammeln. Waldchampignons und andere Köstlichkeiten, und sein Küchenchef sei ein wahrer Pilzexperte, versichert er mir. Seine unzähligen Pilzgerichte seien unschlagbar. Ich nehme mir fest vor, beim nächsten Mal mit dem Koch »in die Pilze« zu gehen. Aber es gibt hier noch so viel mehr zu entdecken. Die raue und gleichzeitig fruchtbare Natur des Pindos-Gebirges macht einen Besuch unvergesslich. Neben Pilzesammeln und Skifahren kann man hier Reiten, Wandern, Angeln, Jagen oder zum Beispiel Kanu- und Raftingtouren machen. Es ist ein gänzlich anderes Griechenland als das der Hochglanzbroschüren. Kein Meer, kein kilometerlanger Sandstrand, aber Entspannung pur.

Kurz bevor ich mich von Kostas verabschiede, telefoniert er noch und gibt Bestellungen auf. Hühnchen, Mehl und Milch, ein paar Gewürze, Eier. Dann noch ein paar Anweisungen an die Mitarbeiter seines Athener Reisebüros und schon legt er wieder auf. Das anstrengende Alltagsgeschäft fordert ihn ständig, dennoch wirkt er entspannt und ausgeglichen. Und das sogar, obwohl er häufig zwischen Athen und der entfernten Abgeschiedenheit der Berge pendelt. Aber vielleicht bringt ja gerade das die Gelassenheit, die er ausstrahlt. Zwei völlig unterschiedliche Welten und dabei beide so griechisch. Auch mich hatte die zwar lange aber eindrucksvolle Autofahrt von Athen hierher nicht nur ermüdet, sondern auch angenehm entspannt. Ob Kostas wohl auch in Athen mit dem Kaffee in der Hand sein Auto durch den dichten Verkehr lenken würde?

Ein letztes Mal wedelt er heute mit der Tasse über dem Lenkrad. »Hier an dieser Kreuzung hatte ich einen Wegweiser zum ›Astroviliá‹ aufgestellt. Irgendwelche Vandalen haben es kürzlich zerstört«, sagt Kostas. Er deutet auf die abgelegene Straßenecke, an der ich letzte Nacht lange überlegte, ob ich hier abbiegen muss oder nicht. Das Hotel liegt zwar etwas abseits versteckt, aber Perlen muss man eben suchen. »Astroviliá« bezeichnet übrigens den leuchtenden Kranz um besonders helle Sterne. Und solche soll es hier im Pindos-Gebirge viele geben. Auf dem kleinen Werbekärtchen, das mir Tourismusspezialist Kostas zum Abschied in die Hand drückt, steht geschrieben: »Im Sommer, ein Gedicht und im Winter, eine einzigartige Erfahrung ...«

Stimmt! Auch das: Griechen lieben poetische Beschreibungen und Extreme.

Passend zu meinem Besuch im Astrovoliá hier das Rezept für ein sündhaft leckeres Bifteki:

›Bifteki gefüllt mit Feta‹
Bifteki jemistó me Feta – Μπιφτέκι γεμιστό με φέτα

Zutaten:
500 g Kalbshackfleisch, 1 Tasse geriebene Zwiebeln, 2 kleingehakte Knoblauchzehen, 2 Eier, 1 Tasse Paniermehl, 1 TL Oregano, 1 EL gehackte Minzeblätter, Salz, frischgemahlener schwarzer Pfeffer, 5 EL Olivenöl, 300 g zerbröckelter Feta, Öl zum Braten. Für einen etwas orientalischeren Geschmack noch wahlweise eine Prise Kreuzkümmel (Cumin).

Zubereitung:
In einer Schüssel Kalbshackfleisch, Zwiebeln, Knoblauch, Eier, Paniermehl, Oregano, Minze, (ggf. Cumin), Salz, Pfeffer und Olivenöl mischen und gut durchkneten. Die bedeckte Schüssel ca. 1 Stunde im Kühlschrank ruhen lassen, damit das Hackfleisch die Gewürze aufnehmen kann. Mit eingeölten Händen aus der Masse längliche Frikadellen formen, in jedes Teil mit dem Daumen eine Vertiefung drücken, zerbröckelten Feta hinein geben und die Ränder der Frikadelle zusammendrücken, so dass der Käse bedeckt wird. In einer Pfanne das Öl erhitzen und die Bifteki-Teile darin von beiden Seiten knusprig anbraten. Auf Küchenpapier abtropfen lassen.

Tipp:
Servieren Sie das gefüllte Bifteki mit einigen Zitronenscheiben. Dazu passen hervorragend Tomaten-Gurken-Salat, Tzatziki und Oliven. Und ein frisch gebackenes Brot. Am besten das Weißbrot von Kostas Mama.

Ödipus, Antigone, Elektra. Diese antiken, griechischen Tragödien gehen mir durch den Kopf, als ich mich auf den Weg mache, Sophokles in Nemea zu treffen. Der antike Sophokles, der Autor von Ödipus und Co., gilt für viele als der wichtigste Tragödiendichter seiner Zeit. Er soll der Liebling der Götter und mit Genie, Liebenswürdigkeit und Schönheit ausgestattet gewesen sein. Man sagt, er sei etwa neunzigjährig an einer Weinbeere erstickt. Das war im Jahr 405 oder 406 v. Chr. Ein tragischer Tod vor über 2.400 Jahren. Dem Sophokles, mit dem ich verabredet bin, wird das sicherlich erspart bleiben. Der Winzer Sophokles macht aus den Beeren lieber Saft und Wein!

Das Weingut von Sophokles Papaioannou liegt in der Weinregion Nemea, die zur Präfektur Argolis gehört. Eine landwirtschaftlich geprägte Region im Nordosten der Halbinsel Peloponnes, die den südlichsten Festlandzipfel Griechenlands bildet und aus fünf Präfekturen besteht. Die geografisch kleinste von ihnen ist die Argolis. Hier leben rund 100.000 Menschen auf gut 2.000 Quadratkilometern Fläche. Die meisten davon, etwa 20.000, in der Präfekturhauptstadt Argos. 30 Kilometer entfernt liegt die Stadt Nemea und drumherum einige kleine, zur gleichnamigen Weinbauregion gehörige Dörfer. Der Weinbauer hat mich eingeladen, einen Tag gemeinsam mit ihm und seiner Lebensgefährtin zu verbringen, einen typischen Alltag des Winzerpaares zu erleben.

Wein ist in Griechenland allgegenwärtig. Zu gutem Essen in Gesellschaft gehört fast selbstverständlich ein Glas dazu oder auch gern zwei. Am liebsten griechischer. Der Weinverbrauch liegt bei rund 30 Litern pro Kopf und Jahr. Damit trinken die Griechen zwar deutlich weniger Wein als die führenden Franzosen, die es auf über 53 Liter bringen, aber die Deutschen werden um fast sechs Liter übertrumpft. Dafür liegen die

Deutschen im Kaffeekonsum vorne. Fast sieben Kilogramm Kaffee verbraucht der Durchschnittsdeutsche. Die Griechen kommen nur auf etwas mehr als fünf Kilogramm, in etwa so viel wie die Italiener konsumieren.

Bereits zu Lebzeiten des antiken Tragödiendichters Sophokles wurde reichlich Wein verköstigt. Winzer Sophokles gibt sich alle Mühe, die traditionsreiche griechische Weinkultur aufrecht zu erhalten und ein bisschen dazu beitragen, sie durch erstklassige Produkte zu fördern. Über die Anzahl der ungezählten in Griechenland kultivierten Rebsorten wird reichlich spekuliert und philosophiert. In Deutschland sind es knapp 100. Für Griechenland werden oft Zahlen bis über 300 genannt, aber das dürfte dann doch etwas zu hoch gegriffen sein. Viele Rebsorten werden nur regional angebaut. Meist sind es landestypische, alte Sorten, die bereits im Altertum den Griechen den Alltag bereichert haben. Griechischer Wein hat eine Jahrtausende alte Tradition. Schon in der Antike galt er als kulturell wichtig. Funde auf Kreta belegen, dass bereits vor dem Jahr 3.000 v. Chr. Wein angebaut wurde. Dort auf der südlichsten Insel Griechenlands wurde auch die wahrscheinlich älteste Weinpresse der Welt gefunden. 2.500 Jahre später, während der Hochzeit des antiken griechischen Stadtstaates Athen in der zweiten Hälfte des 5. Jahrhunderts v. Chr., traf man sich auf so genannten Symposien, um zu diskutieren, zu philosophieren und gemeinsam Wein zu trinken. Anders als heute wurde der Wein in der Antike jedoch grundsätzlich mit Wasser verdünnt getrunken. Alles andere galt den Athenern als barbarisch. Sie pflegten eine hohe Weinkultur.

Auf dem Rathausparkplatz der Küstenstadt Nafplion, gut zehn Kilometer von Argos entfernt, finde ich nach kurzem Suchen Sophokles' weißen VW-Transporter. Weit aus dem offenen Beifahrerfenster hinausgelehnt winkt mir freudig und mit weit ausholenden Armbewegungen eine junge, natürlich-hübsche Frau zu. Es ist Vangelio, die Lebensgefährtin von Winzer Sophokles. Der jung gebliebene Weinbauer selbst sitzt hinter dem Steuer. Als ich ihn entdecke, fällt mir seine Ähnlichkeit mit dem Tragödiendichter auf. Leicht gewelltes Haar, kräftige Statur, und mit Liebenswürdigkeit und Schönheit haben die Götter auch bei ihm nicht gespart. Die leicht ergrauten Schläfen machen ihn interessant. Sophokles ist 65

Jahre alt. Zumindest in etwa. Er grinst verschmitzt: »Ab 65 macht das Alter eh keinen Unterschied mehr.«

Der Witz des Winzers und der Charme seiner Lebensgefährtin entschädigen für das regnerische Oktoberwetter. Vor einer Woche noch hat Sophokles die letzten Trauben gelesen. Bei bestem Sonnenschein. Jetzt regnet es bereits den dritten Tag in Folge. Der Oktober läutet in Griechenland das Ende des Sommers ein. Während der sehr heißen und trockenen Monate Juli und August wird durchschnittlich gerade mal vier bis fünf Millimeter Niederschlag je Monat verzeichnet. Dieser Wert steigt im Oktober sprunghaft auf das Zehnfache an. Bis dahin sollte die Weinernte eingefahren sein. Sophokles hat es auch in diesem Jahr rechtzeitig geschafft. Seine Lese ist beendet. Nicht minder wichtig sind jedoch die Nacharbeiten, die in den Folgewochen anstehen.

Der Freitagmorgen gönnt uns endlich eine Regenpause. Sophokles ist ausgestiegen und öffnet die seitliche Schiebetür des Lieferwagens. Kisten, Fässer und Werkzeuge liegen herum. Im Mittelgang, hinter der Handbremse des Zweisitzers, steht eine umgedrehte Obstkiste. Auf ihr ist eine Decke ausgebreitet. »Nimm Platz!« Sophokles zeigt auf den »Notsitz«. Die Griechen nehmen es immer noch sehr locker im Straßenverkehr. Insbesondere auf dem Land sieht man immer wieder Menschen auf offenen Ladeflächen sitzen, mit mehr als zwei Personen bestückte Mopeds durch die Straßen flitzen, oder eben Mitfahrer in Laderäumen, die es sich auf Orangenkisten oder Korbstühlen gemütlich machen. Auch Sophokles hält sich an diese griechische »Tradition«.

»Du weißt, Gurte, Anschnallen und so was gibt es hier nicht«, sagt er. Und so macht sich der Lieferwagen mit seiner dreiköpfigen, fröhlich freien Besatzung auf den Weg.

»Wir müssen heute Wasser holen«, sagt Vangelio. Und Sophokles ergänzt: »Der Tsipouro ist fertig. Jetzt muss nur noch frisches Quellwasser hinzugegeben werden.«

Bei der Herstellung des traditionellen Brandweines, der unmittelbar nach der Weinlese gebrannt wird, hat jeder sein eigenes Geheimrezept. Meist ist es das Wasser, das den Schnaps besonders macht. Am Rezept wird nicht experimentiert! Und so versucht ein Jeder für seinen Tsipouro das allerbeste Wasser zu verwenden. Ein Wasserwettbewerb. Ein 90-jähriger Athener hatte mir einmal erzählt, dass er für seinen eigenen, selbstgebrannten Tsipouro ausschließlich ein besonderes, heiliges Wasser aus einem rund 100 Kilometer von Athen entfernt gelegenen Kloster verwendet. Und das seit Jahrzehnten! Was kann besser sein als geheiligtes Wasser? Ganz so weit fahren Sophokles und Vangelio mit mir heute nicht, aber dafür geht es höher hinauf.

Während der Fahrt erzählt Sophokles, dass er lange in Süddeutschland gelebt und gearbeitet hat. Damals hat er eine wegweisende Erfindung für die Automation in der Industrie gemacht und sein »optisches Auge« patentieren lassen. Nachdem er seine erfolgreiche Firma später verkauft hatte, lebt er seit über zehn Jahren wieder in Griechenland, in einer der wichtigsten Weinbauregionen. Nemea ist weit über die Landesgrenzen hinaus für seine guten Weine bekannt. Aufgrund der einzigartigen klimatischen Bedingungen und der besonderen Böden gedeihen hier erstklassige Rebsorten. Nach über 30 Jahren fernab der Heimat ist Sophokles froh, wieder hier in der Nähe seines Dorfes zu sein und die griechische Wein- und Tsipourotradition fortführen zu können. Seine immer gut gelaunte Lebensgefährtin Vangelio stammt aus demselben Dorf wie er und gemeinsam bilden sie ein tolles Winzerpaar. Vangelios jugendlicher Frohsinn und seine typisch griechische Gelassenheit harmonieren prächtig.

In Argos verlassen wir die Hauptstraße und biegen in einen unbeschilderten Weg ein, der in Richtung der Berge führt.

»Kennst du diese Tonmasken des Agamemnongesichts, die es überall zu kaufen gibt?«, fragt Sophokles.

»Ja, unser Freund Panos nennt sie Agamemnonfresse«, sage ich.

Wir lachen. Ausladendes Kinn und aufgerissener Mund, so ist sie meist dargestellt. Nach einigen Straßenbiegungen blicken wir in Fahrtrichtung auf den Artemissio-Berg. Auf meiner Obstkiste hockend, staune ich.

»Da ist er!« Sophokles deutet auf die rechte Bergflanke. Die Agamemnonfresse. Ich bin verblüfft über die Ähnlichkeit. Ganz deutlich zeichnen sich die Gesichtszüge von Agamemnon mit dem weit aufgerissenen Mund am Berghang ab, wie auf den touristisch überall vermarkteten Masken aus Ton.

»Agamemnon blickt von hier aus direkt nach Mykene!«, sagt Sophokles. Ein beeindruckend markantes Gesicht hatte der kriegerische Herrscher.

Agamemnon war nach der griechischen Mythologie König von Mykene. Hier, keine 20 Kilometer von Nemea entfernt, regierte er zunächst bis zum Trojanischen Krieg, den er zusammen mit seinem Bruder Menelaos begann, um die entführte »Schöne Helena« zu befreien. Bereits während der mykenischen Kultur zwischen 1.600 und 1.150 v. Chr. wurde intensiver Weinbau betrieben. Archäologische Belege wie getrocknete Kerne oder Überreste gepresster Beeren gibt es reichlich. Doch der Wein wurde damals nicht nur getrunken. In der griechischen Religion war das Trankopfer die häufigste Kulthandlung und es fand zu jeder Tages- und Nachtzeit und zu den unterschiedlichsten Anlässen statt. Ein Schluck des Weines oder mehr wurde dabei in ein heiliges Gefäß gegossen oder auch direkt getrunken, um die Götter des Olymps milde zu stimmen. Das Trankopfer war eine symbolische Handlung. Man teilte den Wein oder andere Getränke mit den Göttern.

Vermutlich hat Agamemnon auch bei Antritt seiner Reise nach Troja einen solchen Opfertrank genossen. Nachdem Troja endgültig erobert war, hatte König Agamemnon allen Grund zur Feier. Er kehrte mit einer neuen Frau, mit Kassandra, nach Mykene zurück. Der Wein floss nach seiner Heimkehr sicher reichlich, doch an ihm ist der König von Mykene nicht gestorben. Der Sage nach wurde er von seiner Gattin und ihrem Geliebten im Bad erdolcht.

Der Kleintransporter müht sich über die Schulter von Agamemnon die Serpentinen der Bergflanke hinauf. Langsam nähern wir uns dem pittoresken Bergdorf Karia, das mit seinen gerade mal 300 Einwohnern als eines der schönsten Bergdörfer der Argolis gilt. Kurz vor dem Ortseingang biegen wir jedoch ab. Wir folgen einer noch schmaleren Straße, die uns die letzten Höhenmeter bis zur Quelle überwinden helfen soll. Mühsam geht es aufwärts. Nach nur kurzer Fahrt endet sogar der Asphalt. Die Fahrbahn führt ab hier als Schotterpiste weiter.

»Die Asphaltgrenze stellt auch die Grenze der Argolis dar«, sagt Sophokles. Er blickt konzentriert auf die schlaglochreiche Wegstrecke und ergänzt: »Hier beginnt die Region Arkadien.« Die flächenmäßig größte Präfektur der Peloponnes liegt im Herzen der Halbinsel. Die Arkadier sehen sich selbst als das älteste griechische Volk und sie galten im Altertum als raues Hirtenvolk. Heute sind kaum noch Hirten übrig.

Die nach den lang anhaltenden Regengüssen der letzten Tage teilweise nur schwer zu befahrende, arkadische Straße müssen wir nur wenige hundert Meter überwinden. Dann erreichen wir eine kleine Hochebene auf fast 1.500 Meter Höhe. Saftig grüne Wiesen, die wie Almen die Berghänge säumen, liegen vor uns. Reife Obstbäume, eine verlassene Taverne und die kleine Quelle markieren die Gegensätze dieser Gegend. So fruchtbar und doch von den Menschen verlassen. Die Bevölkerungszahl sinkt kontinuierlich. In den letzten 50 Jahren hat sie um ein Drittel abgenommen. Die Bevölkerungsdichte ist auf 23 Einwohner pro Quadratkilometer geschrumpft. In dieser Einsamkeit haben wir unser Ziel erreicht.

»Da sind wir. Das Wassertanken wird etwa eine Stunde dauern.« Sophokles parkt den Wagen direkt neben einem Rohr, aus dem das frische Quellwasser gluckert. Ich nehme einen großen Schluck und bilde mir umgehend ein, den Unterschied zu anderen Wässern zu schmecken. Ganz weich fühlt es sich an und dabei so herrlich kalt.

»Dieses Wasser hier ist ganz besonders. Es kommt so weit oben aus dem Berg, dass es kaum Mineralstoffe enthält. Sein pH-Wert beträgt exakt 7,5. Es ist einfach perfekt für unseren Tsipouro und für den Retsina«, sagt Sophokles. Währenddessen hat Vangelio bereits die ersten Eimer mit Wasser gefüllt und in den Wassertank im Laderaum des Transporters umgegossen.

Vangelio füllt Eimer um Eimer, während Sophokles und ich die Gegend erkunden. Wir spazieren an der verlassenen Taverne vorbei, und Sophokles steuert zielgenau auf einen kleinen Baum am Hang zu. Aus seiner Tasche holt er eine Astschere, um damit einen Ast mit besonders eng aneinander geschmiegtem Blattwerk zu kappen, der entfernt an einen natürlichen Staubwedel erinnert.

»Das wird ein kleiner Handfeger für Vangelio«, erklärt mir Sophokles auf meinen fragenden Blick hin.

Als wir uns auf der vom Regen noch nassen Bergwiese wieder zurück zum Lieferwagen begeben wollen, bleibt Sophokles plötzlich stehen. Er bückt sich nach einigen kleinen, grünen Sprösslingen.

»Oh, das Chorta wächst schon. Das ist früh! Wenn das Wetter so bleibt, können wir schon in zwei Wochen reichlich ernten. Du weißt doch, was Chorta ist?« Fragend zieht Sophokles die Augenbrauen hoch und sieht mich an.

Ja, diese absolute Köstlichkeit kenne ich. Unter diesem Oberbegriff wird eine Vielzahl Wildgemüse zusammengefasst, die gekocht und mit Olivenöl und Zitrone gegessen werden. Die wohl bekanntesten Arten sind unterschiedliche Löwenzahnsorten.

»Was gibt es Schöneres als einen gegrillten Fisch, und dazu Chorta mit Olivenöl und Zitrone!«, sagt der Winzer.

»Und dazu einen Weißwein«, ergänze ich.

Gegenseitiges, verständiges Nicken.

Sophokles erläutert mir nun, warum die unterschiedlichsten Sorten des Chorta hier so besonders gut wachsen. Die vielen hier weidenden Kühe grasen auch das Gemüse, was wiederum zu einem besonders weichen Stuhlgang der Tiere führt. Und deswegen würde sich der Kuhdung so gut auf der Wiese verteilen. Im Ergebnis gibt es die perfekte Düngung und das Chorta wird so einzigartig. »Es schmeckt hier ganz besonders lecker.« Herzhaftes Bio-Chorta!

Als wir wieder an der Quelle ankommen, hält Vangelio Obst bereit. Drei Birnen hat sie in der Hand. Für jeden von uns eine. Über den Zaun der verlassenen Taverne ragen die Äste eines alten, knorrigen Baumes herüber, von denen Vangelio die saftigen Früchte gepflückt hat.

»Es ist so schade, dass die Taverne vor zwei Jahren geschlossen wurde. Der Besitzer ist wieder zurück in sein Dorf hinuntergegangen und seitdem gibt es hier oben nichts mehr«, sagt Sophokles.

Früher haben sich hier regelmäßig die Hirten getroffen. Es war deren »Steki« – ihr Treffpunkt. Auch die Jäger kehrten nach der Jagd hier ein. Auf ein Bier oder einen Ouzo mit Häppchen. Heute gibt es nur noch wenige Hirten, und auch die Anzahl der Jäger ist gering. Das Einzige, das jetzt noch an die geselligen Runden in der Taverne erinnert, ist der völlig abgemagerte Jagdhund, der vergeblich versucht, etwas Essbares aus einem rostigen, als Mülleimer hier abgestellten Ölfass herauszuholen. Um seinen knochigen Hals hängt ein altes, ledernes Halsband, das an die »guten alten Zeiten« erinnert.

»Die Jäger lassen manchmal ihre Hunde hier oben einfach zurück. Sie setzen sie aus, und von alleine finden sie nicht mehr herunter.« Sophokles schaut dem knochigen Jagdhund a.D. nach, der gebeugten Hauptes fortschleicht.

»Wir sind fertig!«, ruft Vangelio uns zu. Ihr hellbraunes, lockiges Haar schwingt kokett über dem randvollen 200-Liter-Wasserfass. Gemeinsam mit Sophokles verzurre ich unsere Ladung sorgfältig, bevor wir uns auf den Weg zum Weingut machen. Dichter Nebel legt sich urplötzlich über die Gipfel der Berge. Eine ungewöhnliche, fast gespenstische Atmosphäre breitet sich aus. Langsam und immer langsamer kriecht unser Wassertransporter die Serpentinen hinab, bis wir einige hundert Meter tiefer durch die Reste des wabernden Nebels nach unten hindurch fahren. Wenige Minuten später lugt die Sonne durch die Wolken und deutet an, wie abwechslungsreich die Weinbauregion um Nemea ist. Ebenso wie das Wetter im Oktober, das zwar deutlich mehr Regen als die trockenen Sommermonate mit sich bringt, aber immer noch durchschnittlich sieben Sonnenstunden pro Tag aufweist. Als wir Maladreni erreichen, ist es bereits wieder sonnig und warm.

Das an einem Hang gelegene, kleine Dorf, nur wenige Kilometer vom Weinhauptort Nemea entfernt, wirkt wie ein Labyrinth. Die engen, verwinkelten Gassen mit einfachem Beton oder sogar nur Schotter als Straßenbelag sind nicht pittoresk, die kleinen Häuser funktionell. In den schmalen Höfen stehen landwirtschaftliche Maschinen und Fässer. Betriebsam wirkt es hier. Fabrikgeländeatmosphäre statt Weingutästhetik. Sophokles' kleines Weingut hat dennoch Charme. Bodenständig und ökologisch wird es betrieben. Der Ökowinzer baut wenig an Trauben an, dafür aber mit voller Hingabe.

Weltmeister bei der Weinherstellung sind Italien und Frankreich, die jährlich über 45 Millionen Hektoliter produzieren. In Griechenland werden pro Jahr nur etwa 3,5 Millionen Hektoliter Wein auf rund 120.000 Hektar Weinbaufläche produziert. Nur 122.000 Hektoliter werden nach Deutschland exportiert. Die zweitwichtigste Weinregion nach dem westgriechischen Festland ist die Peloponnes. Hier werden rund 85.000 Tonnen hergestellt. In Deutschland beträgt die gesamte Anbaufläche zwar nur etwas über 100.000 Hektar, dennoch wird hier mit 10,5 Millionen Hektolitern fast die dreifache Menge dessen hergestellt, was die Griechen schaffen. Der Weinexport von Deutschland nach Griechenland ist trotzdem so gering, dass er in keiner Statistik auftaucht. Die Griechen lieben ihre eigenen Weine.

»Wir produzieren ca. acht bis zehn Tonnen Wein pro Jahr«, sagt Sophokles, während er den Lieferwagen vorsichtig durch die enge Zufahrt zu seinem Weingut rangiert. Vangelio ist ihm einweisend eine große Hilfe; die Zufahrtsstraße ist gerade breit genug, um den Lieferwagen durchzulassen. Schließlich parkt der Wagen vor einem großen Tor im Hof des Weinguts »Sophokles Papaioannou«.

»Jetzt erledigen wir erstmal die Arbeit, danach zeige ich dir unser kleines Anwesen.« Der Winzer geht voran. Er betritt den Produktionsraum. Halb Keller, halb Großgarage erstreckt sich die Weinherstellungskammer hinter dem Holztor unterhalb des Wohnhauses.

»Wir müssen den frischen Retsina mit etwas Wasser versetzen, er ist noch zu stark«, sagt Sophokles und fragt: »Wie heißt das noch auf Deutsch? Federweißer?«

Er mag Deutschland, besonders Süddeutschland, wo er so lange gelebt hat, und er liebt Wein. Aber die griechischen Weine seien nun doch um so einiges besser als die deutschen. Unter diesen Voraussetzungen haben es deutsche Weine eben schwer in Griechenland.

»Wir machen zwei Rote, einen Rosé, einen Weißwein und natürlich auch Retsina.« Der Winzer ist sichtlich stolz auf seine Produkte. Besonders auf den Retsina, den typischen geharzten Wein. Ursprünglich wurde das Harz dazugegeben, um den Wein haltbarer zu machen. Heute ist er wegen seines außergewöhnlichen Geschmacks mancherorts sogar Kult.

Bei Jugendlichen erfreut er sich sogar als Mixgetränk mit Cola großer Beliebtheit. Retsina hat Tradition, und die Europäische Union hat ihn in die Kategorie »Traditionelle Bezeichnung« eingeordnet. Nur in Griechenland hergestellter, geharzter Wein darf sich Retsina nennen. Eine Legende ist sicher die oft erzählte Geschichte, nach der der Retsina zufällig erfunden worden sei, als die Griechen den einrückenden türkischen Feinden den Genuss ihres eigenen Weines vergällen wollten. Um den Wein ungenießbar zu machen, hätten die einfallsreichen Griechen Harz in die Weinfässer gekippt, doch verwundert hätten sie feststellen müssen, dass dieser mit »Retsini«, dem Harz einer bestimmten Kiefernart, versetzte Wein den Besatzungstruppen bestens schmeckte. Ganz so war es sicher nicht. Vielmehr wurde bereits im alten Griechenland der Wein in Schläuchen aus Ziegenfell oder in Amphoren aufbewahrt, die mit Kiefernharz abgedichtet wurden, um den Wein haltbarer zu machen. So dürfte der heutige Retsina entstanden sein.

Sophokles hat inzwischen die Pumpe in Gang gesetzt, um das frische Quellwasser in den Tank zu pumpen. Der Duft frischen Retsinas liegt in der Luft.

»Hier, probier zunächst mal unseren Tsipouro!«

Der Winzer hält ein Glas unter den Zapfhahn des Schnapstanks. Der glasklare Brandwein, der wie Grappa üblicherweise aus Trester, den Rückständen der Weintrauben nach dem Pressen, produziert wird, verbreitet einen kräftigen und wohligen Duft.

»Die meisten machen ihn aus Trester, aber ich mache ihn aus meinem Bio-Rotwein. Den Unterschied wirst du schmecken!« Er reicht mir das Glas. Der Klare schmeckt ausgezeichnet. Philosophisch: ein Gedicht! »Er ist auch schon vom Alkoholgehalt her genau richtig!« Sophokles liest von seinem Testrohr die Volumenprozente ab: »42 Prozent, da müssen wir gar kein Quellwasser mehr zugeben.« Der Winzer und Schnapsbrenner blickt zufrieden zu mir.

Nach dem hochprozentigen Aperitif wenden wir uns dem Wein zu. Schon vor über 2.300 Jahren hat der berühmte Philosoph Aristoteles in seinen Schriften eine rote Rebsorte erwähnt, die heute als eine der ältesten Griechenlands gilt. »Limnio« wird heute hauptsächlich in Nordgriechenland angebaut. Winzer Sophokles setzt auf andere Sorten. Die ebenfalls sehr alte, traditionelle, rote »Agioritiko« und die weiße »Savvatianó« sind seine erste Wahl. Daraus produziert er auf ökologische Weise erstklassige Weine.

Sophokles reicht mir den ersten, leichten Rotwein, danach den nächsten, den kräftigen. Es folgt ein Rosé und dann der interessante Höhepunkt: »Hier probier jetzt das!« Er reicht mir ein Glas mit einer Flüssigkeit, die an naturtrüben Apfelsaft erinnert. Etwas gelblicher, schwefeliger sieht es vielleicht aus.

»Das ist der frische, vor vier Wochen geerntete Retsina.« Wie beim Federweißer lässt die Trübung nur langsam nach. Das Retsini – das Harz – konserviert den Wein auch heute noch wie in der Antike und verleiht ihm gleichzeitig seinen unverwechselbaren Charakter.

»Heute werden viele Weine mit Schwefel versetzt, um die Vergärung zu Essig hinauszuzögern. Darauf verzichte ich komplett, und beim Retsina ist das ohnehin nicht erforderlich. Das Retsini bildet eine zähe Schicht auf der Oberfläche, das macht den Wein haltbar.« Sophokles hält nichts von geschwefelten Weinen. Die Sulfite verursachen Kopfschmerzen. Retsini hingegen ist rein und bekömmlich.

Während ich die Weine verkoste, hat Vangelio die erforderliche Menge Quellwasser in den Retsina gepumpt. Sie macht sich nun auf nach oben ins Wohnhaus. Von der Treppe aus zwinkert sie mir zu. Ich solle ruhig mitkommen, mich ein wenig umsehen. Das traumhaft renovierte Steinhaus aus dem 18. Jahrhundert hat eine Terrasse oberhalb des Weinkellers. Im Inneren befindet sich eine große Stube mit riesigem Esstisch, einem offenen Kamin und einer kleinen Küchenzeile. Hier lässt es sich leben. Und hier finde ich auch Vangelio wieder. Sie schneidet gerade ein duftendes Brot an.

»Ich bereite uns etwas zu essen. Der Ausflug zur Quelle hat uns hungrig gemacht.«

Voller Leidenschaft rührt sie in einem großen Topf. Man sieht ihr an, dass sie gerne kocht und isst. Ich überlasse sie wieder ihrer Arbeit. Sophokles erwartet mich auf der Terrasse, von der aus man einen herrlichen Blick über das weite, grüne Tal hat.

»Komm! Wir essen hier draußen, setz dich! Ich habe uns schon mal einen Tsipouro eingeschenkt.«

Die über das Tal scheinende Sonne wärmt uns von außen, während der Tsipouro das Seinige tut und uns zusätzlich von innen wärmt. Vangelio deckt unterdessen den Tisch. Sie stellt Oliven aus dem Garten, Käse, eingelegte Peperoni und Paprika, Zwiebeln und ihr selbstgebackenes Brot auf den Tisch. Einige Scheiben des duftenden Brotes hat sie mit Oregano bestreut und in Olivenöl gebraten. Ein Traum! Wir genießen die köstlichen Vorspeisen, während Vangelio das Hauptgericht bringt. Einen dampfenden Topf stellt sie auf den Tisch: »Fasolada tros? – Isst du Bohnensuppe?«, fragt Sophokles.

Selbstverständlich! Das griechische Nationalgericht schmeckt ausgezeichnet. Eine Suppe aus weißen Bohnen, Karotten, Kräutern und reichlich Olivenöl. Sie duftet herrlich und Sophokles und Vangelio raten mir dazu, frische Zitrone hineinzugeben und nicht daran zu sparen. So schmecke sie noch besser. Wir genießen unser Mittagessen und laben uns barbarisch am unverdünnten hauseigenen Rotwein. Ein kräftiger Agioritiko. Entspannen in der Stille von Maladreni!

»Wir haben hier nur zwei Nachbarn. Das Ehepaar gegenüber kommt aus Albanien und die alte Dame nebenan lebt schon ewig hier.« Sophokles sagt das in die Stille hinein und Vangelio lächelt entzückt. Sie lieben sich und ihr gemütliches Weingut und dennoch planen sie einen Umzug. Die Felder, auf denen der Wein wächst, sind einige Kilometer von der jetzigen Winzerei entfernt. Es dauert zwar nur wenige Minuten mit dem Wagen dorthin, dennoch will sich der Winzer lieber dort ein neues Weingut aufbauen. Um noch näher an seinen Trauben zu sein.

»Heute müssen wir nicht mehr zu den Feldern«, sagt Sophokles und ergänzt: »Wir haben am Wochenende die letzten Trauben gelesen. Jetzt gibt es dort erstmal nichts zu tun.« Wir können also in aller Ruhe zu Ende essen, bevor mir der Hausherr den Rest des Anwesens zeigen will.

Neben dem kleinen Garten liegt ein Innenhof, in dem ein Holzofen steht. Hier backt Vangelio unter anderem ihr leckeres Brot. Den Backofen hat der Winzer aus gebrannten Tonziegeln selbst gemauert. Die Ziegel hat er einer Hausruine in der Kreisstadt Argos entnommen. Das Haus, das ungefähr auf das Jahr 1700 datiert wurde, sollte abgerissen werden. Eine willkommene Gelegenheit für ein Tonziegelrecycling, auf das der Besitzer des daraus gemauerten Holzofens sichtbar stolz ist. Ebenso stolz ist er auf seinen Weinkeller. In den kühlen Lagerräumen gibt mir Sophokles auch von seinem letzten Produkt zu trinken. Traubensaft! Ebenso schmackhaft wie die Weine.

»Ach, uns geht es hier richtig gut!« Der Winzer streicht sich wohlig über den Bauch, legt den Kopf in den Nacken und schließt die Augen.

Er hat sein kleines Paradies gefunden. Ein Zuhause. In der Nähe seines Heimatdorfes. Im Einklang mit der Natur. Nur hin und wieder plagt ihn das Fernweh. »Dann nehmen wir unseren Lieferwagen und fahren durch Europa.«

Später, auf dem Rückweg nach Nafplion, zeigt mir der Winzer das Geheimnis seines Transporters. Im Laderaum hat der Wagen eine große Matratze und alles Notwendige für einen Campingausflug. Vangelio wirft ihrem Mann einen verzückten Blick zu. Ihre strahlenden Augen funkeln. »Wir haben alles, was wir brauchen, an Bord. Eine kleine Kochgelegenheit, einen Tisch zwischen den Vordersitzen und natürlich unseren Wein. Was gibt es Schöneres, als abends an einer einsamen Bucht zu parken, zu schwimmen und zu übernachten?«, fragt Sophokles.

Und dabei eine oder mehrere Flaschen des eigenen, ökologisch produzierten Weines zu entkorken, denke ich bei mir und beginne zu träumen. Ein barbarisches Symposium. Ja, der Wein, er gehört zu Griechenland wie Sonne, Strand und Sophokles.

Was ebenso selbstverständlich zu Griechenland gehört, ist die traditionelle Bohnensuppe, wie sie auch Vangelio für mich gekocht hat. Hier das Rezept für eine herrliche Fasolada:

›Bohnensuppe‹
Fasolada – Φασολάδα

Zutaten:
500 g getrocknete weiße Bohnen, 5 EL Olivenöl, 1/2 Tasse kleingeschnittene Zwiebeln, 1/2 Tasse kleingeschnittene Karotten, ½ Tasse kleingeschnittene Selleriestange, ½ Tasse kleingeschnittener Lauch, ½ Tasse kleingeschnittene rote Paprika, 1 EL Tomatenmark, ½ Tasse Retsina, 2 Tassen kleingeschnittene oder geriebene Tomaten, 1 TL Oregano, 5 EL Zitronensaft, Salz, frischgemahlener schwarzer Pfeffer, 3 EL gehackte Minzeblätter, 1 Chilischote.

Zubereitung:
In einem Topf Bohnen mit Wasser bedecken und über Nacht quellen lassen. Am nächsten Tag das Wasser abgießen, frisches Wasser zufügen und zum Kochen bringen. Die Bohnen, noch bevor sie weich werden, durch ein Sieb abgießen. Im selben, abgetrockneten Topf Olivenöl erhitzen und Zwiebeln, Karotten, Selleriestange, Lauch und Paprika darin anbraten. Tomatenmark mitrösten, mit Retsina ablöschen und einkochen lassen. Tomaten, Bohnen und ca. 3 Tassen heißes Wasser hinzugeben, Oregano, Salz, Pfeffer und Chilischote zufügen und bei schwacher Hitze köcheln lassen, bis das Gemüse und die Bohnen gar sind. Minze und Zitronensaft nach Geschmack zufügen.

Tipp:
Servieren sie die Fasolada in tiefen Tellern und stellen sie eine Flasche Olivenöl und Zitronenspalten auf den Tisch, so dass jeder Gast nach Belieben Öl und Zitrone zugeben kann. Die mitgekochte Chilischote kann auf einem extra Tellerchen angerichtet werden. Wer es besonders scharf mag, nimmt sie und kratzt das Innere der Schote mit Hilfe des Löffels in seinen Teller. Weißbrot nicht vergessen!

NEUE HEIMAT PERIKLES
Winterliche Olivenernte im Fischerdorf

Seit ich das erste Mal nach Griechenland kam, ist Tolo meine »zweite Heimat«. Eine unbeschreibliche Magie ging für mich von diesem ehemals einsamen Fischerdorf an der Ostküste der Peloponnes aus. Und so: »kóllissa edó«, wie die Griechen sagen – »Ich bin hier kleben geblieben«. Mit Perikles verstand ich mich vom ersten Tag an blendend. Er hat Mathematik und Elektrotechnik studiert und war *das* Genie an der Universität von Patras. Doch er hat sich gegen Karriere und für Tolo entschieden. So sind wir in Tolo zu »dicken Freunden« geworden.

Perikles' Eltern haben 1950 hier, direkt am feinen Sandstrand, ihre Fischtaverne gebaut. Heute führt der Sohn zusammen mit seiner Schwester Irini das Geschäft. Oma Vangelio und Opa Aristides, wie ich Perikles' Eltern immer genannt habe, ihre Kinder sowie die Enkel und Cousins und Cousinen sind in all den Jahren zu meiner »Zweitfamilie« geworden. Auch für sie habe ich vor vielen Jahren angefangen, Griechisch zu lernen, und Oma Vangelio hat immer gesagt: »Junge, du bist in Tolo groß geworden.«

Ich bin wieder »Daheim«. Es ist Winter. Gestern war es ein ungewöhnlich kalter Februartag. Der heutige Morgen beginnt etwas freundlicher, als der Abend zuvor geendet hatte. Spät nachts ging ich durch feinen Nieselregen am Strand entlang nach »Hause«. An der Ostküste des Peloponnes wird es auch im Winter meist nicht sehr kalt und Tolo liegt zudem in einer geschützten Bucht. Fast täglich kann man ein Sonnenbad nehmen, oft ist sogar auch ein Bad im Meer möglich. Und auch heute kündigen Wolkenlücken an, dass es wieder etwas wärmer werden wird.

Perikles wartet schon auf mich, als ich ausgeschlafen den Sonntag am Meer beginne. Wo ich nur bleibe, will er wissen. Wir müssen doch zusammen Kaffee trinken. Er kann es kaum erwarten. Gemeinsames Kaffeetrinken, in »paréa«, also in Gesellschaft, gehört ja zum Alltag. Aber gerade in den langen Wintermonaten scheinen sich die Griechen noch mehr als sonst auf dieses Ritual zu freuen und dabei über dies und das zu reden.

Wir sitzen, inzwischen zu viert, in der Küche mit Blick aufs Meer und nippen an den kleinen griechischen Mokkatassen. Wohlig rinnt der Kaffee den Hals hinab, nachdem sich das Pulver auf den Grund der Tasse abgesetzt hat. Perikles und ich trinken ihn mittelsüß. Wenn er richtig gekocht wird, hat der Mokka einen feinen, beigefarbenen Schaum. Und Perikles legt Wert darauf, dass der Mokka gut gemacht ist. Auf kleinster Flamme am Gasherd. Nur so gelingt er. Nur so entsteht der Schaum, der den Mokka so gut wie früher macht, als er noch ganz langsam im heißen Sand »gebacken« wurde. Das kleine, langstielige Töpfchen, das »Briki«, wird dazu mit dem Kaffee im Sand eingebettet und dort langsam, ganz langsam, erhitzt. Entweder von der extremen Sommersonne oder mit Hilfe von glühender Holzkohle. Je langsamer der Kaffee zum Siedepunkt kommt und bis zum Rand des Briki aufsteigt, desto besser wird der Mokka. Eine kleine Gasflamme vereinfacht heute die Prozedur, ohne dass die Qualität schmeckbar leiden würde. Und auch der cremige Schaum gelingt am Gasherd. »It's blond, it's good!«, sagt Perikles dann zu englischsprachigen Touristen und grinst jugendlich verschmitzt. In diesen Momenten wirkt er wie einer dieser jungen Single-Griechen, die gerne hübschen Touristinnen Komplimente machen.

Ich schaue durch das Fenster auf den einsamen Strand und das ruhige Meer. »I Thálassa ine ladi – Das Meer ist (wie) Öl«, sagen die Griechen, wenn die Oberfläche spiegelglatt und ruhig ist. Über dem Meer zieht einsam eine Möwe ihre Kreise. Jetzt stürzt sie sich in einen Schwarm kleiner Fischchen an der Oberfläche des winterlichen Meeres. Diesmal erfolglos. Vangelis, der Bauarbeiter, fragt mich, ob es nicht sehr melancholisch hier sei zu dieser Jahreszeit. Er hat Recht. Es sind diese Tage im Winter, an denen das Leben auf dem Dorf still zu stehen scheint. Wenn dann auch noch so ein Sturmtag wie der gestrige dazu kommt, ist die Melancholie besonders groß. Tolo ist heute mit gut 1.000 Einwohnern zwar hauptsächlich vom Tourismus geprägt, dennoch gehen immer noch viele Bewohner dem Fischfang nach. Eine Schlechtwetterfront schlägt daher merklich auf die Stimmung. Die örtlichen Fischer waren gestern wegen des Wetters mit bis zu Windstärke 10 allesamt im Hafen geblieben. So auch Theodoris, der Vierte in unserer Kaffeerunde. An Normalwettertagen ist er um diese Uhrzeit noch auf seinem Kaiki, wie die kleinen, traditionellen Holzboote heißen, und fängt Fisch um Fisch mit der Handangel. Diejenigen Fischer, die alleine auf ihren Ein-Mann-Kaiki zum Fischen fahren, greifen noch oft auf diese ursprünglichste Fischfangmethode zurück. Es ist der direkte Vergleich »Mann gegen Fisch«, der seinen Reiz bis heute nicht verloren hat.

Theodoris ist heute, wie fast alle anderen Fischer Tolos, noch im Hafen geblieben. Mit dem Meeresgott legt auch er sich nicht gern an. Und ein Sturm ist ein sicherer Hinweis darauf, dass Poseidon in Rage ist. Während wir unseren Kaffee in Gesellschaft des unruhiger werdenden Fischers trinken, lugt die Sonne das erste Mal an diesem Tag durch die Wolken. Ein Knattern ist zu hören und kurz darauf fährt Kostas quietschfidel und lebensfroh mit seinem Motorroller am Strand entlang. Seine wilden Locken wehen im Fahrtwind. Kostas ist ein Cousin von Perikles. Mit 50 Jahren ist er in Rente gegangen. Bis vor wenigen Jahren das übliche Pensionsalter der Beamten des staatlichen Stromversorgers.

Heute, im Jahr 2010, wünschen sich angesichts der drückenden Finanzprobleme des Staates viele, insbesondere jüngere Griechen, dass die Beamten länger arbeiten sollen. Über dem Himmel der griechischen Wirtschaft hängen schwere, schwarze Wolken, aber Kostas hat es geschafft. Seine Rente ist üppig, sein Haus abbezahlt und sein Essen angelt er sich im Meer. Fischen ist Kostas' Zeitvertreib. Schöne Aussichten auf die nächsten 30 Jahre. Das Durchschnittsalter der Griechen liegt immerhin mit knapp 80 Jahren weit vorne in Europa. Bleibt zu hoffen, dass die staatliche Rentenkasse noch so lange zahlungsfähig bleibt. Das Wetter klart langsam auf. Vielleicht kann Kostas heute doch noch zum Fischfang. Runter vom Motorroller und mit dem Holzboot hinaus aufs Meer.

Das Meer und der Fischfang, das Wetter, der Tourismus und natürlich Politik – das sind die wichtigen Themen im Dorf. Die morgendliche Kaffeerunde fragt mich nach der Wirtschaftskrise in Deutschland, in Europa, und wie ich die griechische Situation beurteile. Sie sind besorgt in Griechenland, aber auch optimistisch. Nur den Politikern jeglicher Couleur, die sich immer wieder in Skandale verfangen, denen trauen sie nicht zu, die Probleme des Landes zu lösen.

»Ti na kánume? – Was sollen wir machen?« oder: »Hilf dir selbst, sonst hilft dir keiner.«

»Genug der Krise!« Perikles steht schwungvoll auf. Bald wird auch er 50, doch sein Alter sieht man ihm nicht an. »Komm! Ich war schon lange nicht mehr bei unseren Oliven. Lass uns hingehen und nachsehen, ob wir noch was ernten können!«

Oliven. Wer denkt bei Griechenland nicht sofort an diese kleinen, gewöhnungsbedürftigen Früchte, die, wenn man sie erst einmal mag, eine ganz eigene mystische Bedeutung zu bekommen scheinen. Bereits vor 60.000 Jahren wuchsen am Mittelmeer Olivenbäume. Und aus ihren Früchten machen die Griechen auch heute noch das für meinen Geschmack weltbeste Olivenöl. Aber nicht nur das: Das Öl gehört in vielerlei Hinsicht ganz selbstverständlich zum Alltag dazu. Bei Taufen oder Priesterweihen wird es ebenso verwendet, wie in den winzigen Miniaturkapellen an unzähligen Straßenecken.

Vorwiegend alte Frauen sind es, die die kleinen Nachbauten der meist als Kreuzkuppelkirchen gestalteten Gotteshäuschen pflegen und dafür sorgen, dass den darin aufgestellten Öllämpchen nicht das Olivenöl ausgeht. Was an deutschen Landstraßen das Holzkreuz oder der Kranz, ist in Griechenland die Miniaturkapelle. Die »ekklissákia« – die kleinen Kirchen – werden traditionell als Erinnerung dort aufgestellt, wo jemand zum Beispiel bei einem Unfall gestorben ist. Aber auch dort, wo jemand dem Tod glücklich entgangen ist. Das in fast jedem Haushalt vorhandene, eigene Olivenöl, dient meist als preiswerter Brennstoff für das Gedenklämpchen.

Aber nicht nur das Öl der Olive ist wertvoll. Die Wintermonate sind wie gemacht dafür, die Oliven zum Verzehr vorzubereiten. In Salzwasser eingelegt, gekräutert, eingeritzt oder nicht, es gibt so viele unterschiedliche Varianten. Erst nach Wochen oder Monaten weichen die Bitterstoffe. Dann sind die herben, roh ungenießbaren Früchte zum Verzehr geeignet. Immer wieder denke ich gerne an das junge deutsche Lehrerehepaar, welches wir vor Jahren während eines Sommerurlaubs hier in Tolo kennengelernt haben. Keiner von beiden mochte Oliven, aber die junge Frau *wollte* sie unbedingt mögen. Und so aßen die beiden tapfer, drei Abende lang ausgesprochen angeekelt, jeweils einen ganzen Teller dieser Nationalfrüchte, bis die Lehrerin ganz plötzlich rief: »Oh, wie toll, ich mag sie!« Ich war überrascht und freute mich mit ihnen.

Hier auf der Peloponnes gibt es eine ganz besondere Sorte Oliven, die man sich nicht entgehen lassen sollte. Man findet die große Kalamata-Olive heute sogar in Deutschland in fast jedem größeren Supermarkt. Die zwischen dunkelgrün über lila bis schwarz variierenden Früchte haben einen intensiveren, fruchtigeren Geschmack und werden hauptsächlich als Speiseoliven angeboten. Zu edel sind sie, als dass man sie zu Öl pressen würde. Ein Freund aus Tolo hatte vor einiger Zeit eine Olivengeschichte erzählt: Das Kind seines deutschen Bekannten litt an Neurodermitis. Nach einer radikalen Ernährungsumstellung, hin zu reichlich Olivenöl, waren die Hautprobleme sehr schnell verschwunden. Den Griechen gefallen solche Geschichten. Es macht sie noch stolzer auf ihre wunderbar schmackhaften, gesunden Oliven. Fast bekommt man den Eindruck, jeder Grieche hat irgendwo, irgendwelche Olivenbäume, die von Herbst bis Frühjahr zur Ernte bitten. Die Ernteperiode der verschiedenen Sorten schwankt mitunter stark.

Die Olivenbäume der Familie Perikles Niotis stehen am Ortseingang von Tolo. Wir spazieren gemütlich durch das im Winter wie ausgestorben wirkende Dorf. Jetzt sind die allermeisten Cafés, Bars und Tavernen geschlossen. Ihre Besitzer machen Urlaub oder sie sind wieder an ihren Hauptwohnsitz nach Athen zurückgekehrt, um dort auf die neue Saison zu warten. Im Sommer gibt es hier eine ganze Reihe Ouzerien und Kneipen, die sowohl Touristen als auch Einheimische gleichermaßen herzlich bewirten. Die zahlreichen Sommergäste verleihen dem ehemals verschlafenen Fischerdorf dann ein buntes, aber nicht zu touristisches Leben. In den Wintermonaten bekommt man hingegen einen unverfälschten Eindruck des alltäglichen Lebens. Nur die echten Toloner bleiben das ganze Jahr. Die Fischer und ihre Familien.

Einer der wenigen Läden, die das ganze Jahr über geöffnet haben, ist die »Nefeli Bar«, auf der Hauptstraße von Tolo. Sie gehört Perikles'

Schwager Michalis und dessen Bruder Jannis. Auf der wenig ansehnlichen Sekeri-Straße reihen sich eng aneinander gereiht die Wohn- und Geschäftshäuser. Manchmal dicht gedrängt, manchmal mit einer kleinen Baulücke, fast immer ohne Bürgersteig, aber aus reichlich Beton gestaltet. Und hier, mittendrin, befindet sich dieses alteingesessene Café in zentraler Lage, neben all den anderen Läden, die es in einem Dorf bedarf: Bäckereien, Krämerläden, Apotheken (davon zwei!!!), Metzger und der Handwerkerbedarf. Auf der kleinen Terrasse der »Nefeli Bar« stehen am Straßenrand einige wenige Tische und Stühle unter Schatten spendenden Bäumchen.

Im Sommer sitzt man hier abends, trinkt einen griechischen Kaffee, einen Nescafé-Frappé, einen Ouzo oder ein Bier, plaudert mit den Einheimischen oder den Gästen. Dabei wird beobachtet, wer auf seinem abendlichen Spaziergang durch die Hauptstraße bummelt. Im Winter sitzen die Gäste abends vorwiegend drinnen. Einheimische, die an der Theke aufgeregt über Fußball und die Dorfpolitik diskutieren und Whisky oder Wein trinken. Ja, vor allen Dingen Whisky. Als mich vor einiger Zeit im Winter Freunde in Tolo zum Essen eingeladen hatten, war das Getränkeangebot begrenzt. Die freundlichen Gastgeber sagten mir, dass ich zwischen Whisky oder Wasser wählen könne. Es sei Winter, da habe man eben nur Whisky im Haus.

Auch gestern Abend saßen die Gäste der »Nefeli Bar« mit diesem »Wintergetränk« an der Theke und verfolgten Fußballspiele auf dem Fernsehschirm. Besonders spannend wird es, wenn Olympiakos Piräus spielt. Denn hier am Meer sind fast alle Fans dieses chronischen Meisters aus der Hafenstadt. Und besonders intensiv fiebern die Männer mit, wenn man mal wieder beim Fußballtoto auf einen Sieg getippt hat. »PROPÓ«, wie das Fußballtoto in Griechenland heißt, ist besonders im Winter fast eine Art Volkssport. Das Wettbüro ist passenderweise nur einen Steinwurf von der »Nefeli Bar« entfernt. Fußballwetten scheinen für viele annähernd so wichtig zu sein wie die Olivenernte. Die Männer interessieren sich für die runden Bälle auf dem Fußballplatz, die Frauen kümmern sich um die ovalen Kügelchen an den Bäumen.

Auf der Straße begegnet uns Michalis. Auch seine Familie besitzt einige Olivenhaine, die eigentlich abgeerntet werden müssten. Doch er kümmert sich heute lieber um sich selbst. Eine Sportzeitung mit den Fußballergebnissen des gestrigen Tages in der Hand, schlendert er gemütlich durch das Dorf. Er muss prüfen, ob er im »PROPÓ« gewonnen hat. Und das geht jetzt am Vormittag bei einem doppelten Espresso besonders gut, meint er. Er geht ins Kafeneion, wir zu den Olivenbäumen.

»Weißt du eigentlich, dass die Göttin Athene den ersten Ölbaum gepflanzt haben soll?«, fragt Perikles. »Sie hat ihn der Stadt Athen geschenkt.« Seine hohe Stirn wirft Falten. Demütig ergänzt er: »Die Olivenbäume sind eine Gabe der Göttin der Weisheit. Entsprechend sollten sie auch geehrt werden. Es ist eine Schande, dass ich keine Zeit finde, mich um unsere Bäume zu kümmern!«

Die Straße ist wieder leer und still. Einige Meter hinter der »Nefeli Bar« ist die »Partykreuzung« des Dorfes. Auf der einen Ecke die »12 Monkey's-Bar« von Christian Schimanski, einem Halbgriechen, der in Essen, mitten im Ruhrgebiet, geboren wurde. Daher auch der wenig griechische Nachname eines früheren Tatort-Kommissars aus Duisburg. Auf der gegenüberliegenden Kreuzungsecke befindet sich die Dorfdisco. Die »Gorilla-Bar« besteht aus einem Café an der Straßenseite, einer Cocktailbar am Strand und dem Musikclub im Keller. Die beiden Diskotheken liefern sich im Sommer einen Wettstreit um die lauteste Beschallung. Jetzt ist alles ruhig. Geschlossen. Totenstill. Winter. Auf der Terrasse des Gorilla-Cafés hat der Besitzer sein Cabrio, sein Moped und seinen Bootstrailer geparkt.

Ein merkwürdiges Bild zeigt sich im Februar, wenn man ansonsten Griechenland nur aus dem Sommerurlaub kennt, wenn das Leben immer und überall nur draußen pulsiert. Im Winter ist es anders. Die durchschnittliche Tagestemperatur liegt im Februar in Tolo bei etwa 15 Grad. Nur der Januar ist im Schnitt noch zwei, drei Grad kälter. Eiszeit für die sonnenverwöhnten Griechen. Die vielen touristischen Geschäfte sind daher allesamt winterfest gemacht. Diese Jahreszeit nutzen die Griechen zur Arbeit. Jetzt wird das getan, für das im Sommer die Zeit fehlt, oder aufgrund der dann herrschenden Temperaturen die Lust. Es ist die Zeit der Renovierungsarbeiten!

Die Sonne blinzelt inzwischen immer öfter durch die auflockernden Wolken. Das Thermometer über der Dorfapotheke, neben dem auch im Winter geöffneten Spirituosenhandel, zeigt bereits 13 Grad im Schatten. Und das am Vormittag. Die Sonne wärmt uns bei unserem Spaziergang durch die leeren Straßen den Rücken. Hinter der engen S-Kurve nähert sich die Sekeri-Straße dem Strand. Im Sommer ist die gesamte Hauptstraße aufgrund des dichten Verkehrs als Einbahnstraße ausgewiesen. An den Abenden quetschen sich Autoschlangen durch das Dorf. Im Winter jedoch gilt freie Fahrt, und dennoch begegnet uns kaum ein Auto, nur hin und wieder ein Moped. In aller Ruhe können wir so unseren Spaziergang durchs Dorf machen.

Hinter der Kurve führt die Straße nun fast direkt am Meer entlang. Ab hier ist die Hauptstraße ansehnlicher. Zwischen den einzelnen Gebäuden blicken wir immer wieder auf das strahlend blaue Meer der Bucht von Tolo. Der Wind des Vortages hat nachgelassen. Die gestern kräftigen Wellen haben sich zu kaum erkennbaren Bewegungen verwandelt. Zusätzlich zeigt sich uns heute ein interessantes Farbenspiel. Der gestrige Niederschlag hat nicht nur dafür gesorgt, dass das saftige Grün der Berghänge in der Sonne noch frischer erscheint, er ist in den höheren Bergregionen sogar als Schnee zu Boden gefallen. Auf der gegenüberliegenden Seite der Bucht glitzern schneebedeckte Gipfel der über 1.000 Meter hohen Berge in der Sonne, während wir im leichten Pullover am Meer entlang schlendern. Die Straße führt in Richtung des Nachbardorfes Asini. Auf ihr gelangen wir allmählich zum Ziel. Zwischen Tolo und Asini erreichen wir den kleinen Hain der Familie Niotis. Silbergrün bewegen sich die Blätter der Olivenbäume im zarten Wind. Perikles deutet auf die unregelmäßig aneinandergereihten Bäume. »Da sind wir!«

Das hier ist keine echte Plantage. Viel zu ungeordnet erscheint das Feld. Der Hain ist seit Ewigkeiten im Familienbesitz. Die nur noch vereinzelt an den Bäumen baumelnden Oliven sind vertrocknet. Eine frühe Sorte, die längst hätte geerntet werden müssen. Wir sind zu spät!

»Meine Mutter hat früher die Bäume gut gepflegt und abgeerntet. Mir fehlt heute einfach die Zeit dafür«, sagt Perikles. Selbst hier auf dem Dorf, selbst im Winter, hat man nicht mehr genug davon, für alles, was man vielleicht gerne machen würde. Seine Eltern gingen damals noch gemeinsam früh morgens aufs Feld, um die Früchte zu ernten. Jede Olive einzeln, von Hand! »Meine Mama war berühmt für ihre Kletterkünste.« Perikles deutet stolz auf die Olivenbäume.

Noch heute erzählt man sich im Dorf die Geschichten der Olivenernte, wenn die Frau des Fischers in die obersten Wipfel der Bäume kletterte und von Ast zu Ast kraxelte. Keine Olive war vor ihr sicher. Alle wurden sie sorgsam von den Ästen gezupft. Wohlgemerkt des Geschmackes wegen per Hand gepflückt und nicht wie heute üblich von den Bäumen geschlagen und in darunter ausgelegten Netzen aufgefangen. Oma Vangelio ist sicher: Nur die Handgepflückten bleiben geschmacklich perfekt. Warum genau kann sie mir nicht erklären. Glauben wir's einfach der Olivenakrobatin! »Mittags hat meine Mutter dann gemeinsam mit meinem Vater unter den Bäumen ein Picknick gemacht. Dann aßen sie den mitgebrachten Fetakäse, einige fertig eingelegte Oliven und dazu ein bisschen Brot. Das genügte ihnen«, sagt Perikles, der Sohn des besten Fischers und der besten Olivenernterin Griechenlands.

Nun will ich aber auch ernten! Schon einmal hatte ich vor vielen Jahren Oliven in Perikles' Garten gepflückt. Die Bäume im Tavernengarten sind etwas ganz Besonderes. Denn anders als die »Standardoliven« hier auf dem Feld stehen im Garten drei Bäume einer uralten, sehr großwüchsigen und spätreifen Sorte bester Kalamata-Oliven. Olivenbäume tragen nicht jedes Jahr Oliven, aber dieses Jahr sind besonders viele Früchte an den Ästen.

Wir machen uns also schnell auf den Rückweg, lassen die Kleinoliven produzierenden Plantagenbäume hinter uns und wenden uns stattdessen den Gigantenfrüchten zu. Das im Sommer ausgedörrt hinter der Taverne liegende, kleine Stück Land zeigt sich uns in diesen Wintertagen sattgrün. Irini steht vor dem kleinen Törchen zum Garten, als wir von unserem Spaziergang zurückkommen. Perikles' Schwester zeigt auf die vielen Brennnesseln, die sich in den letzten Monaten hier unter den Zitronen-,

Orangen-, Pomeranzen- und Mandarinenbäumchen ausgebreitet haben. Er kann sie nicht davon abbringen, ihm die Schuld für das üppige Unkrautwachstum in die Schuhe schieben zu wollen. Er hätte das wild wuchernde Grünzeug schließlich aus Deutschland eingeschleppt, beschuldigt Irini ihn. Mit einem Grinsen erklärt Perikles an mich gerichtet, dass er keine Brennnesseln sondern lediglich ein Töpfchen Zitronenmelisse aus Bayern mitgebracht hatte. Aber Irini ist sicher: Es waren Brennnesseln! Die Blätter sehen doch wohl genauso aus! Oder etwa nicht? Zitronenmelisse ist in der traditionellen Küche der Fischtaverne unbekannt.

Die Fachsimpelei über Brennnesseln und Küchenkräuter soll mich aber nicht davon abhalten, jetzt endlich die Leiter an die Olivenbäume zu lehnen. Perikles pflückt die ersten Früchte. Wahre Prachtexemplare plumpsen in den blauen Plastiksack. Ich glaube einen besonderen Glanz in den Augen meines Freundes zu erkennen, als er die Gigantenfrüchte der Bäume erntet, die seine Mutter vor über 50 Jahren hierhin gepflanzt hat. Nein, ich bin sicher: Diese Bäume sind nicht nur Oma Vangelio, sondern auch ihm ans Herz gewachsen. Majestätisch stehen sie in einer Ecke des kleinen Gartens. Knorrige, seit Jahren unbeschnittene Äste ragen in alle Himmelsrichtungen. Sie machen es mir nicht einfach, den Weg nach oben an die Oliven zu finden. Aber ich kämpfe mich wacker voran. Alleine, denn Perikles muss wieder in die Taverne. Herr Grigoris, einer der Stammgäste, verlangt nach seinem Mittagessen.

Viel Zeit für die Ernte bleibt mir nicht. Es ist schon Nachmittag und die Tage Anfang Februar sind noch kurz. Die rasch einsetzende Dämmerung zwingt mich zum Rückzug, obwohl der Baum noch reichlich Früchte trägt. Dennoch schleppe ich einen Sack mit schätzungsweise 30 Kilogramm Riesenoliven in die Taverne. Was für ein Empfang! Oma Vangelio sitzt in der hintersten Ecke, wärmt sich am alten Ölofen und begrüßt mich freudestrahlend. Die alte, grauhaarige Frau wirkt jetzt fast jugendlich, als sie mich fragt, wie es um ihre Oliven steht. Meine Antwort, dass die Bäume pickepackevoll sind, lässt sie in Euphorie ausbrechen.

»*Das* sind Olivenbäume!«, ruft mir die gebrechliche Frau mit fester, lauter Stimme entgegen. »Und wer hat die gepflanzt und großgezogen?«

Ihr Sohn will sie necken und sagt: »Ich, Perikles!«

»Bringt mir einen Stuhl!«, schreit sie laut auf und lächelt schelmisch. »Den werde ich dir über den Kopf ziehen, du Lausebengel!«

Sie liebt Perikles und diese Olivenbäume von ganzem Herzen. Ein Leben für und mit den Oliven. Selbst in einem Fischerdorf, in einer Fischtaverne, in einer Fischerfamilie ist die Nationalfrucht alltägliches Sinnbild der griechischen Geschichte.

Ich setze mich mit der Ernte zu Perikles' Mutter. Mit ganzem Stolz verrät mir die 84-Jährige jetzt noch, wie ich ihre Oliven zubereiten muss. Andächtig lausche ich ihren Anweisungen und beginne die Früchte zu bearbeiten. Ich solle sie einzeln ... Doch unser kleines Geheimnis behalte ich für mich. Es gibt unendlich viele Varianten der Olivenzubereitung in Griechenland. Wenn ich nur eine einzige davon hier wiedergeben würde, würde das der symbolischen Größe dieser Nationalfrüchte bestimmt nicht gerecht werden. Aber ich kann zumindest eins verraten: Sie sind kööööstlich geworden.

Genau das konnte eine deutsche Schulklasse aus Bonn wenige Wochen später am eigenen Leib erfahren. Eine Klassenfahrt führte die deutschen und griechischen Schüler für einige Tage nach Tolo. Unter ihnen der Sohn einer griechischen Arbeitskollegin. Auf mein Anraten hin besuchten sie die urige, direkt am Strand gelegene Taverne »To Neon« der Familie Niotis. Bei einem gemütlichen Abendessen servierte Perikles den erstaunten Schülern dann die »Oliven von Andreas«. Sowohl Lehrer als auch Schüler waren hellauf begeistert von den original Gigantenoliven aus dem legendären Fischerdorf Tolo, gelegen an einer der schönsten Küsten der Peloponnes, wenn nicht sogar ganz Griechenlands. Ehre wem Ehre gebührt. Großer Dank an die Göttin Athene, aber vor allen Dingen an Oma Vangelio!

Und weil ich ja das Rezept von Oma Vangelio nicht verraten darf, zeige ich hier ein Rezept, das in der Taverna ›To Neon‹ bisher noch nicht ausprobiert wurde. Aber vielleicht holt ja das Irini eines Tages nach.

›Zitronenmelisse-Pesto‹
Pesto Melissovótanou – Πέστο Μελισσοβότανου

Zutaten:
3 Tassen Zitronenmelisse-Blätter, ½ Tasse Olivenöl, ½ Tasse kleingehackte Oliven, 1 TL Honig, 1 Knoblauchzehe, 1 Prise Salz, 1 EL frischgepresster Zitronensaft, frischgemahlener, schwarzer Pfeffer, ½ Tasse zerbröckelter fester Feta.

Zubereitung:
In einem Mörser Salz und Knoblauch zur Paste verreiben, Zitronenmelisse-Blätter nach und nach hinzufügen, bis eine feine Masse entsteht. Den Brei in eine Schüssel geben, das Olivenöl langsam hineintröpfeln und mit einem Schneebesen glattrühren, bis eine gleichmäßige dickflüssige Konsistenz erreicht wird. Honig, Oliven, Zitronensaft und Pfeffer hinzufügen und weiterrühren. Zum Schluss den fein zerbröckelten Feta unterheben. Das Pesto in ein Glas füllen und mit einer Schicht Olivenöl die Oberfläche bedecken. Im Kühlschrank aufbewahrt, ist das Pesto so für die nächsten Tage haltbar.

Tipp:
500 g gekochte, abgetropfte und noch heiße Nudeln in eine Schüssel geben, 4-5 EL Zitronenmelisse-Pesto dazugeben, alles gut mischen und sofort servieren.

DIE SÜSSEN GEHEIMNISSE DER ZAGOROCHORIA-DÖRFER

»Unendlichkeit« bedeutet der Name des Epirus. Die Region grenzt im äußersten Nordwesten Griechenlands an Albanien und gehört zur Präfektur Ioannina. Teil des Epirusgebirges ist das Zagóri. Ein schier unendlich abgelegenes Bergidyll im nördlichen Pindosgebirge. Hier befinden sich die weltberühmten Zagorochoriadörfer. »Choriá« bedeutet »Dörfer«. Zagorochoria sind also die Dörfer des Zagori. Und davon gibt es 46. Winzig kleine, heute zum Teil fast ausgestorbene Siedlungen. Die ersten von ihnen sind bereits im 9. Jahrhundert entstanden. Die einst lebhaft pulsierenden Gemeinden sind durch die massive Landflucht im Laufe der Jahrhunderte nahezu entvölkert worden. Wilde Natur, bewaldete Berge und atemberaubende Schluchten zeichnen das bevölkerungsarme Zagori heute aus. Die Einsamkeit fasziniert mich.

Zwischen den vielen griechischen Kleinstädten und den Zagorochoria liegen Welten. Die Dörfer des Zagori verteilen sich über eine Fläche von rund 1.000 Quadratkilometern. Die rechnerische Bevölkerungsdichte soll gerade einmal fünf Einwohner pro Quadratkilometer betragen. In Athen liegt die Zahl inzwischen bei weit über 10.000, und täglich strömen mehr Menschen in die aus allen Nähten zu platzen drohende Hauptstadt. Ganz anders die Situation in der bergigen Zagoriregion. Griechenland, ein Land extremer Gegensätze. Und so wild und unberührt wie die Natur im Zagori, so süß sind die Geheimnisse seiner Dörfer.

Es ist Mai und mein Ziel ist das beschauliche Kapesovo, eines der Zagorochoria. Gemeinsam mit ein paar Freunden »entführen« wir Maria als Überraschung an ihrem Geburtstag hierhin. Sie ist aus Athen für einige Monate zum Studium nach Ioannina gekommen. Die Stadt mit knapp 70.000 Einwohnern ist die siebtgrößte Griechenlands. Ein pulsierendes, regionales Zentrum, in dem es alles Lebensnotwendige und mehr gibt. Der Wechsel aus dem Großstadt-Moloch Athen nach Ioannina stellt für

Maria eine kleine kulturelle Revolution dar. Ich bin gespannt, wie es ihr in der Wildnis Kapesovos gefällt.

Maria hat nur einige Minuten Zeit, um ein paar Sachen für die Nacht zu packen, dann fahren wir los. Mit dem Auto geht es in das nur rund 50 Kilometer entfernte, winzige Bergdorf. Mit den allseits sehr spontanen Griechen funktioniert ein solcher Überraschungsausflug bestens.

Kapesovo liegt wie ein Gemüsebeet inmitten dichtester, grüner Wälder auf etwa 1.200 Meter Höhe im Zentralzagori. Soweit das Auge reicht, bedecken dichte Mischwälder die Bergmassive. Nur das Dorf unterbricht das schier endlose Grün. Der Name des Dorfes stammt aus dem Slawischen und bedeutet ganz zutreffend Garten. Ein winziges Schild deutet von der Straße aus in Richtung einer kleinen Anhöhe, auf der ein verfallenes Gebäude steht. Im Hintergrund sind seltsam steinerne Dachkanten zu erkennen. Ich parke den Wagen neben der Hausruine. Eine jahrhundertealte, kniehohe Steinmauer grenzt die Anhöhe zu einem kleinen Hang hin ab. Je ein scheinbar aus einem Bilderbuch stammender Steinplattenweg führt rechts und links den Abhang hinunter. Zu beiden Seiten sind winzige Steinhäuser zu sehen. Sogar die Dächer sind aus Stein gefertigt. Flache, massive Steinplatten decken als sich überlappende Schindeln das Dach. Maria staunt mit offenem Mund: »Was für ein Ausblick! Kein Vergleich mit den unendlichen Betonburgen in Athen.«

Familie Papageorgiou betreibt in einem dieser wildromantischen Häuser eine traditionelle Pension. Die zwei Töchter Ioanna und Elli hatten die Idee hierzu. Nach ihrem Tourismusstudium in Ioannina wollte Ioanna etwas Eigenes aufbauen. Gemeinsam mit ihrer jüngeren Schwester Elli schmiedeten sie die Pläne für die Fremdenherberge. Vater Thoukididis hat tatkräftig mit angepackt und ihre Mutter hilft in der Küche. Die Eltern engagieren sich mit fürsorglicher Leidenschaft. Ihren Lebensmittelpunkt hat die Familie von Ioannina, wo die Kinder aufgewachsen und zur Schule gegangen sind, inzwischen nach Kapesovo verlegt. Ihren Zweitwohnsitz in Ioannina haben sie aber behalten. Thoukididis, der als Lehrer unterrichtet hat, ist zwar pensioniert, doch seine Frau arbeitet noch in der Stadt. Elli und Ioanna verbringen die meiste Zeit hier in den Bergen, und auch die Eltern zieht es immer öfter hierher. Besonders die Töchter sorgen mit ihrem Engagement für Leben im Dorf und genießen gleichzeitig die entspannenden Momente der Einsamkeit des unendlichen Epirus. Doch die Winter können mitunter hart werden. Dann sind auch heute noch viele Bergdörfer für längere Zeit von der Außenwelt abgeschnitten. Wer es sich leisten kann, hat daher Zweitwohnungen in den nahe gelegenen Städten.

Am Telefon hatte mir Ioanna gesagt, dass ich das Hinweisschild zur Fremdenherberge »Xenonas Thoukididis« sofort entdecken würde. Doch von einem solchen ist hier oben weit und breit nichts zu sehen, und so wenden wir uns zunächst nach rechts. Ziegenköttelchen zieren hier den gesamten Steinplattenweg. Das Geräusch sich nähernder Glöckchen ist zu hören. Sonst nichts. Als wir nach nur wenigen Metern eine kleine Anhöhe erreichen, sehen wir auf einem Felsen einen Hirten sitzen. Zur Stille gesellt sich nun sein Gesang. Er redet zunächst mit seinen Ziegen, dann singt er ihnen ein Lied. Hirte und Tiere machen einen zufriedenen und äußerst entspannten Eindruck. Die Ziegen knabbern das saftige Gras und die duftenden Kräuter. Als uns der Hirte sieht, unterbricht er das epirotische Schäferlied, und er wirkt freudig überrascht, Fremde hier zu sehen. Ich frage ihn nach der Herberge Thoukididis, doch er ist zunächst darauf aus, herauszubekommen, woher wir stammen. Als ich mich als Deutscher zu erkennen gebe, lacht er und ruft mir, jetzt auf Deutsch, zu: »Ich habe eine Zeit lang in Wuppertal gelebt! Wie sagt man? Gastarbeiter!«

Die Welt ist klein. Und Kapesovo ist noch viel kleiner. Ganzjährig wohnen hier gerade einmal 14 Personen. Im Sommer einige mehr. Der ehemalige Gastarbeiter und Heimkehrer zeigt uns freundlich lächelnd den richtigen Weg ins Dorf. Es ist der andere Steinplattenweg. Der, der links hinunter führt. Wir verabschieden uns vom freundlichen Hirten, den die Landflucht nicht nach Athen, sondern sogar bis Wuppertal getrieben hatte. Aber die Liebe zu seinem Dorf hat ihn hierher zurückgeführt. Ich winke ihm noch einmal zum Abschied zu und als ich mich umdrehe, kommt mir bereits eine hübsche, junge Frau entgegen.

»Kyrie Andreas?«, fragt sie mich so, wie insbesondere griechische Frauen ältere Bekannte anreden: »Herr Andreas!«

»Ja, ich bin's. Du musst Ioanna sein!«, antworte ich der gertenschlanken, sportlichen 30-Jährigen, die ich bislang nur vom Telefon kannte.

Wir begrüßen uns, während zwei Hunde, die sie mitgebracht hat, neugierig um mich herumwuseln. Ioanna führt uns gerade auf dem schmalen Steinplattenweg zur Herberge, als hinter uns, sich schnell nähernd, ein lautes Geläut und Gemeckere zu hören ist. Dann Hufgetrappel, und schon sehen wir die Ziegen des Hirten wieder. Auf dem sehr schmalen Weg ist nicht viel Platz; mit dem Auto hatten wir uns hier nicht herunter gewagt. Doch der Herde gelingt es spielend leicht, an uns vorbei zu rasen. Springend. Schätzungsweise hundert Tiere sind so schnell an uns vorüber, wie sie gekommen sind. Sie hinterlassen auch hier überall ihre Köttelchen, ihren typischen Geruch und bei mir einen bleibenden Eindruck.

Einigermaßen sauberen Schuhs erreichen wir dann trotzdem die Fremdenherberge. Die enge Gasse gabelt sich hier. Links herum geht es zum Dorfplatz, rechts herum sind die Ziegen verschwunden. Noch beeindruckt von der aktiven Ziegenherde stehen wir vor der idyllischen, kleinen Pension der Familie Papageorgiou. Das »Ξενώνας Θουκυδίδης« (Xenonas Thoukididis) fügt sich hinter massiven, hellgrauen Steinmauern perfekt in das Gesamtbild des Dorfes. Die Steine jedes einzelnen Dorfes der Zagorochoria haben ihren eigenen Farbton. Das Baumaterial wurde vor Jahrhunderten immer in direkter Nähe aus den Felsen des Gebirges gewonnen. In Kapesovo ein helles, aber warmes Silbergrau. Bereits auf den ersten Blick wird deutlich, dass das Gebäude, in dem sich heute die Herberge befindet, hier schon immer stand. Identischer Farbton der Natursteinmauern. Seinen ungewöhnlichen Vornamen verdankt Ioannas Vater dem ersten Historiker Griechenlands. Der große Thoukididis der Antike wurde 460 v. Chr. in der Nähe von Athen geboren, und noch heute lernen die Kinder in den Schulen über das Leben und Werk des bedeutenden Mannes der Geschichte.

Fast so antik wie der Name mutet auch das Eingangsportal der Herberge an. Es ist umrahmt von einer sehenswerten Natursteinmauer und nach traditioneller Bauweise gefertigt. Ioanna erklärt anschaulich den Mechanismus zum Öffnen der Tür, die ohne Schloss und Klinke auskommt. Ein von geschickter Hand geschnitzter, etwa ein Meter langer Stock mit angedeutetem Handgriff hängt an einem Seil vom Türsturz herab. Im Querbalken des Türrahmens ist eine kleine, kreisrunde Öffnung zu erkennen. »Du nimmst den Stock und steckst das nach unten hängende, spitzere Ende in dieses kleine Loch.« Ioanna macht vor, wie es geht.

Anmutig wandert der schmucke Stab von geschickter Hand geführt in den Balken. Ein sanftes »Klock« und der hölzerne Mechanismus öffnet das Tor. Wieselflink versucht ein streunender Hund durch den Türschlitz zu huschen, doch Ioanna verscheucht ihn instinktiv. Sie hat acht eigene Hunde, Streuner aber mag sie nicht. Und da es hier in der epirotischen Einsamkeit immer schon freilaufende Tiere gab, haben die alten Baumeister den cleveren Türmechanismus ausgeklügelt, den ein Tier nicht überlisten kann.

»Meine Eltern haben das Haus von Grund auf neu errichten müssen. Es war völlig verfallen. Eine Ruine. Aber wir haben es geschafft und alles originalgetreu, traditionell hergerichtet«, sagt Ioanna.

Wir stehen im kleinen Innenhof der Herberge, von dem aus man einen herrlichen Blick über die Steindächer von Kapesovo hat. Auch im Inneren fühlt man sich wohl, in dem kleinen Gastraum in der Zeit zurückversetzt. An der Wand ein offener Kamin, auf dessen Sims ein Schwert liegt. An den Natursteinwänden hängen liebevoll handgearbeitete »Glitzes«, die traditionellen Gehhilfen der alten Bauern und auch diverse Türöffnerstangen, mit denen sich die Haustore so geschickt entriegeln lassen. Thoukididis Papageorgiou fertigt all diese Dinge selbst an. An den Verzweigungen und Astgabelungen der Stöcke schnitzt er kunstvoll Köpfe, Tiere und Figuren. Gehobelt und polierte kleine Schätze.

Ein süßlicher Duft weht aus der Küche herüber, als uns Ioanna zu den Zimmern führt. Mit scheinbar grenzenloser Hingabe hat Familie Papageorgiou in jedem der fünf Zimmer ihrer Pension ein individuelles, kleines Paradies geschaffen. Der traditionelle, offene Kamin an der Wandseite bildet das Zentrum des Raumes. »So sahen die typischen Wohn- und Schlafräume seit Jahrhunderten hier in dieser Gegend aus. Wenn es kalt wurde, hat man sich gemeinsam ans Kaminfeuer gesetzt, und nachts schliefen Großeltern, Eltern und Kinder – die gesamte Großfamilie – ringförmig verteilt um das wärmende Feuer. Wir haben bewusst den historischen Stil beibehalten, aber trotzdem nicht auf heutigen Qualitätsstandard verzichtet«, sagt Ioanna, während sich Maria verzückt umsieht.

Inzwischen ist es später griechischer Nachmittag, so gegen 20 Uhr. Zeit für die abendliche »volta«, den Spaziergang. Ioanna rät zu einem Besuch der »Sterna«. Der kleine Laden befindet sich direkt am Dorfplatz neben der uralten Platane und der pittoresken Kirche Agios Nikolaos aus dem Jahr 1793. Lediglich ein jetzt geschlossenes kleines Kafeneion befindet sich noch am Dorfplatz. Andere Geschäfte gibt es in Kapesovo nicht. Das Innere der »Sterna« ist im Gegensatz zur steinfarbigen Plateia extrem bunt. Außerdem riecht es intensiv nach Kräutern, Kuchen und Desserts.

Hinter der kleinen Theke steht, süß lächelnd, Ioannas Schwester Elli. Sie verkauft hier Handgemachtes: Schmuck in allen erdenklichen Formen und Farben, selbst gesuchte Kräuter und Pilze aus der Umgebung und auch die handgeschnitzten Stöcke ihres Vaters. Besonders jedoch gefällt mir Ellis Spezialität: süße Früchte! In Gelee, Honig, Sirup oder im Schokoladenmantel.

»Hast du die Zisterne gesehen?«, fragt Elli und lenkt mich von den süßen Desserts ab. Sie zeigt auf den kleinen Brunnen in der Mitte des Raumes, den ich zunächst nicht als solchen wahrgenommen hatte. Die gemauerte Umrandung dient als Ablage für all die bunten Dinge. »Von ihm hat die ›Sterna‹ ihren Namen!« Die Chefin lächelt sichtlich stolz auf ihren kleinen, schmucken Laden.

Der Brunnen ist aus dem Jahr 1848. Das Haus wurde erst später über ihm errichtet. An der etwa einen Meter hohen Brunnenmauer hängt Schmuck und baumeln Stöcke. Als ich mich über den Brunnenrand beuge, erschrecke ich. Und Elli lacht: »Die Zisterne ist 13 Meter tief.« Deutlich tiefer, als ihr kleines Geschäft breit ist.

Nach diesen erstaunlich tiefen Einblicken in das süße Innenleben der »Sterna« machen wir es uns an einem der beiden kleinen Tische vor dem Café gemütlich. Elli bringt griechischen Kaffee, natürlich traditionell im Briki, dem Mokkakännchen, auf der Gasflamme gekocht. Dazu Kuchen, bei dessen Auswahl wir Entscheidungsprobleme gehabt haben. Elli hat hinter ihrer Theke ein Schränkchen, in dessen Schubladen wahre Schätze schlummern. Baklava – Honig-Nuss-Küchlein, Kadaifi – eine in Engelshaar eingewickelte Nussmischung, die mit reichlich Honig übergossen ein göttliches Gebäck wird, Profiteroles – kleine Windbeutel mit Sahnefüllung und dicker Schokoglasur, Orangen-Bergamotte-Küchlein und so weiter. Was wir auch probieren, eines ist leckerer als das andere. Die Griechen lieben die schier unendliche Auswahl süßer und noch süßerer Küchlein, von Gebäck und Törtchen. Jeder Dorfbäcker hat immer eine stattliche Auswahl von ihnen in der Auslage. Das bekannteste ist sicher das Baklava. Das Original stammt aus Ioannina! Zumindest sehen das die Griechen so, denn sie haben das Rezept von den türkischen Besatzern übernommen und, wie sie sagen, fortentwickelt und optimiert. Dieses »echte« griechische Gebäck nennen sie daher korrekterweise in ganz Griechenland »Janniotikos Baklavas – Baklava aus Ioannina!« Mir scheint, als ob Elli die wenigen Aufenthalte in der Kreisstadt nutzt, um die Originalrezepte zu pflegen. Denn das, was sie in Kapesovo anbietet, ist sagenhaft.

Während wir in der Abendsonne sitzend das Gebäck genießen und Ellis Backkünste loben, gesellt sich Apostolos zu uns. Der freundliche, ältere Herr freut sich über die Abwechslung und unsere Gesellschaft, und er erzählt uns von der Einsamkeit seines Dorfes. Er ist seit einigen Jahren Rentner und hat entsprechend noch mehr Zeit darüber nachzudenken. Früher, so sagt er, wurden die jungen Mädchen direkt mit Männern aus den Dörfern verheiratet. Die Eltern gaben sich gegenseitig ihre »logos«, die Versprechen, dass ihre Kinder heiraten würden, sobald sie das richtige Alter erreichten. »Manchmal passierte das schon mit zwölf oder dreizehn Jahren!«

Heute ziehen die allermeisten lieber weg. Ioannas und Ellis Eltern brauchten nicht zum Mittel der Zwangsehe greifen. Ohnehin gibt es solche ernsthaft erzwungenen in Griechenland schon lange nicht mehr, allenfalls, wie sicher auch anderswo, die eine oder andere Zweckehe. Doch der Wunsch nach freier Selbstbestimmung ist ausgeprägt und griechische Frauen sind emanzipiert. Oft haben sie heute sogar das Sagen in den Familien, auch wenn das ihre Männer offiziell nie zugeben würden.

Ioanna und Elli sind gerne in Kapesovo. Ob die beiden ledigen, jungen Frauen jedoch hier im 14-Seelendorf Ehemänner finden werden, ist mehr als fraglich. Es ist fast eine Tragödie. Im gesamten Land vereinsamen ganze Ortschaften und Dörfer. Zurück bleiben oft nur die Alten. Die Jungen zieht es auf der Suche nach Arbeit, Ausbildung und Freizeitvergnügen in die modernen Großstädte. Die Infrastruktur auf dem Land ist häufig rückständig. Einige Dörfer leben auch heute noch ohne elektrischen Strom und ohne fließendes Wasser. Doch das alles schreckt Ioanna und Elli nicht ab – im Gegenteil. Sie haben sich bewusst für das Bergdorf entschieden. Ein junger Mann sagte einmal in Athen zu mir: »Es ist doch ein großes Glück, dass sich die Moderne auf die Hauptstadt und wenige größere Städte beschränkt. Dadurch bleiben die Dörfer so ursprünglich und traditionell, wie sie es auch vor Ewigkeiten schon waren.«

Als Apostolos noch von der Geschichte des Dorfes berichtet, erscheinen auch die Eltern der beiden innovativen Mädchen. Sie bringen Obst und Gemüse aus eigenem Anbau für die Herberge und die »Sterna«. Hinzu gesellt sich zudem der zweite Cafébesitzer des Ortes. So haben wir bereits nach wenigen Stunden fast alle Einwohner des Dorfes kennengelernt. Es seien eben nur noch diese 14, die hier dauerhaft leben, erzählt Apostolos sichtlich betrübt. Sein Blick schweift über die Dächer und es scheint, als träume er von der guten, alten Zeit, als sich hier noch reichlich Bewohner Gesellschaft leisten konnten. Heute ist das Dorf zwar bei den meisten, besonders bei den jungen Leuten, kein beliebter Wohnort mehr, dennoch bietet es Einzigartiges. Mir kommt es ein wenig vor wie ein Museum. Unwirklich scheint das Leben hier im Vergleich zum hoch technisierten Standard der Metropolen. Es ist ein einfaches und zuweilen aus Sicht eines Großstädters vermutlich entbehrungsreiches Leben. Und gerade das ist es wohl, was immer mehr griechische Touristen in die abgelegenen Bergdörfer des Zagori zieht. Die modernen Griechen entdecken ihre traditionelle Lebensweise wieder.

Elli kniet neben unserem Kaffeetischchen und krault einem großen, braunen Mischlingshund den Nacken. »Im Sommer kommen viele Gäste zu uns. Auch aus dem Ausland. Touristen, die Natur und Ruhe suchen. Das ganze Jahr über kommen auch immer mehr Griechen. An den großen Feiertagen, an Ostern und Weihnachten, oder an langen Wochenenden wird es richtig voll in Kapesovo.« Die Chefin der Sterna blickt über den menschenleeren Dorfplatz, während der Hund wohlig brummt.

Trotz der zunehmenden Neugier der Großstädter nach dem Dorfleben, verirren sich an normalen Wochenenden nur wenige Gäste in diese Gegend. Jetzt im Mai sind wir die einzigen Nicht-Kapesovoten. Die Einheimischen sind stolz auf ihr schmuckes Dorf, sie zeigen es gern und erzählen Geschichten. Über die Kirche, den Hirten, die Schule, über eigene Auslandsaufenthalte und wie schön es doch zu Hause ist. Apostolos lädt uns zu einem Getränk ein. Zu einem »potó«, also einem alkoholischen. Nach dem süßen Kuchen schmeckt der typische, einheimische Tsipouro erfrischend auf dem Dorfplatz des »schönsten Dorfes der Zagorochoria«. So zumindest hatte es mir mein Athener Freund Panos angekündigt, als er mir riet, unbedingt zu den Papageorgious zu fahren. Und ich bin sicher, er hatte Recht, obwohl ich noch nicht alle 46 Dörfer des Zagori gesehen habe.

Eine angenehme Abendkühle legt sich mit der Dunkelheit über den Ort. Es ist gegen halb zehn und pechschwarz liegt das Epirusgebirge vor uns. Die wenigen funzeligen Lichter am kleinen Dorfplatz um die Platane produzieren ein Gefühl der absoluten Ruhe und Entspannung. Hinzu gesellt sich bei uns ein angenehmer Appetit und so entschließen wir uns für ein Abendessen im »Xenonas Thukididis«.

Wunderbare Leckereien wandern in der Gaststätte über den Tisch und in unsere Bäuche. Salat aus Thoukididis' Gemüsegarten, ein herrliches Lammfrikassee, Auberginen aus dem Backofen usw. ... Dazu eine Besonderheit: selbstgemachter Rosé. Der Wein hat einen ganz eigenen, bittermostigen Geschmack, der gleichzeitig erfrischend-prickelnd wirkt. Er passt ausgezeichnet zum Essen. Ioanna erzählt uns, dass sie ihn in einem speziellen Verfahren herstellen, bei dem die Trauben zunächst einige Zeit in einem offenen Korb vergoren werden. Das sorgt für den eigenartigen Geschmack, der so gut in diese abgeschiedene Bergregion passt und uns vorzüglich schlafen lässt. Das allerdings erst, nachdem wir kurz nach Mitternacht noch die Überraschungstorte zum Geburtstag von Maria essen »müssen«. Elli und Ioanna bringen uns völlig unerwartet dieses süße Präsent zum Dessert. Was für eine Köstlichkeit nach einem tollen

Kapesovo-Abendmahl! Maria genießt die familiäre Atmosphäre und verdrückt ein Stück nach dem anderen.

Der nächste Morgen weckt mich mit gleichmäßig lauter werdenden, zunächst unverständlichen Worten aus einem quiekenden Lautsprecher. Zunächst hatte ich an einen der auf den griechischen Dörfern weit verbreiteten Gemüsehändler gedacht, die mit ihren Pickup-Lieferwagen die Landbevölkerung vor einem mühsamen Gang zum Supermarkt bewahren. Doch je näher der Lautsprecherlärm kommt, desto deutlicher wird die Stimme:

»Ola ta paliá masevo – Ich sammle alles Alte!« Ein Altwarenhändler! Warum er gerade hier in dieser einsamen Gegend unterwegs ist, weiß nur er selbst und vielleicht noch die griechischen Götter. Hier gibt es zwar viel Altes, aber sicher wenig, das abgegeben werden soll. Und noch viel weniger Menschen, die überhaupt etwas abgeben könnten. Aber vielleicht hat ja der Schrotthändler auch die Nase voll vom Großstadtmief in Athen?

Nach einem vorzüglichen Frühstück besichtigen wir das Dorf. Bis auf den Dorfplatz und die direkte Umgebung hatten wir am Vorabend wenig gesehen. Die Vormittagssonne taucht Kapesovo jetzt in ein malerisches Licht. Wir treffen den Ziegenhirten, eine Bäuerin und auf einer Wiese am Dorfrand einen älteren Herrn, der aus Langeweile den saftig grünen Rasen mähen will. Hoch erfreut über jede Abwechslung lässt er sich von seiner Arbeit abhalten. Er war der Lehrer der Dorfschule. Er erzählt, dass Apostolos, unser Gesprächspartner vom Vorabend, damals sein Mitschüler war. Die Schule ist seit Jahren geschlossen. Wir sollten sie unbedingt ansehen, meint er, und ruft kurzerhand Apostolos auf dem Mobiltelefon an, denn sein ehemaliger Schulfreund verwaltet den Schlüssel. Apostolos lässt uns ausrichten, dass wir am besten sofort rüber kommen sollen. Er erwarte uns.

Als wir ihn keine fünf Minuten später auf dem Dorfplatz treffen, hält er einen gigantisch großen Schlüssel in der Hand: Der Schulschlüssel ist so lang wie meine Elle! Auf dem kurzen Weg zur Schule erzählt uns Apostolos wehmütig, dass die Lehranstalt 1985 ihre Pforten endgültig geschlossen hat. Das Gebäude wurde im Jahr 1861 errichtet. Seitdem wurden hier die Kinder aus vielen umliegenden Dörfern unterrichtet. Doch zunehmend entvölkerte sich das Epirusgebiet. Unendlich einsam, jetzt, fast 150 Jahre später. Ioanna hatte mir beim Frühstück erzählt, dass in den beiden größeren Nachbardörfern Tsepelovo und Monodendri heute noch Schulen betrieben werden. Dorthin müssen die wenigen Kinder der umliegenden Zagorochoria zum Unterricht.

Apostolos führt uns ins Innere der geschlossenen Dorfschule. Leer wirkt es ohne Schüler. Und doch verbreiten die noch immer mit bunten Plakaten behangenen Wände der Klassenzimmer eine lebendige Atmosphäre. Aber es soll noch interessanter werden. Die Kapesovoten haben eine tolle Idee: »Wir sammeln hier alte Gebrauchsgegenstände aus dem Dorf, die nicht mehr benötigt werden. Vielleicht können wir eines Tages hier ein Museum eröffnen«, sagt Apostolos.

In einem Zimmer, das frisch eingerichtet erscheint, befindet sich ein offener Kamin, drum herum mehrere nebeneinander angeordnete Betten, Tische und Stühle. Ein typischer Wohnraum für Eltern, Kinder, Großeltern und Urenkel. Der Raum ähnelt vom Aufbau her den Zimmern im »Xenonas«, nur ist es hier spartanischer. Eben original zagorisch und ohne den neuzeitlichen Luxus. Im nächsten Raum empfängt uns ein Sammelsurium alter Gebrauchsgegenstände. Leider noch nicht museumswürdig ausgestellt, liegen, stehen und hängen hochinteressante Dinge wild durcheinander. Schneeschuhe aus Binsen, eine hölzerne Weinpresse, antike Spritzen zum Aufbringen von Pflanzenschutzmitteln auf Weinreben und Obstbäume, Reusen für den Fischfang in den zahlreichen Flüssen der Umgebung, ein Butterstampfertrog, Kämme aus Holz zum Bürsten der geschorenen Schafwolle, ein alter Webstuhl aus Urgroßmutters Zeiten, Militärhelme aus dem Zweiten Weltkrieg, ein Beutel aus gegerbter Ziegenhaut, in dem Käse traditionell hergestellt wurde, ein Waschkübel und zahlreiche andere Artefakte. Wir sind beeindruckt.

»Hiermit haben die Frauen seinerzeit im Fluss die Wäsche gewaschen.« Apostolos hält einen etwa einen Meter langen, hölzernen Schlegel in der Hand. »Damit wurde die Wäsche während des Waschens geschlagen. Und damit haben die Frauen damals auch ihre Männer geschlagen, wenn diese abends zu spät nach Hause kamen.« Apostolos grinst und reicht mir den erstaunlich schweren Prügel. Ein Museum stünde dem Ort wahrlich gut zu Gesicht.

Im nächsten Raum erwartet uns die ehemalige Schulbibliothek. In dem muffigen, staubigen Zimmer stehen wackelige Regale und Schränke. Viele hochinteressante Bücher und Dokumente liegen ungeordnet herum. Eine Karte aus dem Jahr 1779 ist faszinierend. Sie zeigt die zu jener Zeit wenigen türkenfreien Balkanzonen. Doch der Atem stockt uns erst richtig, als Apostolos aus einem der modrigen Schränke ein dickes Buch hervorwühlt. »Hier, halt das mal! Irgendwo auf Seite eins steht das Erscheinungsdatum«, sagt Apostolos.

Das offenbar sehr alte Buch ist ihm gut bekannt. Schon zu seiner Schulzeit haben sie daraus gelernt. Ich hingegen wundere mich über die Gelassenheit im Umgang mit diesem Uraltwerk, das in jeder ordentlichen Bibliothek unter besonderen klimatischen Bedingungen unter Glas geschützt würde. Maria schlägt die Hände über dem Kopf zusammen, während ich mit zittrigen Fingern die vergilbten Seiten umblättere. Ich traue meinen Augen kaum: »1627« steht dort handschriftlich unter dem Titel des Buches.

Fast 400 Jahre Lexikongeschichte halte ich in den Händen. Das »Ambrosii Calepini Dictionarium« ist ein Wörterbuch in elf Sprachen: Latein, Griechisch, Hebräisch, Französisch, Italienisch, Deutsch, Belgisch, Spanisch, Polnisch, Ungarisch und Englisch. In dieser Reihenfolge. Eine absolute Rarität. Ganz vorsichtig legen wir das Buch zurück in die Schublade. Höchst beeindruckt verlassen wir die Schule und ich erinnere mich an die ersten Worte des Tages: »Ola ta paliá masevo – Ich sammle alles Alte!« Wie gut, dass der Altwarenhändler nicht schon unterwegs war, bevor die Kapesovoten beschlossen, die nicht mehr gebrauchten Gegenstände hier auszustellen!

Als wir uns am Nachmittag von den Papageorgious verabschieden, riecht es in der Herberge wie in einer duftenden Zauberwerkstatt. Elli steht gebeugt über einem riesigen Topf und rührt mit einem langen Holzlöffel in ihrer Siruprezeptur. Eine riesige, bunte Schürze hat sie sich um die schlanke Hüfte gebunden. Sie köchelt unreife Walnüsse. Aus ihnen macht sie köstliche Sirupfrüchte: »Glykó tu Kutaliú – Löffel-Süßigkeiten«.

Zum Abschied frage ich Elli, was sie hier in Kapesovo hält. Wieso sie nicht wie alle anderen jungen Menschen auch in die Stadt zieht.

»Hier gibt es das, was mir gefällt. Ich liebe es, Pilze zu sammeln, Marmelade zu kochen und Früchte einzulegen«, sagt Elli, während sie verliebt lächelnd weiter im Topf rührt.

Es riecht exzellent. Wir würden unseren Aufenthalt am liebsten verlängern, aber leider ruft der Alltag und wir müssen uns wieder auf den Rückweg in die Großstadt machen. Die Süßigkeitengöttin darf hingegen in Kapesovo bei ihrer Sterna bleiben. Es ist das Nebeneinander von ihrer Arbeit, die Elli so sehr liebt, und der unberührten Natur, die sie in ihren Bann zieht.

»Wir haben hier oft Einsamkeit, aber es besuchen uns so viele gute Freunde, dass das Leben niemals langweilig wird. Meine Schwester und ich lieben es, neue Leute kennenzulernen. Und zu uns ins Xenonas kommen viele liebenswürdige Gäste. Es ist doch herrlich, wenn man zwar nicht immer erreichbar ist, wenn einem aber dennoch nie langweilig wird«, sagt Elli.

»Habt ihr einen Internetanschluss hier oben?«, frage ich sie. »Ich schicke euch ein paar Fotos per E-Mail.«

Entspannt blickt Elli über den Rand des großen Kochtopfes.

»Hier in Kapesovo haben wir kein Internet. Aber schick uns ruhig was. Wenn wir zwischendurch zum Einkaufen nach Ioannina fahren, bleiben wir manchmal über Nacht in unserer Wohnung dort. Dann rufe ich meine E-Mails ab. Versprochen!«

Elli und Ioanna sind zauberhafte Gastgeberinnen. Ich bin sehr gespannt, welche Köstlichkeiten uns die beiden bei unserem fest eingeplanten nächsten Besuch vorstellen werden. Maria drückt Elli zum Abschied: »Danke für Alles. Es war toll bei euch. Nur zwei Tage, aber ich fühle mich entspannt wie nach zwei Wochen Urlaub.«

Wie gut, dass Ioanna und Elli die Idee mit dem »Xenonas« und der »Sterna« hatten. Sie führen sie mit unendlich epirotischer Überzeugung. Eine Herzensangelegenheit.

›Kadaifi á la Elli‹ – Κανταΐφι αλά Ελλης

Zutaten:
500 g Kadaifiteig (Engelshaar-Teig), 2 Tassen grob-gehackte Wallnüsse, 1 EL Zimtpulver, 1 EL Nelkenpulver, 1 EL Zucker, ½ Tasse gebröckelten Zwieback oder Paniermehl, 1 EL geriebene Zitronenschale, 3 EL Brandy oder Cognac, 300 g Butter.
Für den Sirup: 4 Tassen Wasser, 4 Tassen Zucker, 2 EL Honig, 1 ganze Zitronenschale am Stück, 1 ganze Zimtstange, 5 Gewürznelken.

Zubereitung:
In einer Schüssel Walnüsse, Zimtpulver, Nelkenpulver, Zucker, Zwieback und Zitronenschale mit Brandy mischen. Kadaifiteig auf einem Küchentuch auftauen lassen. Den ausgerollten Teig in rechteckige, ca. 6x12 cm große Stücke teilen. Auf jedem Kadaifiteil einen gut gehäuften Teelöffel Nussmischung legen, Teig zusammenrollen, Ränder mit einbearbeiten. Dabei darauf achten, dass Sie nicht zu fest drücken. Die kleinen Kadaifi-Röllchen auf ein mit Backpapier ausgelegtes Blech dicht nebeneinander legen. Butter in einem Topf schmelzen und über die Kadaifi-Röllchen verteilen. Das Blech in den auf 180° C vorgeheizten Backofen schieben und für ca. 45 Min. die Kadaifi-Röllchen goldbraun backen.
In der Zwischenzeit den Sirup vorbereiten: In einem Topf Wasser, Zucker, Honig, Zitronenschale, Zimtstange und Gewürznelken 5 Min. lang kochen. Die Gewürze aus dem Sirup entfernen. Die fertig gebackenen Kadaifi-Röllchen vorsichtig mit dem heißen Sirup übergießen und abkühlen lassen. Der Kadaifiteig saugt die Flüssigkeit langsam über Nacht auf. Nicht bedecken und nicht im Kühlschrank lagern! Dadurch bleibt die Oberfläche knusprig. Auch ungekühlt kann man die Kadaifi-Röllchen einige Tage aufbewahren.

Tipp: Servieren Sie ein Kadaifi-Röllchen auf einem Teller und gießen Sie noch etwas Sirup aus dem Blech darüber. Dazu reichen Sie einen griechischen Mokka und ein Glas Wasser – oder gleich eine ganze Karaffe. Und dann kann der Urlaub beginnen!

SO VERHEIRATET MAN EIN GASTARBEITERKIND
Ein Interview mit Linda Zervakis

Ob »Kalimera« oder »Moin, moin«, Linda Zervakis kennt sich aus. Ouzo, Oktopus und Mittelmeer genießt die Hamburger Moderatorin mit griechischen Wurzeln, wenn es zu den Verwandten nach Griechenland geht. Ihr Traumjob: Radio und Fernsehen – sie hat ihn gefunden. Seit Jahren arbeitet Linda Zervakis für das NDR-Fernsehen und gleichzeitig beim Radiosender N-Joy. Für »Mein Nachmittag« ist sie als Reporterin in Norddeutschland unterwegs und für das ARD-Informationsprogramm »EinsExtra Aktuell« steht sie als Moderatorin im Studio. Seit März 2009 moderiert sie ergänzend das ARD-Nachtmagazin und seit Februar 2010 ist sie als Tagesschau-Sprecherin im Einsatz.

Andreas: Linda, du bist Griechin, aber in Hamburg geboren. Wie kamen deine Eltern nach Deutschland?

Linda: Ganz klassisch als Gastarbeiter. Sie wollten ihre Eltern finanziell unterstützen. Meine Mutter kam zunächst zusammen mit ihrem Bruder hierher. Anfangs war das für sie alles ganz schlimm und sie wollte am liebsten wieder zurück, doch die Verhältnisse ließen es nicht zu. Ihr Vater hat damals gesagt, sie gäbe im Dorf kein gutes Bild mehr ab, wenn sie wieder nach Griechenland zurückkehren würde. Doch dann hat sie meinen Vater in Griechenland kennengelernt, und sie sind beide zusammen nach Deutschland gegangen. Beide haben dann als Fabrikarbeiter ihr Geld verdient und anfangs in ärmlichen Verhältnissen, in ehemaligen Bundeswehrkasernen, auf engstem Raum gelebt. Das war in den Sechzigerjahren, noch vor der Junta-Zeit in Griechenland. Keine leichte Zeit für Gastarbeiter. Aber es gab auch schöne Momente, wenn auch im Rückblick manchmal kurios wirkend.

Andreas: Zum Beispiel?

Linda: Meine Eltern haben in Deutschland zum ersten Mal Bananen gesehen!

Andreas: Tatsächlich? Heute sind Bananen das Lieblingsobst der Griechen. Wusstest du, dass in Griechenland pro Jahr und Kopf 8,5 Kilogramm Bananen gegessen werden?

Linda: Nein, das wusste ich nicht. Aber es zeigt, wie sich seitdem das Leben in Griechenland verändert hat. Als meine Eltern in Deutschland die ersten Bananen gesehen haben, haben sie sie neugierig sofort gegessen. Allerdings: mit Schale! Sie kannten das eben nicht. Im Griechenland der Sechzigerjahre gab es praktisch keine Bananen.

Andreas: Seitdem hat sich tatsächlich viel geändert, aber du bist in Deutschland aufgewachsen. Hast du trotzdem manchmal so etwas wie Heimweh?

Linda: Ja. (überlegt) Ja! Es gibt diese Momente. Ich sehe mich nicht als Deutsche, ich sehe mich aber auch nicht komplett als Griechin. Ich bin ein Gemisch aus beiden Kulturen. Ich merke das, wenn ich in Griechenland bin. Dann bin ich dort sofort warm mit der Kultur und der Umgebung. Ich fühle mich in Deutschland zu Hause, aber ebenso in Griechenland. Gerne setze ich mich zum Beispiel in ein Kafeneion und beobachte einfach die Menschen und die Kultur, die mir in Deutschland manchmal fehlt.

Andreas: Was siehst du dann?

Linda: Ganz banale Sachen. Wir Griechen erzählen zum Beispiel anders. Wenn man die Leute im Café beobachtet, sieht man das. Da wird dann wild mit den Armen gewedelt. Die Gestik ist viel ausgeprägter. Das geht so »auf Deutsch« einfach nicht. Es hat viel mit der Sprache zu tun, die ich so liebe. Und was mir in Griechenland ganz allgemein auffällt: Diese Unbeschwertheit. Die spürt man in so vielen Bereichen. Wenn ich nach einem Griechenlandurlaub nach Hause komme, merke ich mit Schrecken, dass ich in Hamburg an der Supermarktkasse plötzlich wieder auf den Cent Wechselgeld warte. In Griechenland undenkbar! Da schenken sie dir eher einen Kaugummi, als nach dem Cent zu suchen. Das hat etwas Sympathisches.

Andreas: Was hast du für dich aus dem griechischen Alltag mit nach Deutschland genommen?

Linda: Ich bete jeden Abend. Das hat mir noch meine Mama beigebracht.

Andreas: Du trägst aber nicht wie so viele Griechen ein Kreuz als Halsschmuck.

Linda: Nein. Ich gehe auch nur einmal im Jahr in die Kirche. Ich bin kein Kirchgänger und übrigens auch kein Schmuckträger. Ansonsten müsste ich aufpassen, denn ein Kreuz kann, wenn man im Fernsehen auftritt, auch leicht religiös falsch verstanden werden. Aber mitgebracht habe ich aus Griechenland noch etwas anderes: das Temperament. Ich liebe es, im Auto vor mich hin zu fluchen, wenn es zum Beispiel mal nicht schnell genug geht. Mein Freund behält immer die Nerven, aber ich haue auch gerne mal vom Beifahrersitz aus auf die Hupe. Im Auto kann ich sogar in Deutschland mein griechisches Temperament rauslassen. Das gefällt mir.

Andreas: Wie empfindest du persönlich den kulturellen Unterschied zwischen Deutschland und Griechenland?

Linda: Auf den ersten Blick erscheinen diese Unterschiede so klein, tatsächlich aber sind es manchmal Welten. Und genau das ist der Knackpunkt der meisten Probleme, die viele griechische Migranten haben. Um noch mal beim Thema Kirche zu bleiben: Niemand würde in Griechenland auf die Idee kommen, aus der Kirche auszutreten. Sie gehört einfach dazu. In Deutschland wird hingegen alles immer in Frage gestellt. Alles wird ausdiskutiert. Die Griechen akzeptieren einfach auch mal selbstverständliche Dinge. Ich will das Griechische gar nicht schönreden, aber in Deutschland wird einiges manchmal zu sehr ausdiskutiert. Hinzu kommt das oftmals sehr Bürokratische. Wir Griechen sind da entspannter, nach dem Motto: ›Komm'ste heut' nicht, komm'ste morgen‹. Oder: ›Trinken wir erst mal einen Kaffee‹. Diese Gelassenheit ist so anders.

Andreas: Hängt das vielleicht auch mit dem Wetter zusammen?

Linda: Bestimmt! Bei schlechtem Wetter kann man doch viel besser arbeiten als bei gutem. In dem Zusammenhang fällt mir noch etwas ein, was ich hier in Deutschland so vermisse: den Mittagsschlaf. Den könnte ich jeden Tag machen! Und nicht zu vergessen, das Verhältnis Eltern – Kinder. Die Eltern opfern sich bis ins hohe Alter für ihre Kinder. In Griechenland ist es nicht schlimm, wenn das Kind mit 30 Jahren noch zu Hause wohnt. Dieses gegenseitige Füreinander-da-Sein ist ganz anders ausgeprägt. Eine Geschichte aus meiner Kindheit: Meine Eltern hatten mal einen kleinen Kiosk in Hamburg. Dort hab ich nach der Schule oder in den Ferien oft mitgeholfen. Meine deutschen Schulfreunde fragten mich dann immer: »Kriegste dafür Geld?« Das ist aus griechischer Sicht richtig schlimm. Mir wäre es nie in den Sinn gekommen, mich für eine solche Selbstverständlichkeit entschädigen zu lassen. Das geht eigentlich gar nicht.

Andreas: Familie ist ganz wichtig in Griechenland ...

Linda: Ja, ganz klar. Nur noch ein Beispiel dazu: Deutschland ist für mich auch das Land, in dem Hunde mehr geliebt werden als Kinder. Ich weiß, das klingt drastisch, aber aus Sicht einer Griechin wirkt es nun mal oft so. In Griechenland sind Kinder das Größte. Das merkt man überall im Alltag. Wie die Griechen mit Kindern umgehen. Das gefällt mir.

Andreas: Du bist seit einem Jahr selber stolze Mutter eines süßen Sohnes, um den du dich rührend kümmerst. Bist du auch sonst durch und durch Griechin?

Linda: Nein, ich bin in vielerlei Hinsicht deutsch geworden. Ich bin zum Beispiel oft eher zurückhaltend. Für Griechen vielleicht untypisch. Aber es ist wohl auch mein Naturell, dass ich versuche, immer freundlich durchs Leben zu gehen. Da fühle ich mich dann eher griechisch. Und aus dieser Sicht fällt mir immer eines auf: Alles ist immer so dramatisch in Deutschland!

Andreas: Was fehlt dir in Deutschland am meisten?

Linda: Der Sommer! Er ist in Griechenland nun mal länger und heißer. Ach, ich liebe diese Jahreszeit, diese Temperaturen.

Andreas: Linda, ein anderes Thema: Namen. Man kann in Griechenland leicht den Überblick verlieren bei all den vielen gleichen Vornamen. Maria, Eleni, Jannis oder Dimitris hört man ständig ...

Linda: ... nur meinen nicht!

Andreas: Das stimmt. ›Linda‹ ist doch sehr untypisch für eine Griechin. Wie kamst du zu deinem Vornamen?

Linda: Den habe ich meiner Mutter zu verdanken. Sie war da total modern. Die Kinder werden in Griechenland immer nach den Großeltern benannt, deshalb heißen auch so viele gleich. Meine Großmutter hieß aber ›Athina‹, und in Deutschland würde man dann gleich ›Tina‹ genannt. Und da dachte meine Mutter, okay, durchbreche ich das Namensregime. Sie hatte aber die Rechnung ohne die griechisch-orthodoxe Kirche gemacht. Denn getauft werden kann dort nur, wer auch einen kirchlichen Namen tragen soll. Dazu gehört Linda nun mal nicht. Aber auch dafür hatte Mama eine Lösung. So bekam ich einen zweiten Namen, mein offizieller Taufname: ›Lydia‹. Meine Eltern haben mich aber immer nur ›Linda‹ genannt.

Andreas: Würdest du deine Kinder auch nach deinen Großeltern benennen?

Linda: Wenn ich in Deutschland leben würde, hätten meine Kinder damit keinen Spaß. Meine Mutter heißt ›Chrysanthi‹ und mein Vater ›Sotirios‹. Das sind so richtig griechische Namen. Aber ich würde vielleicht einen Namen wählen, der eine griechische Bedeutung hat. Vielleicht ›Hermes‹, der Götterbote. Er ist in der griechischen Mythologie der Schutzgott des Verkehrs, der Reisenden, der Kaufleute und der Hirten. Gleichzeitig ist er aber auch der Gott der Diebe, der Kunsthändler, der Redekunst, der Gymnastik und der Magie.

Andreas: Du bist viel herumgekommen. In Griechenland gehört Reisen zum Alltag vieler Menschen: Man reist aus den Städten ins Heimatdorf oder auf die Inseln. Ihr Griechen seid insgesamt sehr mobil, oder?

Linda: Wenn es um die Fahrt ins Dorf geht, ja! Wir Griechen legen viel Wert auf Familie, und da gehört der Besuch bei den Verwandten selbstverständlich zum Leben dazu. Ansonsten bewegt sich der »gemeine« Grieche aber eigentlich eher wenig. Da werden 800 Meter gerne mal mit dem Wagen gefahren. Und dann lassen ganz viele das Auto auch noch laufen, wenn sie Zigaretten holen gehen. Das ist schon ein schwieriges Thema. Ansonsten stimmt es natürlich.

Andreas: Ist deine Familie viel gereist? Zu den Verwandten nach Griechenland?

Linda: Als Kinder waren wir nur alle zwei oder drei Jahre zu Hause in unserer griechischen Heimat. Meine Eltern hatten auch nicht das Geld, öfter zu verreisen. Damals fuhren wir noch mit dem Auto über den Balkan, später dann mit der Fähre von Italien aus. Wir haben die meiste Zeit bei den Verwandten verbracht, aber wir haben auch immer versucht, eine Woche woanders Urlaub zu machen. Meist am Meer. Auf der Insel Thassos oder in Kavala im Norden Griechenlands. Da waren wir oft.

Andreas: Besuchst du noch immer die Verwandtschaft, wenn du heute nach Griechenland fährst?

Linda: Ja klar, heute machen wir das immer noch. Aber ich fahre auch gelegentlich direkt auf irgendeine Insel, weit weg von zu Hause. Dafür haben die Verwandten zum Glück Verständnis. Aber wenn ich von Athen aus auf eine nahe gelegene Insel fahren würde, ohne die Verwandten in der Hauptstadt zu besuchen, das wäre ein No-Go! Das sind die ungeschriebenen Gesetze. (Sie lacht.)

Andreas: Was willst du dir in deiner Heimat unbedingt noch ansehen?

Linda: So doof es klingt: Mykonos würde ich mir gerne mal angucken. Erstens weil ich immer danach gefragt werde, aber zweitens auch, weil es das Sylt der Griechen ist. Und Kefalonia würde ich gerne besuchen. Nicht nur wegen des Films »Corellis Mandoline«, der dort spielt, sondern auch, weil ein Bekannter so von der Insel geschwärmt hat.

Andreas: Wenn du einem Griechenlandurlauber ein Ziel vorschlagen müsstest, wozu würdest du dem Badeurlauber raten?

Linda: Badeurlaub: Das wird nicht verraten! (Sie lacht.) Ansonsten finde ich Samos ganz beeindruckend. Weil es so grün ist. Dort gibt es große Kiefernwälder und wahnsinnig tolle Landschaften. Ganz hübsch ist außerdem Pilion. Eine total abwechslungsreiche Landschaft. Und es gibt dort, ganz extrem, diesen Griechenlandduft ...

Andreas: ... den man jemandem, der ihn noch nicht selbst gerochen hat, kaum beschreiben kann. Wenn der heiße Sommerwind über die trockene Landschaft bläst und den Duft von Pinien, Kiefern, Kräutern, Harz und vielem mehr verbreitet.

Linda: Genau das meine ich. Ich liebe es, wenn mir dieser Geruch in die Nase steigt.

Andreas: Und welches Ziel schlägst du einem Wandertouristen vor?

Linda: Wanderurlaub? Tut mir leid, keine Ahnung. Ich gestehe, ich war auch noch nie in Deutschland wandern.

Andreas: Vielleicht auch weil dein Beruf dich voll fordert und dir wenig Zeit lässt? Wie bist du zum Fernsehen gekommen?

Linda: Ich habe beim Radio angefangen, und mein Sprechtrainer hat mich bei einem Casting vorgeschlagen. So bin ich zunächst ins Regionalfernsehen gekommen. Ich wollte immer Radio *und* Fernsehen machen. Dass es jetzt eine Mischung aus beidem geworden ist, finde ich genial. Und das ARD-Nachtmagazin und die Tagesschau sind natürlich etwas ganz Besonderes.

Der Fernsehjournalismus in Griechenland ist für Ausländer gewöhnungsbedürftig. Nachrichtensendungen dauern oft eine Stunde oder länger, und im Frühstücksfernsehen streiten gleich mehrere Journalisten mit den Moderatoren. Alle aus unterschiedlichen Gegenden zugeschaltet, so dass der Bildschirm von zahlreichen Fensterchen übersät ist. Oft ein gnadenloses Durcheinander. Oder doch innovativ?

Andreas: Braucht Griechenland vielleicht dieses etwas chaotische Durcheinander?

Linda: Auf jeden Fall. Das passt zu diesem Land. Es ist nicht dieses Aufgeräumte wie in Deutschland, sondern viel mehr hektisches Durcheinander. Das entspricht auch dem Alltagscharakter der Griechen. Wahrscheinlich sagen die Griechen: Mensch, was haben die Deutschen für staubtrockene Nachrichten, was für ein langweiliges Fernsehprogramm! Die Griechen sind eben mit diesem gewissen Chaos aufgewachsen. Nicht nur im Fernsehen.

Andreas: Würdest du denn gerne im griechischen Fernsehen moderieren?

Linda: Nein, nein. Ich kann gar nicht so schnell griechisch sprechen. Selbst die Moderatoren reden dort ja irrsinnig schnell. Und es ist mir auch zu schrill und zu bunt. Vielleicht bin ich an das deutsche, gesetztere Programm gewöhnt. Die Griechen gehen im Fernsehen außerdem sehr stark nach dem Optischen. Das driftet auch leicht ins Oberflächliche ab. Ich finde es schade, dass sie dort nicht zu ihrer griechischen Mentalität stehen. Alle sind blond, haben kleine Nasen, alle sehen irgendwie operiert aus. Da wird der Druck dann noch größer und man denkt: Mensch, musst du jetzt auch so aussehen? Musst du ewig jung bleiben und unendlich Dekolleté zeigen? Aufgespritzte Lippen haben? Ne, das will ich nicht. Das ist mir zu viel Plastik.

Andreas: Im Nachtmagazin moderierst du ab Mitternacht. Bist du eine Nachteule?

Linda: Eine Nachteule bin ich nun wirklich nicht. Das typisch griechische Leben, abends erst ab zehn Uhr essen und so, das kann ich gar nicht. Da bin ich wohl zu sehr eingedeutscht. Ich habe, glaube ich, den deutschen Biorhythmus. Beim Nachtmagazin ist das allerdings etwas anderes. Das geht immer. Aber da arbeite ich eben auch. Da bin ich dann hellwach.

Andreas: Ein Sprung zurück in deine Kindheit. Du bist zwar in Hamburg geboren, aber auch in einem griechischen Dorf groß geworden. Wo genau?

Linda: In Serres, in Nordostgriechenland. Ich bin da zwar nicht richtig aufgewachsen, aber ich war in den Sommerferien dort. Und bei meinen Großeltern in Trikala, in Zentralgriechenland.

Andreas: Beide Gegenden sind ländlich geprägt. Wie hast du das Landleben empfunden?

Linda: Wir hatten bei meiner Oma in Trikala eine Art kleinen Bauernhof. Mit Brunnen im Hof und Hühnern und so. Da wurde hin und wieder auch geschlachtet. Daran kann ich mich noch gut erinnern. Wenn dann mittags das Huhn auf den Tisch kam, das eben noch über den Hof gelaufen ist, das habe ich dann nicht runtergekriegt. Und ich kann mich auch noch gut daran erinnern, wie sich dort auf dem Land die Leute immer angespuckt haben, dieses typisch griechische »Ftou, ftou, ftou«!

Andreas: Was sowohl »pfui« als auch »toi, toi, toi« bedeutet ...

Linda: ... und daher so häufig benutzt wird. Leider immer in Verbindung mit echtem Ausspucken. Das fand ich immer ganz ekelig und bin jedes Mal zu meiner Mutter gelaufen und habe gerufen: Iiiiieh, die haben mich angespuckt! Für meine Oma und die anderen Verwandten war das übrigens nicht ganz einfach. Für sie war ich dann das kleine Mädchen, das immer deutsch sprach und die griechischen Gepflogenheiten nicht alle kannte. Aber trotzdem waren sie alle immer ganz herzlich.

Andreas: Befremdlich klingen Geschichten über Zwangsehen und Ähnliches, wie es sie früher in Griechenland auf dem Land noch gegeben haben soll. Du bist zu jung, um so etwas miterlebt zu haben.

Linda: Tja, denkste! Nein, da gab es wirklich diese Geschichte. Ich war 21, und wir waren zu Besuch bei unseren Verwandten in Athen. Wir saßen gerade beim Mittagessen, als es an der Tür klingelte. Ich sollte aufmachen und da stand dann so ein kleiner Mann vor mir. Er hat mit uns zu Mittag gegessen. Als er gegangen war, nahm mich mein Onkel zur Seite und fragte: »Hast du dir den Mann angeguckt?« Ich sagte: »Nein, wieso?« Und mein Onkel sagte: »Na ja, das ist 'ne gute Partie, der ist beim Staat beschäftigt. Seine Eltern haben ein großes Haus am Meer, er ist Einzelkind und wird mal alles erben.« Und so weiter. »Der einzige Nachteil: Du als seine Frau müsstest immer mit ihm umziehen. Er hat einen Job, bei dem er häufig an andere Ort versetzt wird.« Da dachte ich plötzlich, was ist hier los? Hast du einen Zeitsprung erlebt?

Andreas: Wie ging es dann weiter?

Linda: Als ich Einwände äußerte, wurde mein Onkel echt böse. Als wir ein paar Tage später ans Meer fuhren, sagte mein Onkel zu mir, ich solle noch mal drüber nachdenken, er würde schon mal mit den Eltern dieses Mannes sprechen. Erst dachte ich, er verarscht mich. Aber er meinte das wirklich ernst. Es ist dann natürlich trotzdem nichts daraus geworden. Meine deutsche Sozialisation hat sich durchgesetzt.

Andreas: Also doch keine echte Zwangsehe?

Linda: Das Wort dafür, ›proxenió‹, bedeutet heute auch eigentlich eher Heiratsvermittlung. Ein echter Zwang ist das nicht mehr. Wenn man wie ich in Hamburg groß geworden ist, wo man mit 13 oder 14 einen Freund haben kann, ohne dass das etwas Ungewöhnliches wäre, dann denkt man: Mein Gott, was ist denn hier in Griechenland los? Und hinzukommt: Griechische Männer sind ja sowieso die Besten auf der ganzen Welt. So wurde das bei diesen Versuchen \- es gab ein paar davon – zumindest immer erzählt. Das fand ich schon heftig, da muss man erstmal mit klar kommen. Vermutlich passieren solche Verkupplungsgeschäfte noch heute.

Andreas: Du bist als Auslandsgriechin wahrscheinlich immer im Verdacht, eine gute Partie zu sein. Auch ein Grund für die Kuppelversuche?

Linda: Das kann schon sein. Bei uns kam dann sicher noch dazu, dass wir immer spontan irgendwo Urlaub gemacht haben. Wo wir gerade wollten. Das ist für Griechen sehr ungewöhnlich, wenn eine Familie »alleine« die Ferien verbringt, ohne in Gesellschaft zu sein. Das hat uns vielleicht zusätzlich interessant gemacht.

Andreas: Könntest du dir vorstellen, in Griechenland zu leben?

Linda: Den Zugang zu meinen griechischen Wurzeln möchte ich auf jeden Fall nicht verlieren, aber für immer in Griechenland? Ich glaube, dafür bin ich inzwischen zu lange in Deutschland. Ein Mischmasch aus Deutschland und Griechenland, das wäre schön. Ein halbes Jahr dort, ein halbes Jahr hier. Herrliche Vorstellung!

Andreas: Was liebst du am meisten an Griechenland und an den Griechen?

Linda: Dass sie mit einer gewissen Leichtigkeit durchs Leben gehen, aber gleichzeitig auch immer was Melancholisches haben. Und, wie gesagt, der Duft: Pinien, Nachtblumen, Jasmin. Ich kann immer schwer beschreiben, wie das riecht. Eben der spezielle Griechenlandduft. Und tatsächlich auch die griechische Sprache, diese Melodie, das liebe ich auch. Und dann das Meer! Es gibt nichts Schöneres als stundenlang im Mittelmeer zu schwimmen.

Andreas: Und was würdest du ändern?

Linda: Am Umweltbewusstsein muss dringend etwas getan werden. Nicht immer das Auto laufen lassen, um nur eine kleine alltägliche Umweltsünde zu nennen. Dann die Korruption, diese ewige Vetternwirtschaft. Das ist schlimm. Ich habe erst kürzlich wieder eine so typische Geschichte gehört. Drei Männer waren im Krankenhaus. Zwei von ihnen wurden sofort behandelt, der dritte wartete auch am dritten und vierten Tag noch, bis ihn einer der anderen fragte, ob er den Umschlag mit dem Geld nicht auf die Tastatur gelegt hätte. Hatte er nicht. Den Ärzten privat unter der Hand etwas zuzustecken, ist ein Muss. Ohne den »fakeláki«, den

Umschlag mit dem Schwarzgeld, gibt es oft gar keine medizinische Behandlung. Das würde ich ändern!

Andreas: Abschließend ganz spontan: Was fällt dir zum griechischen Alltagsleben ein?

Linda: Kafeneion. Frappé. Tavli – also das Backgammonspiel. Schick angezogen sein, Frauen sehr körperbetont, super aussehende ältere Herren mit gestärktem Hemdkragen. Geweißte Hauswände in den Dörfern. Autofahren. Rauchen. Viel diskutieren, viel reden und viel gestikulieren.

Andreas: Linda, vielen Dank für diesen Spaziergang! Verrätst du uns zum Schluß noch dein Lieblingsrezept?

Linda: Gerne! Der griechische Kartoffelsalat. Kommt immer gut an, ist einfach zuzubereiten und man kann immer sagen, ich habe etwas griechisches mitgebracht. Außerdem ist ja keine Mayonnaise drin, stattdessen literweise Öl, aber man hat trotzdem das Gefühl, dass er leichter daherkommt.

›Kartoffelsalat‹
Patatosalata – Πατατοσαλάτα

Zutaten für 8 Personen:
1 rote Zwiebel, 1 TL Salz, 1,5 kg festkochende Kartoffeln, 3 EL Kapern, 30g
Petersilie, Zitronensaft (je nach Geschmack), 100 g dunkle Oliven, 125 ml
Olivenöl, frisch gemahlener schwarzer Pfeffer.

Zubereitung:
Die Zwiebel in dünne Scheiben schneiden mit kaltem Wasser und Salz
bedecken (ca. 30 Minuten). Zwiebeln sind dadurch besser verdaulich. Die
Kartoffeln 20-25 Minuten kochen. Sie sollen gar sein, dürfen aber nicht
zerfallen. Etwas abkühlen lassen. Danach schälen und in Scheiben oder
Stücke schneiden. Die Zwiebel abspülen, gut abtropfen lassen. Mit den
restlichen Zutaten zu den Kartoffeln geben, mit Pfeffer und vielleicht
noch etwas Salz abstimmen. Vorsichtig mischen und am besten noch
etwas warm oder bei Zimmertemperatur servieren. Falls der Salat im Vo-
raus zubereitet wird, sollte man daran denken, dass die Kartoffeln einen
Teil des Öls absorbieren. So bleibt weniger Salat-Dressing übrig. Deshalb
lieber einen Teil des Öls zurückbehalten und ihn kurz vor dem Servieren
hinzufügen.

39 Grad! Die rund 10.000 Einwohner Nafplions, der ersten Hauptstadt Griechenlands, schwitzen gewaltig Anfang Juli. Ich stehe im Zentrum der Stadt, im schattenspendenden Park, neben dem imposanten Reiterstandbild des Helden des griechischen Unabhängigkeitskampfes, Theodoros Kolokotronis.

Die aufregende Geschichte der Stadt begann im 19. Jahrhundert. Kolokotronis, einer der Oberbefehlshaber der griechischen Streitkräfte, führte seine Landsmänner gegen die osmanische Besatzungsmacht. Als die Hellenen nach der Seeschlacht von Navarino im Oktober 1827 als Sieger an Land gingen, war der Befreiungskampf gegen die Türken gewonnen. Nafplion, die malerische Hafenstadt auf der Peloponnes, wurde zum Sitz der neuen Regierung ernannt, und ein bayerischer König sollte hier herrschen. Im Februar 1833 traf der von den Schutzmächten auserwählte Regierungschef des neuen Staates Griechenland, der junge bayerische König Otto, in Nauplia, wie die Stadt einst genannt wurde, ein. Ein bewegender Winter für das kleine Nauplia. Doch bereits 1834 verlegte der deutsche Adlige die Hauptstadt nach Athen. Für die Kleinstadt mit der imposanten Festung oberhalb der Stadtmauern vielleicht eine gute Entscheidung, denn so konnte sie sich ihren gemütlichen Charakter bewahren.

In den engen Gassen der Altstadt pulsiert an den Wochenenden das Leben, flanieren verliebte Paare an der Hafenpromenade auf und ab und genießen Jung und Alt in den unzähligen Tavernen und Ouzerien leckere Speisen und erfrischende Getränke. Die kleinen Ouzerien, kneipenähnliche Gaststätten, in denen verschiedene Ouzosorten serviert werden, gibt es in Griechenland allerorten. Ouzo, der traditionelle Anisschnaps, ist für die Griechen so sinnbildlich wie die Akropolis für Athen.

Nach einer Abkühlung sehne ich mich auch, angesichts der Backofentemperaturen. Eigentlich wollte ich den kurzen Weg vom Kolokotronisplatz im Zentrum zur Ouzodestillerie zu Fuß zurücklegen, doch die Temperatur drängt mich in eines der zahlreich wartenden Taxis. Taxi fahren gehört in Griechenland für viele zum alltäglichen Leben. Die Verbindungen des öffentlichen Personennahverkehrs sind aufgrund der meist ländlichen Struktur überschaubar. Die Taxipreise sind vergleichsweise gering. Warum also laufen, wenn ich den Weg auch griechisch, also im Auto, zurücklegen kann?

Wo genau die Destillerie liegt, weiß ich nicht. Der Taxifahrer wird mir helfen. Doch der grummelige »Taxitsis«, wie die Fahrer genannt werden, hat keinen blassen Schimmer. Achselzuckend fährt er los. Ein kleines Hinweisschild zur Destillerie der Familie Karonis hilft ihm jedoch aus der Patsche. Flugs biegt er in die kleine Straße und nach wenigen Metern halten wir vor einem großen Portal.

»Hier muss es sein«, sagt der Taxifahrer mit überzeugendem Blick.

Kein Schild, keine Destillerie zu sehen. Ich zögere, auszusteigen in die fast 40 Grad heiße Glut. Doch der Fahrer lässt nicht locker. Ein Kollege habe ihm eben am Telefon bestätigt, dass wir hier richtig seien. Also gut, ich steige aus. Über eine breite Zufahrt erreiche ich die Eingangstür ohne Namensschild. Nicht ungewöhnlich in Griechenland und so klingele ich. Nach einer Weile öffnet ein kleiner Junge, den ich aus dem Mittagsschlaf gebimmelt zu haben scheine. Er schaut verwundert zu mir herauf.

»Nein, nein«, sagt er, »die Destillerie ist nebenan. Die Straße weiter herunter.«

Die Hitze quält mich auf dem Weg zurück zur Straße, wo ich kurz zuvor aus dem Taxi gestiegen war. Plötzlich erscheint hinter mir noch der Vater des Jungen, der mir den Weg zu den Karonis' ausführlich erläutert. Wenig später stehe ich vor der richtigen Einfahrt. Hier ist ein nicht zu übersehender Wegweiser an der Straße angebracht. Und auch das unscheinbare Fabrikgebäude ist verziert mit einem bunten Firmenschild aus Blech über der eisernen Eingangstür. Daneben steht ein etwa mannshoher, hölzerner Nachbau einer Flasche des hauseigenen Anisschnapses. Durchgeschwitzt trete ich ein, und ich bin sofort von der Familie Karonis begeistert, die den Eingangsbereich nicht nur liebevoll hergerichtet, sondern auch ausgezeichnet klimatisiert hat. Ich bin mittendrin im Ouzo-Museum. Hier finden sich alte Schriftstücke, Fotos und der erste Destillierapparat. Daneben sitzt, an einem ausladenden, kolonialfarbenen Massivholzschreibtisch, der groß gewachsene, grauhaarige Fotis Karonis. Seine Frau bringt uns allen sofort Kaffee, als hätten sie nur auf meine Gesellschaft gewartet.

»Unsere Destillerie gehört zu den fünf ältesten in Griechenland.« Fotis, Chef in vierter Generation, ist stolz. Sein Urgroßvater Yiannis Karonis hat den Betrieb im Jahr 1869 offiziell gegründet, nachdem er bereits 29 Jahre zuvor einen Raki-Laden in der ehemaligen Hauptstadt eröffnet hatte. Der echte griechische Raki ist ein Tresterbrand aus Kreta, der anders als der Ouzo nicht mit Anis versetzt wird. Heute wird er fast nur noch auf Kreta angeboten. Im Rest des Landes hat sich nach dem Befreiungskampf der »griechischere« Ouzo durchgesetzt.

Der Ouzo-Produzent führt mich zu einem vergilbten Schriftstück, welches eingerahmt in exponierter Lage im Museum an der Wand prangt. Zweisprachig verfasst ist es, griechisch und deutsch, und unterzeichnet von König Otto von Griechenland im Gründungsjahr. Ein Original. Es ist die staatliche Genehmigung zum Betrieb der Destille. Fotis ist stolz auf seinen Familienbetrieb, und so hoffen die Karonis, dass die Tradition noch lange fortbesteht und eines der drei Kinder den Ouzo auch in weiteren Generationen herstellen wird. Denn dieser Schnaps ist wichtig: Ouzo ist mehr als nur ein Getränk, er ist Bestandteil des Alltagslebens. Er gehört für viele Touristen wie für Einheimische gleichermaßen zu Griechenland wie Sonne, Tsatsiki und Salzwasser. Und dennoch, so scheint es, geht die echte, alte Ouzo-Tradition ganz langsam verloren. Ouzerien, die traditionellen Lokale, in denen verschiedene Ouzosorten mit »Mezé« – kleine Häppchen – angeboten werden, gibt es immer weniger. Auch in Nafplion. Zu finden ist der Ouzo dennoch überall: In den Touristenhotels und -restaurants ebenso, wie in den Tavernen am Strand, den Kafeneions im Zentrum oder den Bars und Cafeterias an der Promenade.

Wir stehen inzwischen in einer Ecke des Museums, in der sich der erste Destillierapparat befindet. Ein handgefertigter Bronzekessel hat seinerzeit den ersten »Ouzo Karonis« hervorgebracht. Damals, vor über hundert Jahren, wurde das Destillat noch über einem offenen Feuer hergestellt. Heute ist der Produktionsablauf optimiert.

»In den modernen Destilliergeräten wird die Hitze gleichmäßiger verteilt, das bringt bessere Ergebnisse«, sagt Fotis.

Er hat meine Neugier auf die heutige Ouzo-Produktion geweckt, doch bevor es in die eigentliche Produktionsstätte hinübergeht, zeigt Fotis noch auf einen riesigen, uralten Panzerschrank in einer Ecke hinter seinem Schreibtisch. Ein Spitzengerät französischer Safe-Baukunst, wie er sagt. Außerdem ist es ein echtes Schmuckstück und so alt wie die Destillerie der Familie. Fast ein Einzelstück.

»Im Bouboulinas-Museum auf der Insel Hydra gibt es noch ein weiteres Exemplar davon, aber das dortige ist beschädigt«, sagt Fotis. Mit einem mächtigen Schlüssel setzt er den ausgeklügelten Mechanismus in Gang und öffnet das Museumsexemplar. Der Ouzo-Experte ist sichtlich stolz auf sein Schmuckstück. Weich öffnet der Panzerschrank seine Tresortür und ich blicke auf Geld, Unterlagen, geheime Papiere. Doch bevor ich einen Blick auf das Geheimrezept erhaschen kann, schließt der Hausherr die Tresortür wieder. Gerade noch rechtzeitig vor meiner Nase. »Fluff!« Butterweich nimmt der Panzerschrank das Geheimnis des Karonis-Ouzo wieder in seinem Inneren auf. Fotis grinst kollegial. »Komm, ich zeige dir die Produktionsstätte!«

Wir durchqueren eine kleine Halle, in deren Mitte eine große Etikettiermaschine steht. »Yiannis Karonis musste die Etiketten für unsere Flaschen noch in Frankreich bestellen, weil es so etwas damals in Griechenland nicht gab«, sagt Fotis.

Heute ist es einfacher. Die Maschine druckt beharrlich die Flaschenaufkleber, auf denen das zweite Wahrzeichen der Stadt Nafplion, das Bourtzi, zu sehen ist. Auf diese kleine Festungsanlage blicken die Touristen heute fasziniert, während sie in Gesellschaft an der Promenade des Hafens ihren abendlichen Ouzo oder Kaffee genießen und dabei zusehen, wie alte Männer und kleine Jungen von der Hafenmauer aus kleine Fischchen angeln.

»Wir produzieren aber nicht nur Ouzo.« Fotis reißt mich mit diesen Worten aus meinen Gedanken. »Unser zweites Produkt ist der Tsipouro, der Tresterbrand.«

Der Schnapsbrenner führt mich in die hintere Produktionshalle. In einer Ecke steht ein kupferfarbener Destillierapparat. Nicht in Betrieb und gründlich gereinigt. Alles aufgeräumt ringsum. »Der Tsipouro wird nur destilliert, wenn die Weinlese in vollem Gange ist und der Trester anfällt. Dann ist Tsipourozeit und wir schlafen wochenlang so gut wie gar nicht«, sagt Fotis. Er scheint sich auszuruhen für die anstrengenden Herbsttage rund um die Lese.

Wir verlassen den Tsipouroraum und gehen hinüber in das Herzstück der Destillerie. Der Ouzokessel steht erhaben vor uns. Größer als der erste, als der, der im Museum steht. Imposant wirkt der Kupferkessel, der ein wenig wie ein großer, bauchiger Kaminofen aussieht. Im Gegensatz zum Museumskessel ist dieser hier jedoch futuristisch modern. Er steht allein. Ich bin überrascht. Das hatte ich nicht erwartet. Dieser eine große Kessel ist der Ouzo-Destillator. Nur einer! Erneut überrascht bin ich von Fotis' Antwort auf meine Frage nach der Jahresproduktion an Ouzo: »Wir produzieren etwa 30 Tonnen pro Jahr.«

Das hätte ich einem einzelnen Kessel nicht zugetraut. Fotis lächelt und deutet auf die Zutaten. Mehrere kleine Schälchen stehen sorgfältig angeordnet auf einer Arbeitsbank, die mit ihren Apparaten, Reagenzgläsern und Kolben ein wenig an ein Chemielabor erinnert. Hier wird probiert und experimentiert. Aber nur, um den seit Generationen typischen Geschmack des Ouzo beizubehalten. Auf eine gute, reine Qualität legen die griechischen Ouzoproduzenten viel Wert. Die wichtigste Zutat ist der Anis. Ihm verdankt der Ouzo sein typisches Aroma. Hinzu kommen weitere Kräuter wie Zimt oder Fenchel. Jeder Ouzo hat seine eigene Rezeptur. Die Kräuter werden in reinem Alkohol eingelegt und im Destillationskessel gebrannt. Fotis' Sohn Jannis, der Unternehmer in fünfter Generation, probiert sogar das erste Destillat, das noch mit rund 77 Prozent Alkohol aus dem Kessel kommt. Der Profi testet furchtlos. Erst nach der Destillation erhält der Ouzo durch Zugabe von Wasser die richtige Konzentration. Die Familie Karonis verwendet hierzu das natürliche Quellwasser

Nafplions. Damit verdünnt wandert schließlich der typisch griechische Aperitif in die Flasche. Der normale Ouzo mit 40 Prozent Alkohol, der »Ouzo extra« sogar mit 44 Prozent.

Fotis' Frau bittet mich an einen Tisch, auf dem verschiedene Flaschen, Gläser und Knabbereien stehen. »Das hier ist unser drittes Standbein«, sagt Fotis. »Der Masticha.«

Ein Likör aus dem Harz des Mastixbaumes, der ausschließlich auf der Südhälfte der griechischen Insel Chios wächst. Der kleinwüchsige Baum der Pistazienfamilie ähnelt dem Olivenbaum. Doch beim Mastix sind nicht die Früchte das Besondere, sondern das Harz, das aus den Stämmen gewonnen wird. Dieses wird dem Masticha zugegeben.

»Man trinkt ihn pur nach dem Essen.« Frau Karonis reicht mir ein gefülltes Schnapsgläschen. Eine rare Köstlichkeit. Ich bin überrascht. Der Geschmack von Mastix ist nicht jedermanns Sache. Doch dieser Mastixlikör schmeckt fabelhaft.

Ich erinnere mich an einen Sommer in Tolo: Ein Tourist hatte gerade am Kiosk von Barba-Aristides ein Vanilleeis mit Mastix gekauft. Angewidert spie er nach dem ersten Schlecken aus und wollte es umgehend zurückgeben. Er war sich sicher: Das Eis musste chemisch verunreinigt sein. Er kannte den harzig, bitteren Geschmack des Mastix noch nicht. Doch ich bin sicher, der Karonis-Masticha hätte sogar ihm gefallen!

Ich will mich auf den Weg machen, zurück ans Meer, scheue mich aber angesichts der heißen Temperaturen ein wenig, den Fußweg zurück ins Zentrum anzutreten, und so bitte ich Fotis, mir ein Taxi zu rufen. Wo ich denn hin wolle, möchte er wissen. Und als ich ihm sage, dass ich zu meinem Freund Perikles will, ist er sofort entschlossen, mich dorthin zu bringen. Die beiden kennen sich seit vielen Jahren, wie ich von Fotis erfahre, und so gibt es keine Ausreden für mich.

»Komm! Wir bringen meine Frau noch zu einem Arzttermin und dann fahre ich dich zu Perikles. Ich habe ohnehin noch etwas in der Gegend zu tun«, sagt Fotis. Auf dem Hof der Destillerie steht der kleine, verbeulte Auslieferungswagen. Ein Zweisitzer. Ich frage Fotis, ob er sicher sei, mich mitnehmen zu können.

»Na klar, meine Frau sitzt schon hinten.« Und in der Tat: Zu meiner Überraschung sehe ich Frau Karonis im Laderaum. Sie hockt fröhlich lächelnd auf einigen Ouzo-Kartons. Die Ware gut gesichert, fahren wir zunächst den kleinen Hügel hinunter ins Stadtzentrum. Nachdem wir Fotis' Frau bei ihrem Arzt abgesetzt haben, geht die Auslieferungsfahrt weiter. »Ein Kunde in Drépano wartet schon eine ganze Weile auf Nachschub«, sagt Fotis und tritt aufs Gaspedal.

Den Versand betreibt die Familie auch heute noch in Eigenregie, nämlich persönlich. Die Griechen lieben den Kontakt zu ihren Mitmenschen und so wird dann sogar die Auslieferungsarbeit zu einer in mehrfacher Hinsicht gewinnbringenden Gelegenheit. Als Fotis mich bei Perikles absetzt, verabschieden wir uns daher auch mit dem Versprechen, uns möglichst bald in einer Ouzerie zum Ouzo mit Mezé zu treffen. Denn: »Ouzo trinkt man auf Eis, und dazu gibts kleine Häppchen«, sagt Fotis zum Abschied. Kopfschüttelnd hatte er zuvor reagiert, als ich ihm erzählt hatte, dass viele griechische Restaurants in Deutschland Ouzo nach dem Essen pur in Schnapsgläsern servieren.

Als ich am nächsten Morgen an der Fleischtheke im Supermarkt darauf warte, bis ich an der Reihe bin, lasse ich den Ouzoabend Revue passieren. Während in vielen griechischen Restaurants in Deutschland opulente Fleischbergteller wie die ›Dionysos-Platte‹ oder der ›Akropolis-Teller‹ dominieren, lieben die Griechen ihre vielen kleinen Happen, die »Mezédes« (Mehrzahl für Mezé). Das passt so ausgezeichnet zu einem gut gekühlten Ouzo. Auch ich liebe sie. Die Schlange an der Theke rückt auf. Ich stehe vor einem Ständer mit kleinen Rezeptbüchlein. Eines davon: »Ouzomezédes« – Kleine Ouzohappen. Ich greife zu und verlasse die Fleischtheke.

Einige Tage später zeigt mir Fotis' Sohn Jannis auf der Terrasse von Perikles' Fischtaverne, wie er den perfekten Ouzo trinkt: Zwei Eiswürfel in ein Wasserglas, darauf etwa drei Fingerbreit Ouzo und das Ganze mit etwa der halben Menge Wasser aufgefüllt. Als Mezé empfiehlt Jannis Oktopus. Sein Lieblingsmezé zum Ouzo. Seine Frau Xeni ergänzt umgehend: »Und vergiss nicht ›gávros marinátos!‹« – kleine marinierte Anschovis.

Ich versuche es noch einmal und frage Jannis ganz beiläufig zwischen zwei Oktopushappen nach dem Rezept seines Ouzos. Xeni lächelt wissend: »Gib dir keine Mühe. Es ist so geheim, dass er es selbst mir nicht verrät.« Ich stecke mir einen weiteren kleinen Happen in den Mund. Und dann genieße ich einfach nur meinen Ouzo.

Eines meiner Lieblingsmezédes zum Ouzo habe ich übrigens auch in dem kleinen Büchlein gefunden. Auch Opa Aristides hat sie manchmal gemacht, wenn er viel Zeit hatte, denn die Zubereitung dauert eine Weile. Hier das Rezept:

›Gefüllte kleine Kalmare‹
Kalamarákia jemistá – Καλαμαράκια γεμιστά

Zutaten:

6 mittelgroße Tintenfische, (Tuben mit Tentakeln), 1 rote Zwiebel, ¼ einer kleinen Fenchelknolle, 6 EL Olivenöl, 2 EL Pinienkerne, 1 Tasse Risottoreis, Salz, schwarzer Pfeffer aus der Mühle, 1 Prise Zimt, ¼ l trockener Weißwein, ¼ l Gemüsebrühe, eine Hand gehackte Petersilie, 10 Zitronenscheiben.

Zubereitung:

Die Tintenfische küchenfertig vorbereiten und die Tentakel abschneiden. Die Tuben gut ausspülen und die dünne rötliche Haut abziehen. Beiseite stellen.

Zwiebel und Fenchel fein hacken, Tentakel in kleine Stückchen schneiden und alles im Olivenöl anbraten. Reis unterrühren und etwa 1-2 Minuten unter Wenden glasig werden lassen. Salz, Pfeffer und Zimt zugeben und ab jetzt regelmäßig schlückchenweise Wein und Gemüsebrühe zugeben. Immer nur so viel Flüssigkeit zufügen, dass der Reis nicht anbrennt. So auf kleiner Flamme etwa 15-20 Minuten köcheln lassen, bis das Risotto weich ist. Anschließend abkühlen lassen.

In der Zwischenzeit in einer kleinen Pfanne die Pinienkerne zartbraun anrösten und unter das abgekühlte Risotto geben. Die Kalmartuben nun mit dem Risotto füllen und vorsichtig mit Zahnstochern zustecken. Achtung: Nicht zu viel Füllung in die Tuben geben, da sie sonst im Ofen aufplatzen!

Die gefüllten Tuben in eine eingefettete Auflaufform legen, mit den Zitronenscheiben bedecken und die Auflaufform mit Alufolie abdecken. Nach etwa 15 Minuten die Alufolie entfernen und die Zitronenscheiben von den Tuben nehmen. Die Tintenfische nun mit der gehackten Petersilie bestreuen und noch weitere 5-10 Minuten backen, bis sie fertig sind.

Tipp: Servieren Sie die gefüllten Kalmare in breite, aber mundgerechte Ringe geschnitten zum Ouzo!

GESCHICHTE UND DICHTUNG
Im einstmals einsamen Fischerdorf

Die Sonne wirft funkelnde Strahlen auf das tiefblaue Wasser der einsamen Bucht, als ich am Morgen in »meinem griechischen Heimatdorf« Tolo erwache. Das früher urige, kleine Fischerdorf auf der Peloponnes hatte zu Beginn des 20. Jahrhunderts nur wenige hundert Einwohner. Der 1927 hier geborene Jannis Kotitsas ist einer von ihnen. Er hat ein spannendes Leben in seiner Heimat verbracht. Inzwischen ist er über 80 Jahre alt und widmet sich noch immer seinem Steckenpferd, der Geschichte. Sein Hobby hatte er einst zu seinem Beruf gemacht. Als Geschichtslehrer hat Jannis an verschiedenen Schulen der näheren Umgebung unterrichtet.

Mit einem schicken Strohhut auf dem Kopf und zwei große Tüten in den Händen biegt der pensionierte Lehrer an diesem Wintermorgen eiligen Schrittes um die Ecke und erscheint auf der Terrasse von Perikles' Taverne. Freudestrahlend und gleichzeitig ernsten Blickes kommt er auf mich zu, deutet auf die Tüten und sagt: »Andreas, ich habe was Spannendes mitgebracht. Setz dich, ich zeige es dir!«

Auf einem der Tische breitet er seine mitgebrachten Werke aus. Historische Bücher und zahlreiche lose Blätter. Jannis ist auch heute noch immer auf der Suche nach neuen geschichtlichen Erkenntnissen über sein Heimatdorf, und nach wie vor recherchiert er über die Zeit rund um den Zweiten Weltkrieg. Viele neue Informationen hat er in den vergangenen Jahrzehnten aus heimischen und ausländischen Bibliotheken, aus dem Internet und aus privaten Quellen zusammengetragen. In einer dicken Kladde sammeln sich unzählige Ausdrucke aus dem örtlichen Internetcafé.

Vieles von seinem historischen Wissen hat Jannis vor Jahren in einem Buch zusammengefasst: »Die Geschichte Tolos«.[3] Leider ist es nur auf

Griechisch erhältlich, aber es ist ein lohnendes Dokument. Sein erstes Gedicht ist darin veröffentlicht. Sein prägendes Kriegserlebnis. Und er erzählt noch heute jedem von den schrecklichen Ereignissen. Das Buch kauft man am besten direkt vor Ort beim Autor. Der gesellige Jannis freut sich über jeden Besuch. Der grauhaarige, immer adrett gekleidete Autor mit Denkerstirn und weißem Resthaar wohnt in der »Villa Poeta«. Italienisch ist eine weitere Leidenschaft des Historikers. Die Dichtervilla ist zwar kein Herrschaftssitz und der Bewohner auch kein gesamtgriechischer Prominenter, doch in Tolo kennen alle den etwas kauzigen aber herzensguten »Lehrer«, wie sie ihn nennen.

Jannis hält mir eine Loseblattsammlung mit Schiffsfotografien unter die Nase: »Ich habe all die Namen derjenigen Kriegsschiffe aufgelistet, auf und von denen im Zweiten Weltkrieg in den Buchten von Tolo, Asini und Nafplion Waffen und Soldaten ein- und ausgeladen wurden.« Unter den Fotos sind mit Schreibmaschine jeweils Kurzerläuterungen zu den Schicksalen der Schiffe geschrieben. Alle waren sie hier in Tolo und ringsum stationiert, wurden bombardiert oder sogar versenkt.

»Komm, ich will dir was zeigen!« Jannis nimmt mich mit auf einen Spaziergang zu genau der Stelle, wo deutsche Truppen nach Tolo einmarschierten und auf alliierte Einheiten stießen. Auf unserem Weg dorthin kommen wir an dem heute so friedlichen Strand von Tolo vorbei. Malerisch bildet der weiße Sand eine mondförmige Sichel zwischen dem Ortseingang von Tolo und dem angrenzenden berühmten Dorf der Antike, Asini.

Jannis hat den Krieg als Jugendlicher erlebt. Fast 70 Jahre später berichtet der Historiker: Während des griechisch-italienischen Krieges Ende 1940, bei dem auch Männer aus Tolo gegen den Feind ankämpften, hatte sich die damalige griechische Regierung noch geweigert, ein weitreichendes Unterstützungsangebot der britischen Regierung gegen die Faschisten anzunehmen. Eine Truppenentsendung durch die Briten lehnten die Griechen ab, da sie sich nicht den Unmut Hitlers zuziehen wollten. Die damalige griechische Diktaturregierung wollte sich möglichst heraushalten aus diesem unsinnigen und grausamen Krieg. Großbritannien leistete zu dieser Zeit lediglich Luftwaffenunterstützung.

Zu Beginn des Jahres 1941 starb der griechische General und Diktator Metaxas. Nach der italienischen Niederlage in Nordgriechenland zeichnete sich zudem eine deutsche Intervention in Griechenland ab. Metaxas' Nachfolger Korysis erklärte sich bereit, stärker mit den Briten zu kooperieren. So kam es, dass ein britisches Expeditionskorps gesandt wurde, das vor allem aus australischen und neuseeländischen Truppen bestand. Die Bucht und der Strand von Tolo eigneten sich offenbar strategisch gut für den Nachschub der Briten. Nachdem Mussolinis Truppen bei ihrer Offensive in Nordgriechenland von den griechischen Kämpfern zurückgeworfen worden waren und die Deutschen daraufhin ihre Griechenlandoffensive starteten, wendete sich das Blatt zügig. Die deutschen Truppen nahmen innerhalb weniger Wochen das griechische Festland bis hinunter nach Kalamata an der Südspitze der Peloponnes ein. Die Briten und ihre Verbündeten mussten sich zurückziehen. Dabei kam es zu zahlreichen Gefechten. So auch in Tolo.

Vom Strand aus wenden wir uns ortsauswärts in Richtung des heutigen Asini. Die Straße führt uns an Campingplätzen, Tavernen und Restaurants vorbei, und nach wenigen hundert Metern eine leichte Anhöhe hinauf. Hinter dem Hügel eröffnet sich eine kleine Talsenke, die mir Jannis als »Laka« beschreibt. Es bedeutet so etwas wie Grube oder Mulde. »Den Hügel dort nennen wir Kaminaki«, sagt Jannis und blickt sich um. »Hier trug sich am 27. April 1941 die Schlacht am Kaminaki zu«, ergänzt er.

Im Vergleich zu unzähligen, schrecklichen anderen Gefechten im Zweiten Weltkrieg war es keine große Schlacht gewesen, aber für das kleine Fischerdorf Tolo, mit seinen damals nur wenigen hundert Einwohnern, das prägende Kriegsereignis. »Die Toloner hatten den Krieg im alltäglichen Dorfleben bis dahin kaum wahrgenommen. Hier auf dem Land waren wir weitab von der Politik«, erzählt Jannis und hebt die Schultern.

Dann berichtet er weiter: In der nahegelegenen Bucht von Nafplion waren zu dieser Zeit britische Kriegsschiffe postiert. Die deutsche Luftwaffe hatte diese in einem heftigen Luftangriff am Morgen des 27. April 1941 versenkt. Viele hundert Soldaten ertranken bei diesem Angriff. Die

Fischer aus Asini, dem Nachbardorf von Tolo, hätten angeblich noch Monate später keinen Fisch mehr angerührt. Jannis erinnert sich, was die Fischer damals gesagt haben: »Unsere Fische haben sich tagelang von den Leichen der Briten ernährt. Da können wir sie doch nicht wie bisher einfach weiter essen.«

Jannis' Blick wendet sich in Richtung Asini. Nachdenklich erzählt er weiter: Nach dem morgendlichen Bombardement in der Bucht von Nafplion stießen die deutschen Truppen gegen Mittag des 27. Aprils 1941 bis nach Tolo vor. Von der flachen Bucht zwischen Tolo und Asini aus konnten in den Tagen zuvor noch viele britische Soldaten vor dem anrückenden Feind mit Schiffen außer Landes oder in sicherere Gebiete gebracht werden. Die relativ wenigen noch Verbliebenen sahen sich nun den Deutschen gegenüber. Jannis war damals 14 Jahre alt.

Er erinnert sich: »Die Deutschen kamen, verstaubt, verschmutzt, vom Krieg gezeichnet, mit Motorrädern und Maschinengewehren nach Tolo. Sie wurden dabei von ihrer Luftwaffe unterstützt. Auch Fallschirmjäger sprangen ab. Und beim Laka-Kaminaki trafen sie auf sich zurückziehende alliierte Truppen: Briten, Australier, Neuseeländer und Zyprioten.«

Jannis wirkt angestrengt. Bedrückt. Er schaut über die Ebene, wo es damals zu heftigen Kämpfen gekommen war. Zwar gab es nur vergleichsweise wenige Todesopfer, doch den damals 14-jährigen Jannis hatte das Gemetzel natürlich nachhaltig bewegt. Rund 1.700 Soldaten und Offiziere wurden von den Deutschen gefangen genommen. Die britischen und australischen Gefallenen wurden anschließend hier, direkt auf dem Schlachtfeld, beerdigt. Jannis schaut bedrückt zu mir.

»Hier haben sie Totenköpfe auf die Gräber der Gefallenen gelegt.« Der damalige Augenzeuge senkt den Blick. Ein Schauer läuft mir über den Rücken, als Jannis schildert, wie auf den staubigen Gräbern die abgeschlagenen Köpfe der ermordeten Soldaten drapiert wurden. Auf dem von den Kämpfen gezeichneten, blutgetränkten Boden des Schlachtfelds. Ein schauriges Bild in dieser heute so friedlich wirkenden Gegend. Was später aus den Schädeln geworden ist, weiß Jannis nicht. Vielleicht schlummern die Knochen noch heute unter den Olivenbäumen. Ihre eigenen Gefallenen begruben die Deutschen übrigens nicht hier, sondern in Nafplion. Auf einem richtigen Friedhof.

Jannis hält mir plötzlich ein altes vergilbtes Papier unter die Nase. Ein Gedicht. Getippt auf einer Schreibmaschine. Am Schriftbild ist zu erkennen, dass es sich um ein sehr altes Modell gehandelt haben muss. Die Schrift ist inzwischen blass, aber noch deutlich zu erkennen. Als Autor ist Jannis Kotitsas vermerkt. Am 28. April 1941, einen Tag nach dem Einmarsch deutscher Truppen in Tolo, hat er es geschrieben. Er verarbeitet darin seine schrecklichen Erlebnisse an diesem Apriltag. Sein erstes von Hunderten Gedichten.

Jannis hält den vergilbten Zettel in seinen jetzt zittrigen Fingern. Dann trägt er eindrucksvoll vor:

›Στους σκοτωμένους Αυστραλούς‹
(Στη μάχη Καμινάκι – Τολόν, 27.4.1941)

Λεβέντικα σκληρά κορμιά
στο χώμα ξαπλωμένα
τα χώματά μας βάψατε
μ' Αυστραλιανό σας αίμα.

Μανάδες σας δεν είν' εδώ
να κλάψουν το χαμό σας
συγκλονισμένοι στο Τολό
θρηνούμε το κακό σας.

Η ξενιτειά σας άρπαξε
και λιώνει τα κορμιά σας
ο τόπος σας είναι ιερός
κι' άγια τα μνήματά σας.

Στην Αυστραλία μακριά
θα πάνε τα μαντάτα
ότι γενναία πέσατε
από εχθρικά φουσάτα.

Ιωάννης Κοτίτσας - Τολόν – 28.4.1941

›Den getöteten Australiern‹
(In der Schlacht am Kaminaki – Tolon, 27.4.1941)

Die harten Körper mutiger Männer,
auf der Erde leblos liegend.
Unseren Boden habt ihr getränkt
mit eurem Blut, dem australischen.

Eure Mütter sind nicht bei euch,
um euren Tod zu beweinen,
und wir Erschütterte in Tolo
um euer Unheil trauern.

Die Fremde raubte euch aus
und lässt jetzt eure Körper verwesen.
Der Ort, an dem ihr liegt, ist heilig
und heilig so auch eure Gräber.

In Australien, in der Ferne,
werden sich eure Taten herumsprechen,
dass ihr tapfer gefallen seid
durch eine feindliche Horde.

Ioannis (Jannis) Kotitsas – Tolo – 28.4.1941
Übersetzung: Athanasios Pasoglou – 22.5.2008

Wir sind auf dem Weg zurück ins Dorf. Jannis erzählt mir, wie am späten Nachmittag des 27. Aprils 1941 die deutschen Truppen im Zentrum von Tolo ankamen: ein schauriges Bild von abgekämpften Soldaten und zum Teil blutüberströmten Verwundeten. Die vom Krieg schwer gezeichneten und ausgemergelten deutschen Soldaten riefen bei den Einwohnern von Tolo sogar Mitleid hervor. Sie, die Bewohner des kleinen, abgelegenen Fischerdorfes Tolo, waren ja bislang in diesen Krieg nicht aktiv verwickelt gewesen, hatten vom Leid der Kriegswirren in ganz Europa kaum etwas mitbekommen. Ein Großteil der Dörfler begrüßte die ausgezehrten deutschen Krieger daher griechisch gastfreundlich und mitleidvoll. Man brachte ihnen zu essen, zu trinken und sogar Blumen wurden herbeigeschafft. Am Abend wurden die Toloner zu einer Versammlung in das Geschäft der »Jorgakina« gerufen. Eine Art Taverne, wo man sich zum Kaffee, zu kleinen Speisen oder zum Wein traf. An diesem Tag jedoch war alles anders. Die Dorfbewohner wurden mit den Soldaten bekannt gemacht.

Jannis erinnert sich: »Die Deutschen riefen: Heil Hitler!« In der allgemein entspannten, fast heiteren Atmosphäre dieses Abends stimmten selbst viele Griechen in den Chor mit ein. Deutsch verstanden sie nicht.

Der Kriegszustand fand seinen Alltag im griechischen Dorf. Die deutschen Truppen bezogen ihr Hauptquartier dort, wo heute die Grundschule steht: mit Blick aufs Meer und die sichelförmige Bucht mit dem herrlichen Sandstrand. Die Frauen des Dorfes wurden dazu angehalten, die Kleidung der Soldaten zu waschen. Das Essen wurde knapp. Viele hungerten oder lebten von dem Nötigsten, was sie finden oder dem Meer abverlangen konnten. Die Jungen und Mädchen interessierten sich in ihrer kindlichen Neugier für die Soldaten, deren fremde Sprache sie spannend fanden. Sie trieben sich oft in deren Nähe herum. Meist riefen ihnen die Deutschen wohl zu, sie sollen aus der Nähe des Hauptquartiers verschwinden. Doch die Kinder verstanden die fremde Sprache nicht. Jannis erinnert sich, dass einige der Soldaten ihm und einigen anderen neugierigen Kindern einmal aufgeregt etwas zuriefen: »Mespula, Mespula!« Erst nach einigem Überlegen kamen die Kinder darauf, was gemeint war: Mousmoula, oder zu deutsch Mispeln! Die Soldaten wollten offenbar, dass die Kinder ihnen diese kleinen, orangefarbenen Früchte besorgten, die sie ausgesprochen lecker fanden.

Die Kinder kannten sich aus in Tolo. Und so gingen sie dorthin, wohin mich jetzt, über 65 Jahre später, auch Jannis führt: Vom Dorfzentrum schlängeln wir uns durch die kleinen Straßen den Berg hinauf in Richtung der Quelle von Tolo. Hier gab es zu Kriegszeiten die vielen Mousmoula-Bäume, nach deren Früchten sich die Deutschen sehnten. Heute sind die vielen Mispelwiesen verschwunden. Sie mussten dem Bauboom der 80er Jahre weichen. Betonbauten reihen sich um den kleinen Platz an der Wasserquelle. Nur noch eine Handvoll Bäume spendet den Tolonern Schatten, wenn sie hier ihr Trinkwasser aus dem Hahn an der Quelle abzapfen.

Ganz in der Nähe wohnt auch Jannis. Ich begleite ihn in die Villa Poeta. Nach einem langen Spaziergang genau der richtige Ort, um sich im Schatten bei einem Kaffee zu erholen. Jannis' Frau kocht uns ausgezeichneten griechischen Kaffee und bringt selbstgebackene Kekse. Beim Kaffee erzählt Jannis, dass die Deutschen damals drei bis vier Monate in Tolo gewesen waren. Ihnen folgten italienische Besatzungstruppen, zu denen die Dorfbewohner ebenfalls ein freundschaftliches Verhältnis pflegten. Nicht nur ein Ausdruck der damaligen Naivität und Unwissenheit der Toloner. Jannis sagt auch: »Was hätten wir tun sollen? Wir haben halt Politik gemacht.« Das »Sich-Arrangieren« haben viele Griechen bis heute im Blut.

Als die Besatzungstruppen nach Kriegsende fast Hals über Kopf aus Tolo abzogen und alles mögliche, von Kriegsgerät bis Kochgeschirr, zurückließen, schlug die Stunde der Sammler. Die Dorfbewohner klaubten alles auf, was sie finden konnten. Jannis erzählt, wie sich einige sogar auf ganz bestimmte Gegenstände spezialisierten. Die einen sammelten Töpfe, die anderen Autoersatzteile. Jannis hingegen machte seinen literarischen Fund. Bücher faszinierten ihn schon immer. Da aber Lesen zu Kriegszeiten in Tolo wenig geschätzt wurde, war er so ziemlich der einzige Abnehmer dieser »unnützen Papiersammlung«, deren deutschen Inhalt ohnehin niemand verstand.

Für viele ältere Griechen sind, wie für Jannis Kotitsas, die schrecklichen Geschehnisse des Krieges auch heute noch Teil ihres Alltags. Dankbar sinniere ich gerade darüber, dass ich in all den Jahren in Griechenland persönlich nie schlechte Erfahrungen als Deutscher gemacht habe, als ich Jannis keuchend etwas anschleppen höre. Glücklich wuchtet er einen großen, uralten Karton, gefüllt mit deutschen Büchern und Zeitschriften, auf den Tisch. Deutsch spricht er auch heute noch nicht. Er bittet mich, den Fundus danach durchzusehen, ob es Hinweise auf die Identitäten der deutschen Soldaten in Tolo gibt. Er erzählt von seiner Idee eines kleinen Denkmals, als Erinnerung an die Toten der Schlacht in Laka-Kaminaki und als Mahnmal gegen den Krieg. Er möchte professionell vorgehen. Sein Denkmalprojekt will er nur verwirklichen, wenn er auch tatsächlich die Namen sämtlicher Opfer der Schlacht sicher identifiziert hat. Jannis ist froh, dass der Bürgermeister ihm seine Unterstützung zugesagt hat. Doch ohne die Namen ...

Wir blättern in deutschen Kriegspropagandamaterialien, in Liederbüchern, Romanen und Feldpoststücken. Hinweise auf die Identitäten der Gefallenen finden wir jedoch keine. So wird Jannis weiter suchen, weiter recherchieren, und hoffen, dass es eines Tages doch noch gelingt, sein Kriegsmahnmal in Tolo zu errichten. Es wäre für ihn die Umsetzung eines jahrzehntelangen Traums. Das Ziel eines »Spaziergangs« durch eine spannende und schreckliche Zeit.

Es ist bereits später Abend, als ich, noch immer aufgewühlt, Tolo verlasse. Die Olivenhaine am Ortsausgang liegen versteckt im schwarzen Mantel der stockfinsteren Nacht. Mit Grauen erinnere ich mich der Worte, die mir Jannis am Nachmittag, im strahlenden Sonnenschein, hier zugeflüstert hatte. Ich werde sie nie vergessen.

Wenn ich heute frische Mispeln finde, muss ich immer an Jannis' Geschichten denken. Und manchmal mache ich mir dann einen erfrischenden Salat:

›Bulgursalat mit Mispeln‹
Bligúri Saláta me músmula –– Πλιγούρι Σαλάτα με μούσμουλα

Zutaten:
2 Tassen Bulgur, 1 Tasse kleingeschnittene Mispeln, 1 Tasse kleingeschnittene Tomaten, 1 Tasse kleingeschnittene Gurke, ½ Tasse kleingeschnittene Frühlingszwiebeln, ½ Tasse gehackte, frische Petersilie.
Für die Vinaigrette: 8 EL Olivenöl, 4 EL Zitronensaft, 1 EL Senf, Salz, frischgemahlener schwarzer Pfeffer.

Zubereitung:
In einem Topf Bulgur mit Wasser bedecken und über Nacht quellen lassen. Am nächsten Tag den Topf zum Kochen bringen, bis der Bulgur weich ist. Wasser abgießen, Bulgur auf ein Tuch legen und gut abtrocknen lassen. In einer Schüssel Bulgur mit Mispeln, Tomaten, Gurken, Frühlingszwiebeln und Petersilie mischen. Alle Zutaten für die Vinaigrette gut miteinander vermischen, unter den Bulgursalat heben und im Kühlschrank durchziehen lassen. Schmeckt hervorragend an warmen Tagen.

Tipp:
Dekorieren Sie diesen Bulgursalat mit einigen Mispelhälften und servieren Sie dazu einen fruchtigen Rosé-Wein.

DAS VERLORENE PARADIES
Die Waldbrände im Taigetos-Gebirge

D ie Bilder gingen durch die Wohnzimmer Europas. Als im Sommer 2007 an unzähligen Orten Griechenlands verheerende Waldbrände ausbrachen, berichteten die Medien in ausführlicher Breite. Tausende Obdachlose, tausende zerstörte Gebäude, fast einhundert Tote und viele Verletzte. Das waren die erschütternden Folgen dieser nationalen Katastrophe. Ganz zu schweigen von den immensen Verlusten einmaliger Landschaften. Die griechische Regierung hatte damals den Notstand über das ganze Land verhängt. Ministerpräsident Karamanlis sprach von einer »nationalen Tragödie«.[4] Die Süddeutsche Zeitung berichtete am 26. August 2007 von »völlig überforderten Feuerwehren«. Der damalige griechische Oppositionsführer und spätere Ministerpräsident Papandreou wurde zitiert mit:»Szenen biblischer Zerstörung«. Die EU, die Griechenland rasche Hilfe zusagte, sprach von der größten Unterstützungsaktion für einen Mitgliedsstaat seit der Schaffung eines Zivilschutz-Mechanismus in der Union.[5] Besonders betroffen von den apokalyptischen Waldbränden war die Halbinsel Peloponnes, wo selbst das antike Olympia kurz davor stand, für immer in den Flammen unterzugehen.

Im deutschsprachigen NEAFON-Magazin las ich damals einen offenen Brief der griechischen Journalistin Sue Papadakos. Sie hatte an das Verantwortungsbewusstsein aller Griechen appelliert.[6] Die alljährlichen Waldbrände sind Teil der gesamtgriechischen Tragödie. Sue Papadakos hatte anlässlich der Feuerkatastrophe angeklagt, dass Schuldzuweisungen an Einzelne heuchlerisch seien. Die wahren Gründe für die Probleme wären komplexer.

An einem Nieselregentag im Winter 2007/2008 traf ich Sue in einem kleinen, völlig verrauchten Athener Café. Auch mit dem geltenden Rauchverbot wird in Griechenland gerne lax umgegangen, ganz zum

Leidwesen der Nichtraucher. Aber irgendwie passte der Qualm leider ganz gut zu den Dingen, die mir Sue erzählte. Sie ist nicht nur Journalistin und professionelle Unterwasserfotografin, sondern ein Allroundtalent. Ob Bergsteigen, Tanzen, Karate oder Segeln, Sue liebt den Einklang von Mensch und Natur. Und mit voller Hingabe berichtete sie mir von den gigantischen Bränden des Vorjahres in der Nähe ihrer Heimatstadt Sparta. So erschreckend anschaulich, dass ich spontan vorschlug, mit ihr dort einen »Spaziergang« zu machen. Die Auswirkungen der Brandkatastrophe wollte ich mir vor Ort ansehen. Dort, wo Sues Heimat ist: in Sparta, und auf den Bergen ringsum.

Wir verabredeten uns daraufhin für April, wenn das Wetter etwas beständiger ist. Die Spartanerin würde mir zunächst die von den Feuern verschonten Landschaften des Taigetos zeigen. Danach würde ich mir die von den Bränden vernichteten Landstriche ansehen wollen, doch auf einen gemeinsamen Besuch dort lässt sich Sue nicht ein. Das müsse ich mir allein ansehen. Sie könne sicher noch ganz lange keinen Fuß mehr in die ehemalige Feuerhölle setzen. Bedrückt erzählte sie mir davon, wie im Sommer 2007 die Feuer in ihrem geliebten Taigetos-Gebirge ausbrachen und dass sie sofort von Athen nach Sparta geeilt war, um zu helfen. Eine ganze Woche hatte sie direkt an den vielen Brandherden verbracht. Sieben Tage völlig ohne Schlaf (!!!), wie sie mir in dem verqualmten Athener Café erregt schilderte. Die meiste Zeit war sie ganz allein gewesen. Ohne echte Löschwerkzeuge, aber vor allen Dingen von den meisten anderen Bewohnern der Region unbehelligt. Allein gelassen. Eine Spartanerin auf sich gestellt.

In der Antike waren es die Spartaner gewesen, die wegen ihres unbeugsamen Gemeinschaftsgefühls in die Geschichtsbücher eingingen. Sie hatten es sogar geschafft, das übermächtige Perserheer zurückzudrängen. Im Jahr 480 v. Chr. war das gewesen. Damals waren 300 Spartaner zu Helden geworden, als sie sich in der Schlacht bei den Thermopylen erst nach einem Verrat dem Perserkönig Xerxes hatten geschlagen geben müssen. Dieses Gefühl der »spartanischen Identität«, wie Sue es nennt, sei den heutigen Griechen leider ganz und gar abhanden gekommen. Heute denke fast jeder nur an sich, an schnelles Geld oder billiges Bauland. Für eine Sekunde meinte ich Resignation in Sues Augen erkennen zu können, angefacht durch ihre Erlebnisse im Taigetos-Gebirge. Doch dann strahlte bereits wieder ihre unermessliche Energie hervor. Echte Spartaner geben nicht auf!

Wir verabredeten uns also gemeinsam durch die unversehrte Natur zu spazieren. Die Überreste der Brände würde ich mir anschließend alleine zu Gemüte führen. Sue warnte mich eindringlich vor dem Anblick und riet mir, unbedingt vorher ihre selbstgedrehten Videos über das Taigetos-Gebirge – vor und nach den Bränden – anzusehen. Sie hatte sie kurz nach den infernalen Bränden ins Internet eingestellt, damit die ganze Welt die neuzeitliche griechische Tragödie ansehen kann.[7]

»Das, was du dort oben sehen wirst, ist einfach unvorstellbar«, sagte Sue, bevor wir uns für einige Wochen verabschiedeten.

Treffpunkt Sparta.

Es ist Ende April, als ich bei herrlichem Sonnenschein in einem kleinen Kafeneion im geschichtsträchtigen Sparta sitze und auf Sue warte. Die Hauptstadt der Präfektur Lakonien liegt im südlichen Teil der Peloponnes, rund 250 Kilometer von Athen entfernt. Kaum habe ich meinen Frappé bestellt, biegt auch schon Sue um die Ecke. Eine rasche Begrüßung, dann sagt sie zu mir:

»Nimm dir noch schnell eine Flasche Wasser mit und dann gehts los. Wir wollen keine Zeit verlieren.«

Kurz darauf sitzen wir bereits in Sues Kleinwagen. Die Hobbyrennfahrerin lenkt den sportlichen kleinen Citroën zielsicher und rasant zu unserem ersten Ausflugsziel. Sue will mir »den schönsten Ausblick auf das Taigetos-Gebirge«, wie sie sagt, nicht vorenthalten. Am Tag zuvor hatte es in höheren Lagen noch geschneit. Wir stehen inmitten einer üppigen Vegetation und genießen die warmen Sonnenstrahlen an diesem unglaublich schönen Flecken Erde. Neben uns gluckert aus einem dafür präparierten Wasserhahn das eisige Trinkwasser einer klaren Quelle. Fasziniert blicke ich auf den schneebedeckten Profitis Elias, den mit 2.407 Metern höchsten Berg des Taigetos. Ein fantastischer Ausblick! Manchmal kommt Sue mit ihrer Mutter hierher. Dann kochen sie mit dem Quellwasser einen griechischen Kaffee auf dem mitgebrachten Gaskocher und genießen ihren Mokka in Gesellschaft der Berge.

Nach unserem ersten Halt geht es kurz darauf weiter, und nur wenige Minuten später parkt Sue das Auto in einem Dorf namens Parorio, von wo aus wir den ersten Teil unserer Wanderung beginnen. An der schmalen Straße liegt eine verschlafene Taverne, direkt an einer Brücke über einem klaren Gebirgsbach. Aus dem Fluss hat der Tavernenwirt sicherlich mehr als nur eine leckere Bachforelle für die Bratpfanne gefischt. Obwohl mir bei dem Gedanken daran das Wasser im Munde zusammenläuft, kehren wir nicht in der Gaststätte ein, sondern wenden uns dem Wanderweg zu, der sich längs des Baches in die Schlucht gräbt. Nach einem kurzen Fußmarsch durch die üppige Vegetation mit Wasserfällen, engen Schluchten und atemberaubenden Ausblicken gelangen wir zur versteckten Kirche »Zur Heiligen Lagadhiotissa«. Hier, so erzählt mir Sue, unterrichteten die Griechen während der Besetzung ihres Landes durch die Türken heimlich ihre Kinder. Der Schulbesuch war unter der osmanischen Besatzung verboten. Doch die pfiffigen Griechen hatten schnell Alternativen parat, um ihren Kindern Bildung zu ermöglichen. Und so gab es bald im ganzen Land die »kryfá sholía« – die versteckten Schulen. Eine derart idyllisch gelegene »Schule« habe ich bis dahin noch nirgends zu Gesicht bekommen. Ein beeindruckendes »Klassenzimmer«. Es ist tief im Fels verborgen und am Eingang breitet sich erhaben ein natürlicher, grüner Balkon aus. Von hier oben bietet sich ein grandioser Blick in die tiefe Schlucht und weiter hinauf auf die kargen Berggipfel. Was für eine Schule!

Wir wandern weiter. Zwischen den vielfältigen Pflanzen am Wegesrand wächst vereinzelt wilder grüner Spargel. Sue zupft ihn professionell aus den vielen, übrigen Gewächsen heraus. Man merkt ihr an, dass sie ganz in ihrem Element ist. Sie braucht nicht viel, um glücklich zu sein. Das Taigetos-Gebirge und jede Menge Ruhe genügen, und mein Verständnis dafür wächst mit jedem zurückgelegten Meter unseres Weges. Die Natur bietet hier eine wahnsinnige Fülle an Leben. Sue erzählt von ihren unzähligen Wanderungen durch diese einmalige Gegend. Sie genießt dann einfach nur die Stille und mag es eigentlich überhaupt nicht, wenn Touristen durch diese Wildnis wandern und ihre Ruhe stören. Sue möchte allein sein mit »ihrem Berg«, dem Taigetos, den sie seit jeher so unermesslich liebt. Hier findet sie die Ruhe, die sie in der immerwachen und ständig unruhigen Hauptstadt Athen, wo Sue lebt und arbeitet, nicht findet. An der unscheinbaren kleinen Kirche Sotiros Christou machen wir Rast. In natürlicher Abgeschiedenheit knabbern wir unser Mittagessen: die wilden auf dem Weg hierher gepflückten, grünen Spargelstängchen. Sie sind dünner und länger als der übliche grüne Zuchtspargel, und, so sagt man, sie sollen sogar gegen Tollwut helfen. Es empfiehlt sich also immer ein paar Stangen im Gepäck zu haben.

Während wir die Ruhe und das wilde Gemüse genießen, nähert sich eine kleine Wandergruppe. Nur fünf Personen, aber ich fürchte, der Anblick dieser Gruppe könnte nun Sue in »Tollwut« geraten lassen. Doch ich habe mich mächtig getäuscht. Trotz ihrer Liebe zur abgeschiedenen Natur steckt auch in ihr die alles andere überdeckende, griechische Hilfsbereitschaft und Gastfreundschaft. Ganz spontan und gut gelaunt gibt sie den fremden Wanderern Anregungen für den weiteren Marsch und zeigt ihnen den genauen Verlauf des Wanderwegs auf der Karte. Wanderer, kommst du nach Sparta ... Griechen sind doch immer für eine Überraschung gut!

Nach wenigen Minuten ist die Gruppe wieder in der dichten Vegetation verschwunden und wir bleiben allein in der Abgeschiedenheit des bewaldeten Gebirges zurück. Unzählige Vögel zwitschern, Kriechtiere rascheln durchs Unterholz und hier und da sprudelt ein kleines Bächlein. Es ist eine unendlich entspannende Atmosphäre. Wir genießen den Augenblick. Dabei erzählt mir Sue, dass sie oft hierhin komme, um die Nacht alleine im Wald oder auf einer Lichtung zu verbringen und um den Berg zu spüren. Jetzt begreife ich auch, wovon sie mir fernab in Athen berichtet hatte. Dieses Gebirge ist nicht nur ein Wandergebiet, es ist vielmehr ein Lebensgefühl, eine Liebe für die Spartanerin. Und wenn Griechen lieben, dann mit ganzer Leidenschaft und Hingabe. Aus vollem Herzen und tiefster Überzeugung.

»Das hier«, sagt Sue, »ist mein Schlafzimmer.« Drei davon habe sie hier im Gebirge insgesamt. »Jetzt kannst du vielleicht verstehen, was die Brände in mir ausgelöst haben. Damals ist ein Teil von mir gestorben.«

Wir kehren um. Nehmen denselben Pfad zurück, was mich in die glückliche Lage versetzt, die Eindrücke des Hinwegs zu vertiefen. Noch einmal kommen wir an dem kleinen Wasserfall vorbei; wieder kraxeln wir über rutschige Kiesabstiege. Auf unserem Marsch erzählt mir Sue, wie sie damals, nur wenige Kilometer Luftlinie von hier entfernt, gegen die Feuer gekämpft hat. Ohne Hilfsmittel. Mal hat sie versucht, das Feuer mit Stöcken auszuschlagen, mal die Glut mit den Schuhen auszutrampeln. Noch heute zeichnen sich Wunden von den Verbrennungen an ihren Füßen ab und unheilbare Verletzungen in der Seele. Ja, und Angst, sagt sie. Furcht davor, noch einmal dieses Horrorszenario mit ansehen zu müssen. Sie hat seit der Zeit der Brände keinen Fuß mehr dorthin gesetzt, wo, wie sie sagt, ein Teil von ihr gestorben ist.

Sue erzählt: Die größte Schuld an den verheerenden Ausmaßen der Brände hätte die Feuerwehr gehabt. Ja, so paradox es klingen mag, sie sei sich sicher, dass viel mehr der beeindruckenden Landschaft hätte gerettet werden können, wenn es keine Feuerwehr gegeben hätte. Sue ist sichtlich erregt. Die Worte sprudeln jetzt wie ein frischer Quellbach aus ihr heraus. Sie war in der Nähe eines kleinen Dorfes, inmitten der Feuer, und versuchte mit bloßen Händen zu löschen. Sie hatte wenig Chancen gegen die übermächtigen Flammen, und das Feuer drohte in Richtung des Dorfes weiterzuziehen. Voller Panik rannte sie in das örtliche Kafenion, um nach Helfern zu rufen. Das Kaffeehaus war gut gefüllt. Junge und ältere Männer aus dem Dorf tranken einträchtig ihren Kaffee und diskutierten über Politik und Fußball. Sue stürzte herein: »Feuer, es brennt! Kommt alle mit löschen!«

Bangen, dann fassungsloses Entsetzen bei Sue. Niemand war bereit gewesen, mitzukommen, zu helfen, zu löschen. Niemand! Stattdessen sorglose Blicke aus dem Fenster und es fielen Sätze wie: »Der Wind kommt aus der anderen Richtung, er treibt das Feuer fort von uns.« Und immer wieder: »Die Feuerwehr wird das schon richten.«

Verzweiflung und Hilflosigkeit bei der mutigen Spartanerin. Offenbar gab es absolutes Vertrauen der Anwohner in ihre Feuerwehr. War den Menschen die Größe der Gefahr nicht bewusst? Oder hatten sie tatsächlich diese Zuversicht, dass die Fähigkeiten ihrer Feuerwehren so herausragend seien? Ich erinnere mich, was mir vor einiger Zeit ein Freund aus Athen sagte: Die Feuerwehr in Griechenland sei eine der wenigen Einrichtungen, die wirklich gut funktionierten. Sie sei sogar besser als die Polizei, so sein Fazit. Fakt ist allerdings, dass es zu wenige Berufsfeuerwehren gab. Die freiwillige Feuerwehr kämpfte tapfer, aber auch sie ist nicht ausreichend organisiert.

Es gab so viele schier unglaubliche Geschichten nach den Waldbränden zu berichten, dass viele sie als Seemannsgarn abgetan haben. Doch wenn man weiß, dass in Griechenland tatsächlich schier unglaubliche Dinge geschehen, dann fällt es leichter den Schilderungen der Beteiligten zu glauben. So hatte man mir auch aus dem nahegelegenen Parnonas-Gebirge obskure Erlebnisse geschildert. Auch dort, im parallelen Gebirgszug östlich des Taigetos, hatte es schwere Brände gegeben. Und auch dort soll die Feuerwehr überfordert gewesen sein: Ein Feuerlöschzug hatte sich eilig einem großen Brandherd genähert. Einige hundert Meter vor dem Ziel blieb er liegen. Eine Reifenpanne. Das kann passieren. Zeit verstrich. Neugierige eilten heran, um zu erfahren, was geschehen war. Die Zeit wurde knapp. Bei dem Gedanken an die Erzählungen spüre ich förmlich die Feuerwalze in meinem Rücken. Sie kommt näher und näher. Es wird brennend heiß, und ich fühle die Angst und Ohnmacht derjenigen, die auf die Feuerwehr hofften. Und dann: Keiner der Feuerwehrmänner war in der Lage, den kaputten Reifen am Fahrzeug zu wechseln. Das Feuer breitete sich rasch weiter aus, die Temperatur stieg, Leben ging verloren. Die Besatzung des defekten Löschfahrzeuges rief stattdessen per Telefon einen Mechaniker in Sparta an. Nach Stunden wechselte dieser schließlich vor Ort den geplatzten Reifen gegen das am Fahrzeug vorhandene Eratzrad. Und zwischenzeitlich war wieder ein Stück Leben und Hoffnung in den Flammen verloren gegangen.

Traurig und vergessen schaut Sue zum sonnenverwöhnten, strahlend blauen Horizont. »Komm, wir fahren!«

Die Hobbyrennfahrerin lenkt den Citroën auf der Landstraße von Sparta nach Kalamata mit zunehmender Spannung, jetzt umsichtig und langsam. Wir nähern uns der Stelle, an der ich meinen Spaziergang wohl oder übel alleine fortsetzen muss. In Richtung des verbrannten Teils.

Unterwegs unterhalten wir uns über ein weiteres Vorkommnis im Parnonas, von dem immer wieder berichtet wird: Nachdem es den griechischen Feuerwehrkräften nicht gelungen war, die landesweiten Brände in den Griff zu bekommen, hatte die Regierung ausländische Unterstützung erbeten. Französische Spezialisten trafen ein, um gemeinsam mit der griechischen Feuerwehr gegen einen großen Brandherd vorzugehen. Die Franzosen bereiteten einen Löschgürtel um das Feuer herum vor, die Griechen hielten sich unterdessen mit ihren Löschfahrzeugen bereit. Sobald die französischen Experten mit den Vorbereitungen fertig gewesen wären, hätten die Griechen zu löschen beginnen sollen. Nach Stunden waren die Vorarbeiten abgeschlossen. Die griechischen Löschfahrzeuge standen bereit, als die Franzosen das Zeichen gaben: »Wasser marsch!« Die griechischen Feuerwehrleute drehten die Hähne der Schläuche ihrer Tankfahrzeuge auf und … nichts! Man hatte leider vergessen, Wasser zu tanken.

Über die Landstraße erreichen wir den Pass an der höchsten Stelle der Straße Sparta-Kalamata. Hier befindet sich ein touristisches Ausflugslokal, das »Eliboves«. Bis hierhin reicht die verbliebene, üppige Vegetation. Auf der anderen Seite der Kuppe liegt eines der verbranntesten Gebiete Griechenlands. Sue erzählt mir hier oben, dass sie mit geholfen hat, das Feuer daran zu hindern, auf die andere Seite des Passes überzugreifen. Mehrfach habe sie später gehört, wie den Besuchern des Eliboves von einer tapferen und »wahrscheinlich etwas verrückten Frau aus Sparta« erzählt wurde, die tage- und nächtelang – oft allein – ihr Leben riskiert hat, um die Gegend vor den Flammen zu bewahren. Wäre es nicht gelungen, die Brände hier zu stoppen, wären auch das Ausflugslokal und noch weitere Teile des Taigetos dem flammenden Inferno zum Opfer gefallen.

Von dieser Waldbrandgrenze aus mache ich mich alleine auf den Weg. Noch einmal hatte ich fragend zu meiner Begleiterin geschaut, doch sie hatte nur traurig und mit gesenktem Blick den Kopf geschüttelt. Sue wartet am Auto. In der wunderschönen Idylle der fruchtbaren Gebirgslandschaft. Sie schafft es nicht weiter. Vor kurzem noch haben wir, nur wenige Kilometer entfernt, wilden Spargel gegessen und kristallklares Quellwasser getrunken. Jetzt stehen wir an der Schwelle zur Hölle. Das sind die

Gedanken, die mir in diesem Moment durch den Kopf gehen. Als ich aber nach wenigen Schritten alleine in das angrenzende »Höllental« blicke, wird mir klar, dass meine Vorstellungskraft für das hier nicht ausgereicht hat. Was vor mir liegt, ist schlichtweg nicht beschreibbar. Man muss es selbst fühlen. Auch sehen genügt nicht.

Ich blicke auf das rund 40 Kilometer entfernte Kalamata. Eine Todeswüste aus versandeten Böden und schwarzen, verkohlten Baumresten schickt sich an, ein bizarres Bild auf meine sich befeuchtende Netzhaut zu zeichnen. Verdörrtheit und Verkohltheit so weit das Auge reicht. Was ich rieche ist nicht minder erschreckend. Es erinnert mich an kalte Grillkohle. Verascht. Was ich höre, empfinde ich ganz urplötzlich als Angst einflößend. Ein Nichts. Schwer zu beschreiben. Nicht das leiseste Geräusch irgendeines Tieres. Kein Lebenszeichen. Nur der Wind weht auch hier, aber ich höre und empfinde ihn als so gruselig, dass ich eine Gänsehaut bekomme. Eine eisige Hand packt mich. Ein Todeswind, der sich hier ausbreitet. Kein Vergleich zur warmen Brise im Wald, die die Blätter rascheln und die Härchen auf den nackten Unterarmen fröhlich flattern lässt. Jetzt sind sie starr aufgerichtet, während der gehört eiskalte Wind an den verkohlten Überresten der ursprünglichen und einzigartigen Vegetation entlang kratzt.

Völlig geschafft lasse ich mich auf einen großen Stein fallen. Aus meinem Rucksack krame ich Sues offenen Brief aus dem NEAFON-Magazin. Ich lese ihn noch einmal:

»Die Griechen besaßen einst die ureigene Charaktereigenschaft, die Verantwortungsbewusstsein hieß. Grieche zu sein, bedeutete, MENSCH zu sein und zwar Mensch im eigentlichen Wortsinne: Anthropos – Ano throsko – Emporschauen. Und Mensch zu sein, bedeutete, sich von der ›Bedürfnisgesellschaft‹ zu befreien und an der ›wahren Gesellschaft‹ teilzuhaben. Und die absolut vorrangigste Aufgabe des Griechen war es, Mensch zu werden. [...] Wäre auch nur ein Körnchen der Größe des Griechentums noch in unserer Seele, so hätten wir in dieser schwarzen Stunde geschrien. Und zwar ALLE! Die einen laut, die anderen leiser. Wir hätten die einzig wahre Antwort auf die Schuldfrage geschrien, die lautet: ICH BIN SCHULD! ICH BIN SCHULD!, weil ich die Regierenden gewählt habe. ICH BIN SCHULD!, weil

ich die Billigpolitik geduldet habe. ICH BIN SCHULD!, weil ich jeglicher Art von Korruption zugestimmt habe. ICH BIN SCHULD!, weil ich zur Unfähigkeit beigetragen habe. ICH BIN SCHULD!, weil ich das Nichtvorhandensein des politischen Systems erhalten habe. ICH BIN SCHULD!, weil ich mich mit der Gleichgültigkeit identifiziert habe. ICH BIN SCHULD!, weil ich mich ARRANGIERT habe. ICH BIN SCHULD!, weil ich meine Seele verkauft habe und, statt emporzuschauen, nach dem Geld geschaut habe.«

Es reicht mir, es schafft mich. Dieser Anblick, wenn man zuvor stundenlang durch die üppigste Vegetation gelustwandelt ist, erschafft eine Leere, die vergleichbar ist mit dem Gefühl der Trauer über den Verlust eines Freundes. Ich beschließe, diesen Trip ins Todestal zu beenden. Ich habe genug gesehen. Angeschlagen mache ich mich auf den Rückweg zur wartenden Sue. Vorbei an schwarzverkohlten Baumstümpfen, die in den strahlendblauen Himmel ragen, als wollten sie flehend den Zeigefinger erheben. Gleichzeitig erlaubt das noch relativ feuchte, zeitige Frühjahr, dass sich sogar erste spärliche Anzeichen von frischgrünen Pflänzchen durch den versandeten Boden quälen. Eine winzige, grüne Hoffnung, die in den folgenden heißen und trockenen Sommermonaten wieder der Dürre weichen wird. Sue hat mir berichtet, dass Experten zu schätzen versucht haben, wie lange es wohl dauern wird, bis die ursprüngliche Vegetation wieder hergestellt sei. Das niederschmetternde Ergebnis: rund 350 Jahre.

Mit diesen Gedanken im Kopf passiere ich ein mahnendes Schild der Bergwacht. Es steht hier am Straßenrand schon seit vielen Jahren. »Protect the forrest« ist auf ihm zu lesen. Direkt daneben ein offenbar zurückgelassenes Löschfahrzeug der Feuerwehr. Von ihm hängen geschmolzene Reifenreste in Fetzen herab. Ein ebenfalls von der enormen Hitze der Brände völlig zusammengeschmorter Feuerwehrschlauch windet sich, wie die Hülle einer gehäuteten Schlange, den kahlen Abhang hinauf. Das groteske, farbenfrohe Bild, mit blauem Himmel, knallrotem Feuerwehrautowrack und erstem frühlingsgrünem Unkraut gipfelt wenige Meter entfernt in einer eigenartigen Anordnung kleiner nummerierter Schildchen, die am Abhang scheinbar willkürlich angeordnet den verkohlten Boden zieren. Eine Szenerie wie in einem Kriminalfilm, wenn am Tatort die Leiche gefunden wird und die Spurensicherung anrückt. Allein in der Präfektur Lakonien hatten die Brände über 10.000 Hektar Land vernichtet. Ein gigantischer Riesenleichnam.

Was es mit den nummerierten Schildchen am Hang auf sich hat, kann mir auch Sue später nicht erklären. Als wir uns wieder an ihrem Auto treffen, blicken wir uns an wie zwei, die um einen verstorbenen Verwandten trauern. Wir fahren die nächsten Minuten schweigend zurück in Richtung Sparta, blicken auf die lebendige Natur rechts und links der Straße diesseits des Passes, und können gleichzeitig nicht mehr das vergessen, was uns auf der anderen Seite des Passes zu unterschiedlichen Zeiten zu Augen gekommen ist.

Sue schlägt einen letzten Abstecher hinauf in die Berge vor, und so biegt ihr Kleinwagen kurz hinter Mistras in eine kleine Serpentinenstraße nach rechts ab. Am Ende einer halbbefestigten Straße parken wir das Auto und machen uns noch einmal wandernd auf, den Berg hinan. Schon nach wenigen Minuten kommt uns eine Herde Ziegen fröhlich meckernd entgegengelaufen. Wenig später sitzen wir auf einer kleinen Hochebene, lassen den Blick Richtung Sparta streifen und genießen die warmen Sonnenstrahlen des späten Nachmittags. Vögel zwitschern freudig im Wind. Hier ist Sues zweites Schlafzimmer. Wieder etwas aufgeheitert zeigt sie auf einen Felsvorsprung und erzählt mir, wie sie vor einiger Zeit auf diesem ein Nickerchen gehalten hat. Von einem warmen, feuchten Ding wurde sie nach kurzer Zeit sanft aus dem Schlaf gerissen. Die Ziegen hatten sie gefunden und mit ihren Zungen über ihr Gesicht geleckt. Ein herrlicher Platz für eine Rast!

Nach einer weiteren halben Stunde Fußmarsch erreichen wir eine idyllische Bergwiese, in deren Mitte erhaben eine alte Wildbirne steht. Wir fläzen uns in ihrem Schatten in das saftige Gras und verschnaufen ein wenig. Ich greife wieder zu Sues offenem Brief und lese weiter:

»*Griechenland ist verbrannt! Die Griechen aber sind schon lange ›verbrannt‹, seit vielen Jahren schon. [...] Noch bevor die Feuer endgültig gelöscht waren, hörte ich Spartaner über Zinsen aus Unternehmensdarlehen spekulieren, die sie als ›Brandgeschädigte‹ erhalten würden, obwohl sie noch nicht einmal den Hauch von Rauch gesehen hatten, und sie diskutierten darüber, wie gelegen die Brände dem Parnonas-Gebiet kämen.«*

Ich schaue kurz auf zu Sue.

»Hier ist dann also mein Schlafzimmer Nr. 3«, sagt sie.

Beklommen lese ich weiter:

»Die Geschichte lehrt jedoch, dass die Wahrheit in kürzester Zeit in Vergessenheit geraten wird. Wir sind ein Volk mit einem sehr schlechten Gedächtnis.«

Für das folgende Rezept schlage ich einen Ausflug ins Taigetos-Gebirge vor. Wo sonst findet man wilden grünen Spargel!?

›Wildspargel-Salat‹
Saláta ágrion Sparajón – Σαλάτα άγριων σπαραγγιών

Zutaten:
500 g Wildspargel, 2 Tassen kleingeschnittene Frühlingszwiebeln, ca. 20 halbierte Kirschtomaten oder 1 Tasse gestückelte Tomaten, ½ Tasse in Ringen geschnittene Frühlingszwiebeln, 2 kleingehakte Knoblauchzehen, ½ Tasse gehackte Petersilie, ½ Tasse Olivenöl, Saft einer Zitrone, Salz, frischgemahlener schwarzer Pfeffer, 1 Tasse kleingeschnittene Birnenstücke, 10 festgekochte und halbierte Wachteleier.

Zubereitung:
Den Wildspargel in reichlich Salzwasser bissfest kochen, in Eiswasser abschrecken, die schöne grüne Farbe bleibt so erhalten, Wasser abgießen und zur Seite stellen. In einer Pfanne das Öl erhitzen, Frühlingszwiebeln und Knoblauch kurz anbraten, den abgetropften Wildspargel hinzugeben, 1 Minute mitbraten, Tomaten zufügen, alles eine weitere Minute braten und mit dem Zitronensaft ablöschen. Pfanne sofort von der Kochstelle nehmen. Mit Salz, Pfeffer und Petersilie würzen und die Birnenstücke unterheben. Den warmen Salat in eine Schüssel geben, mit den Wachteleiern garnieren, die Flüssigkeit aus der Pfanne darüber träufeln sowie mit frischgemahlenem Pfeffer abschmecken. Der Salat schmeckt lauwarm, mit frischem Weißbrot dazu, am besten.

Tipp:
Servieren Sie diesen Wildspargel-Salat zu einer fangfrischen, gebratenen Bachforelle und genießen Sie dazu einen kühlen griechischen Weißwein; am besten einen fruchtigen Moschofilero.

VOM SCHWEFELSEE ZUM WEINSANATORIUM »VULKAN«
Fotosafari durch einen ehemals stolzen Kurort

Von Santorin hat fast jeder schon einmal gehört. Eine durch ihre Vulkane weltberühmt gewordene und für den griechischen Tourismus unentbehrliche Insel. Die drei anderen hellenischen Vulkaninseln sind nicht annähernd so bedeutend. Einigen ist vielleicht noch Milos ein Begriff, wenigen anderen Nisiros, aber spätestens dann ist meist Schluss. Ein Inselchen scheint sich vehement dem Einfluss des Tourismus widersetzen zu wollen, ganz ähnlich dem kleinen gallischen Dorf aus den Asterix-Comics, welches sich gegen die reformierenden Römer auflehnt. Die Rede ist von Methana, der einzigen Halbinsel unter den vier griechischen Vulkaninseln.

Mein Wanderpartner auf dieser so einzigartigen Vulkanhalbinsel hat zwar weder die Statur von Obelix, noch die Fähigkeiten eines zaubertrankgestärkten Asterix, doch er ist mindestens so neugierig und viel unterwegs wie Obelix' kleiner Weggefährte Idefix. Ich habe Tobias Schorr vor vielen Jahren bei der Recherche über die Arbeit einer meiner Vorfahren kennengelernt. Jener Michael Deffner ging seinerzeit als Sprachforscher und Archäologe von Bayern nach Griechenland, und auf Methana entdeckte er unter anderem einen antiken Turm.[8]

Auch Tobias zog es von Süddeutschland nach Griechenland. Nach seiner Ausbildung zum Fotografen wollte er in die Ferne. Gelandet ist er hier auf Methana. Eine gehörige Portion Mut gehört schon dazu, wenn man sich entschließt, in die Einsamkeit dieser abgeschiedenen Insel umzusiedeln. Denn obwohl Methana mit dem Schnellboot in gerade einmal einer Stunde von Piräus, dem Athener Hafen, aus zu erreichen ist, verirrt sich kaum ein Tourist hierher. Für Fotografen ein Paradies. Hier gibt es sie noch, die ursprünglichen Griechenlandmotive aus einer vergangenen Zeit. Methanas Einwohner genießen diese Ruhe und Abgeschiedenheit. Sie passen nicht so sehr in das typische Klischee der offenherzigen und lauten Griechen, doch sie sind nicht minder liebenswürdig. Die Methaner sind einfach nur etwas anders. Wie die Bewohner des kleinen gallischen Dorfes aus den Asterix-Comics. Hierhin also zog es den fotografie- und wander-verrückten Naturliebhaber Tobias Ende der 8oer-Jahre. Auf der Suche nach ...

Ja wonach eigentlich? Einer neuen Heimat? Dem perfekten Licht für seine Dias? Einem Neuanfang? Oder einfach nach einer einzigartigen Gegend? Seine Neugierde befriedigen?

Heute lebt Tobias wieder überwiegend in Deutschland. Mehr als zehn Jahre hat er auf Methana verbracht. Gemeinsam mit einem Schweizer Geologen hat er die Halbinsel erstmals komplett vermessen und kartografiert. Seitdem sind Vulkane seine Leidenschaft.

»Was hat dich so an Methana fasziniert, dass du es so lange in dieser Abgeschiedenheit ausgehalten hast?«, frage ich Tobias in Deutschland.

»Das kann man schwer beschreiben. Komm, wir fahren hin, ich zeig's dir!«

Und so machen wir uns auf den Weg nach Methana, um ein wenig von der Atmosphäre auf der Vulkanhalbinsel einzuatmen.

An einem sonnigen Märznachmittag treffe ich Tobias in Piräus. Seinen Lebensunterhalt verdient er unter anderem mit der Betreuung von Reise-gruppen. Man merkt es, denn er hatte unsere Anreise bereits griechisch-untypisch im Vorfeld sorgfältig geplant. Die mehr und mehr in Verges-senheit zu geratene Vulkanhalbinsel Methana wird zunehmend seltener von den Fährschiffen angelaufen. In den Wintermonaten ist der ohnehin übersichtliche Fährplan zudem noch einmal ausgedünnt. Die Schnellboo-te laufen Methana jetzt nicht an. Zur Anreise empfiehlt Tobias deshalb den Umweg über die Nachbarinsel Poros. Mit dem Tragflügelboot kommt man in gut einer Stunde dorthin.

Wir sind deutlich zu früh am Kai, aber Tobias hat in seinen langen Griechenlandjahren auch eines gelernt: die sprichwörtliche griechische Gelassenheit. Wir setzen uns in ein nahegelegenes Kafeneion und feiern unser Wiedersehen mit einem erfrischenden Ouzo, mit viel Eis und Wasser. Es ist warm an diesem Spätwintertag. Tobias holt seine Fotoausrüstung aus seinem kleinen Tagestouren-Wanderrucksack hervor, um schon hier das erste Mal auf den Auslöser zu drücken. Unmengen an Filmdosen und Speicherkarten stapeln sich in seinem Marschgepäck. Wir wollen reichlich fotografieren. Und mit der Kamera in der Hand wirkt Tobias zunehmend ungeduldig. Gut also, dass unser Tragflügelboot kurz darauf mit uns aus Piräus abfährt.

Nach nur einer Stunde stehen wir an der selbst jetzt im zeitigen Frühjahr recht belebten Hafenpromenade der malerischen Inselhauptstadt Poros-Stadt. Ein guter Ausgangspunkt, so versichert mir mein »persönlicher Reiseleiter« Tobias, für die Spaziergänge des nächsten Tages.

Am Abend schlendern wir bei immer noch angenehm warmen Temperaturen durch die verwinkelten Gassen von Poros. Auf dem Vorplatz des Archäologischen Museums liegt ein unscheinbarer, großer Steinblock. Er wirkt wahllos hier abgestellt.

»Ein antiker Mühlstein«, erklärt Tobias. »Und wer hat ihn ausgegraben, und zwar auf Methana? Einer aus deiner Familie. Der Archäologe Michael Deffner!«, ergänzt er. Tobias hat auf seinen Internetseiten[9] neben unzähligen Fotos und zahlreichen Informationen über Methana auch eine ganze Menge über die Arbeit des bayerischen Archäologen auf dieser Halbinsel zusammengetragen.

Nach dem langen Tag und der bevorstehenden Wanderung durch das wilde Methana ist uns nun zum Abschluss des Tages nach ein wenig Geselligkeit zumute. So kehren wir in einer kleinen Bar an der Hafenpromenade ein, in der sich noch einige internationale Segler zu einem Anleger-Bier eingefunden haben. Wir bestellen lieber einen traditionellen Ouzo und Tobias erzählt einige spannende Geschichten. Er spinnt Seemannsgarn aus seinem Alltag auf Methana. Schier unendlich sind seine Erlebnisse. Die einzigartige Vulkanlandschaft Methanas hat Tobias so sehr fasziniert, dass er die Idee hatte, nachhaltigen und sanften Fremdenverkehr dort zu etablieren. Tobias will die Schönheit der Insel bewahren. Es sollen Jobs für die junge Generation entstehen und der Landflucht würde so entgegengewirkt. Hehre Ziele, doch auf seinem Weg dorthin stieß der gelernte Fotograf immer wieder an seine Grenzen. Die Methaner wollen nicht so wie er, der keine »Verschandelung« der Natur möchte. Tobias will die landschaftliche Ursprünglichkeit bewahren – die Methaner wollen auf ihrer Insel praktisch leben.

Der nächste Morgen weckt uns mit einem brillanten Wintersonnenlicht, als hätte es der Fotografengott persönlich für uns bestellt. Um möglichst wenig Zeit zu verlieren, trinken wir einen schnellen Kaffee auf dem Balkon unseres Hotelzimmers und genießen dabei einen herrlichen Panoramablick auf Galatas. Die Stadt liegt nur wenige hundert Meter entfernt auf dem Festland der Peloponnes. Bis zur schmalen Landverbindung, die Methana mit der Peloponnes verbindet, sind es von hier rund 15 Kilometer. Die Insel Poros ist nur durch die schmale Meerenge bei Galatas vom Festland getrennt. Unter Seglern ist der flache »Meereskanal« ebenso beliebt wie gefürchtet. So manch eine Segelyacht hat hier schon auf einer der vielen Sandbänke festgesessen.

Nach unserem Balkon-Kaffee machen wir uns mit den Fototaschen behängt auf den Weg in Richtung der Meerenge. Tobias kennt die Anlegestellen der kleinen Kaikiboote, die als kleine Personenfähren zwischen Poros und Galatas im Fünf-Minuten-Takt pendeln. Nach der kurzen Überfahrt über die gefürchteten Sandbänke erreichen wir die Promenade von Galatas. Auch hier fühlt sich Tobias fast wie zu Hause. Beim befreundeten Autovermieter mieten wir einen Wagen, mit dem wir uns auf die kurze Strecke nach Methana machen.

Tobias ist ein Organisationstalent. Er weiß, was er tut. Auch, als wir kurz hinter dem Ortsausgang von Galatas spontan nach rechts von der Straße abbiegen und der Wagen über eine kleine Straße durch Felder und Obstplantagen in Richtung Küste rappelt. Neben eingezäunten Olivenbäumen parkt der Reiseleiter kurz darauf das Mietauto und wirft blitzschnell Speicherkarten und unzählige Filme für den älteren Fotoapparat in seinen Rucksack.

»Komm, nimm deine Kamera mit, wir spazieren zur prähistorischen Ausgrabungsstätte von Magoula!«, sagt Tobias. »Sehr sehenswert und außerdem hat man von dort – gerade morgens – einen fantastischen Blick auf Methana.«

Tobias ist ganz wild darauf, die ersten Fotos des Tages zu machen. Das Licht ist blendend. Wir eilen zügig eine kleine Anhöhe hinauf. Nach wenigen hundert Metern erreichen wir die nördliche Küste der Peloponnes. Beeindruckend der Blick auf die wie angeklebt wirkende Halbinsel Methana. Bizarr ragen am Horizont die spitzen Ecken und Kanten der Vulkankrater in die Höhe. Im Kontrast dazu zeichnen sich die leichten Rundungen des fotografierenden Reiseleiters am dunkelblauen Himmel ab.

Wir stehen mitten in einem Ausgrabungsfeld. Weder eingezäunt noch bewacht. Hier wurde vor gut zehn Jahren zufällig ein mykenisches Kuppelgrab entdeckt. Die gesamte Gegend ist ein archäologisches Kleinod. Tobias erläutert, dass das vor uns liegende mykenische Grab aus der Zeit um 1.400 v. Chr. stamme.

»Die grabende Archäologin vermutet, dass dieses Grab und drei weitere hier gefundene möglicherweise zum Grab des Theseus gehören.«

Theseus, der auf Kreta den Minotaurus besiegte, soll auf der Insel Skyros umgekommen sein. Ein Orakelspruch gab angeblich später den Auftrag, seine Gebeine nach Athen zu holen, wo der Sohn des athenischen Königs Aigeus gebührend bestattet werden sollte. Die Ausgrabungen sind noch in vollem Gange. Nur mit einer löchrigen Plastikplane ist eine Grube abgedeckt. Durch eines der Löcher in der Folie blicke ich in die Tiefe: antikes Mauerwerk, kreisrund angeordnet. Mit etwas Fantasie erahne ich die Ruhestätte des Theseus.

Als wir uns gerade auf den Weg zurück zum Wagen machen wollen, hält Tobias plötzlich ein kleines schwarzes Ding in den Händen. Er hat es zwischen unzähligen ähnlichen Steinchen vom Boden aufgesammelt. Erst als er es mir direkt unter die Nase hält, bemerke ich, dass es sich hierbei um keinen gewöhnlichen Stein handelt.

»Das ist Obsidian«, sagt Tobias. »Ein vulkanisches Glas. Genauer gesagt ein glasartig erstarrtes Vulkangestein.« In der Steinzeit wurde es als »schwarzes Gold« bezeichnet, erklärt mir der Hobbyvulkanologe. Obsidian in der Hand, Kraterumrisse am Horizont und ein Vulkanologe an meiner Seite. Ganz klar, wir sind nah dran: nah am Vulkan.

Der kleine Obsidianbrocken wandert wieder zurück auf das Grabungsfeld und wir zu unserem Mietwagen. Griechenland ist immer wieder überraschend: eben noch das schwarze Gold der Vorgeschichte in den Händen, nun plötzlich das schwarze Gold der Neuzeit vor unseren Augen.
Eine kleine, ölige Bewässerungspumpe für die Oliven- und Obstplantagen
steht eingezäunt an einem kleinen Hügel. Das Schwarze an ihr ist das
Schmiermittel, was sich offensichtlich seit Jahren vorbei an
(Un)Dichtungen seinen Weg nach außen bahnt. Wie erkaltete Lava
kriecht das Motoröl aus dem Inneren der Pumpe und mäandert zäh den
kleinen Abhang hinunter. Ein Naturschauspiel. Es liegt scheinbar in der
Natur der Griechen, Probleme, wenn überhaupt, provisorisch zu beheben.
Es wäre sicher nicht sehr aufwendig gewesen, die undichte Pumpe zu
reparieren, doch es ist um ein Vielfaches einfacher, ab und zu Öl
nachzukippen. Nicht gerade nachhaltig, wenn man einmal vom Umsatz
des örtlichen Ölhändlers absieht. Die Anzahl der leeren im ölverschmier-
ten Gras liegenden Kanister, lassen darauf schließen, dass hier seit Jahren
»schwarzes Gold« im Erdreich versickert.

Zurück auf der Straße geht es weiter in Richtung Methana. Es wird
Zeit, in unberührte Natur vorzustoßen. Die Halbinsel Methana mit ihren
über 30 Lavadomen, aus denen sich die hier sehr zähflüssige Lava ihren
Weg aus dem Erdinneren gebahnt hat, bildet ein besonderes Biotop für
zahlreiche Tiere und Pflanzen und ebenso für Ruhe suchende Touristen.

Mit seinen gerade mal rund 800 dauerhaft auf Methana lebenden Einwohnern besitzt die Insel eine Spezialität höchsten Grades: Auf jeden
Vulkandom kommen rechnerisch etwa 25 Einwohner. Ich erinnere mich
an die Worte von Fischerin Eleni: Während sie eines Morgens, vom Fischerboot aus, ihren Fisch an der Promenade zum Verkauf anbot, sagte
sie zu uns: »Auf Methana verdanken wir alles dem Vulkan. Den besonders
schmackhaften Fisch, das Klima, die Heilquellen. Alles, einfach alles!«

Methana lebt von seinen Vulkanen und deren heißen Quellen. Ihre
Heilbäder haben die Halbinsel schon in der Antike berühmt gemacht. Der
griechische Schriftsteller und Geograph Pausanias, der um 115 n. Chr.
geboren wurde, beschrieb die Thermalquellen, die sich im Anschluss an
den historischen Vulkanausbruch um 230 v. Chr. gebildet haben und

seitdem aus den Felsen fließen. Schon früh, so wird vermutet, nutzte man sie zu Heilzwecken. Die »modernen« Heilbäder wurden hingegen erst gegen 1900 zum ersten Mal auch von ortsfremden Touristen genutzt. Lediglich einige kleine Becken standen zu Beginn des Kurbetriebs zur Verfügung. In diese wurde das wertvolle Heilwasser gespeist. Später errichtete man einfache Hütten und gegen 1912 schließlich das klassizistische Heilbadgebäude im Hauptort. Damit begann der Aufstieg Methanas. Sogar bis zur wichtigsten Kurstadt des Balkans. Bis zum Zweiten Weltkrieg war das Renommee ungebrochen. Dann folgte der Weg in die Bedeutungslosigkeit.

Der Abschwung begann nach dem Krieg. Kurgäste blieben aus, und hinzu kam die Konkurrenz der Bäderstadt Loutraki bei Korinth, auf dem griechischen Festland, in der Nähe von Athen. Dort legte man Wert auf Unterhaltung, Kasinos und zeitgemäße Hotels. Methana konnte oder wollte nicht mithalten. Kinos wurden geschlossen, die Diskotheken störten die meist älteren Kurgäste und mussten schließlich ebenfalls den Betrieb einstellen. Methana bekam das Image eines Altersheims. Und was in Griechenland erstmal »out« ist, hat einen schweren Stand. Ich erinnere mich an den alten Mann, der in einem Kafeneion an der Promenade von Methana saß und an seinem griechischen Kaffee nippte. Er erinnerte sich wehmütig aber gelassen: »Oh ja, früher herrschte hier richtig Betrieb. Methana war berühmt. Das berühmteste Kurbad. Und es kamen Leute aus dem Ausland – reiche Leute.«

Als wir die schmale Landzunge passieren, die die Halbinsel Methana mit dem Festland der Peloponnes verbindet, biegt Tobias zum zweiten Mal an diesem Tag in eine mir unbekannte Straße ab: »Wunder dich nicht, aber die neue Küstenstraße ist nach Jahren fertiggestellt.«

Er hält diesen Asphaltstreifen zwar für völlig überflüssig, gleichwohl benutzen wir ihn nun auch, um schneller ins Vulkandorf Kameni Hora zu gelangen. Dank der Umgehungsstraße meiden wir den Ortseingang von Methana-Stadt, wo sich Schwefelquellen aus dem Vulkangestein quälen. Das stinkende Schwefelgas macht den Neuankömmlingen unschwer klar, dass es sich bei Methana um einen besonderen Kurort handelt.

»Auch die Menschen sind hier speziell«, erklärt mir Tobias. Zurück-
haltender und fast ein wenig verschlossen seien sie hier. Bei seinen jahre-
langen Bemühungen der sanften touristischen Nutzung auf die Beine zu
helfen, hat Tobias ein ums andere Mal Rückschläge einstecken müssen. Er
ist sich sicher: Mit ein wenig mehr Engagement und Offenheit wäre die
Halbinsel heute vielleicht wieder so bekannt wie noch vor 80 Jahren, als
der Kurort Methana in Griechenland fast Jedem ein Begriff war. Heute
kennt sie fast niemand, obwohl sie von Athen aus so schnell zu erreichen
ist. Doch gerade die Ruhe ist es, was vielen hier so gut gefällt. Ein
Methaner hat mir einmal erzählt: »Die, die noch hier leben, haben genug
Geld. Ihre Familien haben damals, als der Kurbetrieb noch boomte, von
dem vielen Geld, das sie verdienten, Häuser in Athen gekauft. Von den
Mieteinnahmen können sie hier sehr gut leben. Sie verbringen ihren
wohlverdienten Ruhestand und wollen keinen neuerlichen Boom.«

Kurz vor dem Fischerdorf Vathy endet die neue asphaltierte Straße
und es geht einige Meter über Schotter weiter, bevor wir auf die alte asphaltierte Dorfstraße stoßen.

»Es ist eigentlich zum Totlachen, wenn es nicht so traurig wäre«, sagt
Tobias. Die nagelneue Straße wird vom Schotter unterbrochen, weil genau an dieser Stelle ein archäologisches Grabungsfeld liegt. Hier darf
selbstverständlich nichts gebaut werden. Schon gar keine Straße. Das
allerdings, so weiß Tobias, hätten die Straßenplaner leider völlig vergessen. So bleibt die Straße an dieser Stelle ein Provisorium. Ich meine, ein
kleines bisschen Schadenfreude in Tobias' Grinsen erkennen zu können,
als er von dieser Provinzposse berichtet und den Wagen über die antike
Fläche lenkt.

Wir fahren am Kiesstrand von Vathy entlang. Niemand ist zu sehen.
Das Dorf scheint leblos. Auch die Fischtaverne von Frau Theoni ist menschenleer. Mit Theonis Sohn Takis ist Tobias zwei Jahre lang jeden Morgen zum Fischen aufs Meer hinausgefahren. Vom Fotografieren allein
konnte er nicht leben, das mit dem Tourismus auf Methana gestaltete sich
schwierig, und so wurde er Gehilfe des Fischers. Nach Stunden auf See
stieg er anschließend regelmäßig mit Theoni in deren alten Lieferwagen,
um durch die Dörfer zu fahren und dort Fische feil zu bieten.

Tobias lebt inzwischen im Rheinland, Theonis Familie fischt noch immer – völlig andere Welten – und der Fischverkaufswagen gehört nach wie vor zu Methana wie der Karneval zu Köln. Mein Reiseleiter braucht beides. Ohne die Öde, ohne die irrwitzig klingenden Alltagsgeschichten Methanas kann er nur schlecht und will er eigentlich auch nicht leben.

Auf unserem Weg in die vulkanischen Berge des Hinterlandes erzählt Tobias von seiner damaligen Bleibe auf dem Vulkanberg. Am Rand des Hauptortes Methana lebte er in einem alten Bauernhaus zur Miete und wollte ein paar Tiere im Garten halten. Auf dem Wochenmarkt der Stadt kaufte er sich ein Dutzend Küken. Er wollte Hühner züchten. Sie sollten Eier legen, damit er ein wenig autark leben könnte. Doch der Neuinsulaner hatte die Rechnung ohne die bauernschlauen Marktverkäufer gemacht. Diese hatten ihm ein Dutzend männliche Küken angedreht – kleine Hähne! Vielleicht wollten die Halbinsulaner dem Neuling aus dem Ausland einfach nur eins auswischen?

Trotz aller Anfangsschwierigkeiten hat Tobias sich aber dann doch eingelebt. Und »kotópulo sto fúrno« – Hähnchen aus dem Backofen ist ja schließlich in Griechenland ein beliebtes Gericht.

Allmählich lernte Tobias viele der wenigen Einwohner der Insel besser kennen und fand einige gute Freunde. Einer von ihnen ist Theodoros. Seine Taverne in Kameni Chora ist unser Ausgangspunkt für eine Wanderung zum ehemaligen Ausbruchszentrum des 412 Meter hohen Vulkankraters.

Das »Weinsanatorium Vulkan«, wie die aus Vulkangestein erbaute Taverne übersetzt heißt, ist geschlossen, als wir uns mit unseren Rucksäcken auf die Terrasse setzen. Hier sitzen wir und staunen. Auch Tobias. Immer wieder aufs Neue. Denn die Stille, die uns umgibt, ist bezaubernd und anregend. Man möchte das Atmen einstellen, um alle Geräusche der üppigen Fauna und Flora wahrzunehmen. Wie gerne wäre ich in diesem Moment ein ägäischer Schwammtaucher. Einer dieser zähen Burschen, die es schaffen, gut und gerne zweieinhalb Minuten oder länger nicht zu atmen. Die Stille pur genießen.

Ein ohrenbetäubendes Gemeckere reißt uns aus unserer Lethargie. Am Straßenrand steht Theodoros' Truthahn. Er hat uns entdeckt. Er schreit wie ein Brüllaffe. Nur lauter. Ein albanischer Arbeiter biegt um die Ecke. Die Griechen beschäftigen gerne und oft Albaner als preiswerte Arbeitskräfte, als Haushaltshilfen ebenso wie auf dem Bau. Das, wofür sich manche Griechen zu schade sind, erledigen die Ausländer. Bei den Bauarbeiten im Vorfeld der Olympischen Spiele 2004 in Athen war dies ganz auffällig. Als skandalös wurde es zum Teil bezeichnet, in welchem Umfang die handwerklichen Aufgaben an Albaner delegiert wurden. Später, in Zeiten der Finanzkrise, wurde hingegen oft kritisiert, die Albaner hätten ihren Verdienst fast komplett nach Hause an ihre Familien überwiesen. Geld, das der griechische Binnenmarkt gut hätte gebrauchen können. Doch jeder ist seines Glückes Schmied. Wer jedoch die anderen den Hammer schwingen lassen will, der sollte nicht neidisch auf den Verdienst der Tüchtigen sein.

Der Albaner hält einen riesigen Vorschlaghammer in der Hand und geht schnurstracks auf einen Haufen großer Vulkansteine zu. Er soll sie zerkleinern. Eine Knochenarbeit, denn das Vulkangestein ist besonders hart. Als er uns sieht, grüßt er griechisch-gastfreundlich, winkt und ruft uns zu:

»Is noch zu der Laden!«

»Ist denn Theodoros nicht hier?«, fragt Tobias.

»Ne Jungs, aber wenn ihr was trinken oder essen wollt, dann hol ich ihn schnell her.«

»Wir waren hier mit ihm verabredet.«

»Ach, ihr seid Freunde? Dann machts euch bequem, ich lauf schnell rüber zu ihm und sag Bescheid, dass ihr hier seid.«

»Nicht nötig«, sagt Tobias. »Wir gehen besser selbst rüber.«

»Ja, gute Idee, er wird sich freuen. Einen schönen Tag wünsch ich euch!«, sagt der freundliche Albaner und beugt sich über seine Steine. Jetzt stört nicht nur der Truthahn die Stille.

Ansonsten ist um diese Zeit nicht viel los in dem 24-Seelendorf Kameni Chora. Theodoros macht seine Taverne jetzt nur nach Bedarf auf. Die Wintermonate nutzt man auch hier, um kleinere Reparaturen zu machen oder gleich Neues zu bauen. Wir spazieren den vulkanischen Schotterweg hoch. Als wir ankommen und nach Theodoros rufen, fliegt die Tür auf und ein kleiner, sympathisch aussehender Mann in den besten Jahren kommt auf uns zugerannt und begrüßt uns überschwänglich und mit breitem Grinsen. Er freut sich, Tobias zu sehen. Die zwei sind seit Jahren Freunde, und immer wenn der Reiseleiter mit einer Wandergruppe in der Nähe ist, kehren die Vulkanwanderer auf dem Rückweg vom Krater im Weinsanatorium ein, um von den schmackhaften Weinen zu probieren. Wein und Vulkan bilden auf Methana eine besondere Symbiose. Es wird sogar vermutet, dass der Name der Halbinsel vom altgriechischen »μεθάω« (metháo = sich betrinken) abgeleitet wurde. Methana war in der Antike ein wichtiges Weinanbaugebiet, das belegen viele Funde antiker Weinpressen im Gebirge der Halbinsel.

Theodoros reißt sich seinen Pullover vom Leib: »Tobias, schau was ich anhabe!« Beide tragen an diesem Tag zufällig das gleiche Vulkan T-Shirt. Tobias ist Mitbegründer von Volcano Discovery, ein auf weltweite Vulkanreisen spezialisiertes Reiseunternehmen.[10] Er hatte Theodoros bei einem seiner letzten Besuche eines seiner Firmen-Shirts dagelassen. Ausgerechnet zu unserem Spaziergang tragen es beide. Brüder im Geiste, die Vulkane lieben und von ihnen leben. Die Gelegenheit für ein Foto! Vor der einzigartigen Landschaft Kameni Horas.

Nach diesem Fotoshooting vor der beeindruckenden Vulkankulisse machen wir uns weiter auf den Weg nach oben. Der Deffner in mir drängelt. Er will mehr sehen und bewandern von dieser landschaftlich ausgesprochen reizvollen Insel, die mein Vorfahre, der Archäologe Michael Deffner, schon zu Beginn des 20. Jahrhunderts besucht hat. Im Jahr 1912 hatte er sich zur Kur nach Methana begeben und sich dabei auch archäologisch umtriebig gezeigt, wie wir anhand des Mühlsteins bereits am Vorabend auf Poros gesehen hatten. Sicherlich ist auch Michael Deffner zum großen Vulkankrater hinaufgestiegen. Heute ist es allerdings einfacher als damals, den direkten Weg zu finden. Denn Tobias ließ vor einigen Jahren, gefördert mit Mitteln des griechischen Fremdenverkehrsministeriums, Wanderwege herrichten. Sechs gibt es heute auf Methana. Auf einem schlängeln wir uns den Berg hinauf. Von niederem Gestrüpp bereits nahezu überwuchert liegen die ehemals liebevoll angelegten Wanderwege heute brach. Erst seit Kurzem kümmert sich wieder jemand um die Wege:

Theodoros' Frau! Auch Theodoros selbst hat alle Hände voll zu tun. Er will hier in seiner Heimat leben. Deshalb betreibt er die urige Taverne, und deshalb hat er ein kleines Souvenirgeschäft daneben eingerichtet, in dem er Gebirgskräuter und traditionelle Handarbeiten aus dem Dorf verkauft. Außerdem will er künftig seinen eigenen Wein ausschenken. Theodoros arbeitet hart daran. Wenn er nicht in der Taverne ist, dann arbeitet er auf den Feldern und pflegt die Weinreben.

Auch Tobias träumt davon, dass Methana wieder ein gut frequentiertes Heilbad wird. Vielleicht könnte er eines Tages wieder zurückkehren auf seine geliebte Insel. Er würde gerne davon leben, Touristen die faszinierende Landschaft mit ihren atemberaubenden, würzigen Düften zu präsentieren und sie über naturnahe Wanderwege zu führen. Bisher findet er kaum Kunden, die in den fast unbekannten Kurort fahren wollen. Von Vulkanreisen nach Methana allein würde sein Reiseunternehmen nicht existieren können. Dabei ist die Aussicht, die sich uns jetzt am Vulkankrater bietet, atemberaubend: bizarr aufragende Felsschichten, die sich aus dickflüssiger Lava einst geformt haben, vor dem Hintergrund des dunkelblauen Saronischen Golfs mit Blick auf die Inseln Poros und Ägina. Blubbernde Lava oder dampfende Fumarolen findet man hier nicht, aber die Natur bietet ein anderes Spektakel: Aus den glatten Felswänden wachsen Feigenbäume! Wie angeklebt wirken sie, wie sie aus den winzigen Poren des Vulkangesteins ragen. Und zwischen der erkalteten Lava finden sich wilde Rosen, Anemonen und hin und wieder sogar wilde Orchideen.

Der Spaziergang über den Vulkanwanderweg hat uns hungrig gemacht. Wir beschließen, in Methana-Stadt etwas zu essen. Dort müssen wir ohnehin noch vorbei, denn Tobias möchte einen letzten Versuch unternehmen, den Dornröschenschlaf des Kurortes zu beenden. Er ist mit dem örtlichen Arzt verabredet. Ob der Doktor ein passendes Riechfläschchen für seine Heimat aus dem Arztköfferchen schütteln kann? Neugierig setzen wir uns ins Auto, um die rund zehn Kilometer nach Methana schneller zurückzulegen. Auf halbem Rückweg winden sich braune Rauchschwaden in den Himmel. Aus der Ferne betrachtet scheint die Hochebene Throni in Flammen zu stehen. Rasch biegen wir in die schmale Straße ein, die zur Ausgrabung führt. Michael Deffner hatte den antiken Turm während seines Kuraufenthalts entdeckt und freilegen lassen. Die Grundmauern und das Eingangsportal sind noch heute zu bewundern.

Feuer an der archäologischen Stätte? Die aus der Ferne als Steppenbrand ausgemachte Feuersbrunst schwindet glücklicherweise bei der Annäherung zu einem Strohfeuer. Direkt neben dem antiken Turm glimmt ein harmloses Feuerchen und produziert dichten Qualm. Entspannteren Schrittes gehen wir auf das alte Bauernehepaar zu, das damit beschäftigt ist, ihre Olivenbäume zu beschneiden und die gekappten Äste kontrolliert zu verbrennen. Argwöhnisch, fast bösartig, beäugen uns die beiden mit Spaten und Harke ausgestatteten Ölbaumfriseure. Vor dem rotbraunen vulkanischen Boden wirken die zwei Feuermacher wie Bösewichte vor ihren die Stämme bizarr blau gestrichenen Olivenbäumen. Ein Schutzanstrich für die wertvollen Bäume. Tobias tippt auf eine nicht ganz ungefährliche Kupfersulfat-Mixtur. Mit unseren Fotoapparaten behängt, stehen wir schließlich vor dem alten Ehepaar.

»Seid ihr Archäologen?«, fragt uns die Bäuerin mit säuerlichem Blick.

Als wir das verneinen, werden die Gesichtszüge der beiden Feuermacher ebenso rasch freundlicher, wie der von ihnen frisch auf die Olivenbaumstämme aufgebrachte Schutzanstrich mit einsetzender Trocknung seine Farbe von blau nach weiß verändert. Verwunderlich. Was geht hier vor? Der üblicherweise verwendete, herkömmliche Kalkanstrich wäre auch in frischem Zustand weiß gewesen. Tobias' Vermutung mit dem Kupfersulfat scheint also richtig gewesen zu sein. Es bleibt jedoch unsere Verwunderung über die Abneigung des Bauernehepaars gegen Archäologen. Wir fragen nach, wieso diese so verhasst sind. Die uralten Olivenbäume spielen dabei eine zentrale Rolle, wie wir nun abwechselnd aus dem Mund von Frau und Herrn Olivenbauer erfahren.

»48 Cent!«, sagt die Bäuerin.

Wir schauen uns fragend an. Begreifen nicht, was die herzensgute und sichtbar gedemütigte alte Frau meint. Noch einmal dringt dieser Pfennigbetrag aus ihrer trockenen Kehle an unsere Ohren. Diesmal leiser, diesmal resigniert. Ihr Mann facht das zündelnde Feuer neu an. Er wirft einen Haufen zusätzliches Olivenholz nach und die Funken fliegen. Der Qualm beißt uns, und es treibt uns die Tränen in die Augen, als wir hören, dass die 48-Euro-Cent exakt der Betrag sein soll, den der Staat dem Bauern-ehepaar für die Zwangsenteignung ihrer Olivenplantage pro Quadratme-ter zahlen will. Ihre kleinen Olivenfelder liegen neben der antiken Aus-grabung. Die Archäologen wollen das gesamte Areal zum archäologischen Gebiet deklarieren. Der griechische Staat kann zu diesem Zweck die Ei-gentümer gegen Entschädigung enteignen. Einer solchen Enteignung blickt unsere Feuer machende Bauernfamilie nun entgegen. Ein Leben voller Hingabe, voller Leidenschaft für die Olivenbäume, wie sie vielleicht nur ein Grieche entwickeln kann, scheint zu verrinnen.

»Ich bin eine alte Frau«, sagt die Bäuerin. »Aber ich bin nicht dumm. Von dieser Entschädigung kann ich mir nicht einmal eine Handvoll Oli-ven kaufen. Meine Bäume aber garantieren mir immer wieder neue Früch-te – ein Leben lang.«

Das Einzige, was wir tun können, ist, den beiden Mut zu machen, den juristischen Weg durch die Instanzen durchzustehen. Dazu sind sie ent-schlossen. Sie wollen kämpfen. So einfach gibt ein Grieche nicht auf und seine Olivenbäume nicht her.

Der Abstecher zum Feuer hat unerwartet viel Zeit verschlungen. So müssen wir unseren ursprünglichen Plan, in Methana-Stadt etwas zu essen, verschieben. Der Kurarzt wartet bereits. Wir treffen Andreas in einem Café. Sein verbeulter Kleinwagen, dem die vordere Stoßstange fehlt, parkt exzentrisch davor. Andreas ist ein griechischer Badearzt, wie er im Buche steht: gutgelaunt, um die vierzig, vertrauenswürdiger Blick. Humor ist ihm ganz bestimmt nicht fremd. Sein gemütliches, durch leich-tes Übergewicht geprägtes Äußeres lässt mich annehmen, dass wir nun zunächst zwei bis drei Stunden bei Kaffee verharren. Aber weit gefehlt! Der Landarzt ist aktiver, als er auf den ersten Blick scheint. Er will Tobias und mir sofort die neuesten Entwicklungen zeigen. Tobias hofft, in ihm einen geeigneten Mitstreiter gefunden zu haben, um den wie narkotisiert wirkenden Kurort neu zu beatmen.

Der Badearzt führt uns auf seinem Hausbesuch die Promenade, die »Odos Aktis Saronikou«, entlang, bis fast ans Dorfende. Dort sticht ein liebevoll restauriertes Natursteinhaus sofort ins Auge und setzt sich positiv von den eintönigen und für modern gehaltenen Fassaden der Hotels der Hauptstraße ab. Auf der Rückseite des Hotels Akti treffen wir im Innenhof die Besitzer. Echte griechische Herzlichkeit empfängt uns, als wir durch das große Metallschiebetor eintreten. Noch während man mich vorstellt, serviert Frau Effi, die Hausherrin, etwas zu trinken. Nebenbei untersucht Andreas den kleinen Jungen der Familie, der wie üblich kerngesund ist. Der Arzt witzelt und verlangt, nicht ganz ernst gemeint, 100 Euro Schwarzgeld, cash auf die Hand, oder besser gesagt: im »fakelaki«. Für die herausragende ambulante Behandlung. Als griechischer Kassenpatient ist die medizinische Versorgung meist begrenzt. Es ist weit verbreitet und absolut »normal« in Griechenland, dass man dem Arzt einen Umschlag zusteckt. Eine freundliche Geste. Daher wird auch die Verniedlichungsform »fakelaki« benutzt. Im Gegenzug für die in diesem »Umschlägchen« enthaltene Zusatzentlohnung in bar ist der Arzt dann bereit, zu behandeln. Jeder Grieche kennt das. Und jeder, zumindest jeder Nicht-Mediziner, ärgert sich darüber. Dennoch besteht dieses System unbeirrt fort. Stattdessen macht man Witze darüber, wie auch hier. Sogar der Arzt selber.

Die kabarettistische Einlage verfolgen wir alle amüsiert in dem urgemütlichen Wohnzimmer der Hotelierfamilie. Ein längsseits durchgesägtes Fischerboot hängt an der Wand. Der Fernseher steckt in einem Einkaufswagen, wie man ihn aus dem Supermarkt kennt. Und in einer Ecke liegt, kurbedürftig dreinschauend, der riesige Mischlingsrüde, der noch mit den Folgen eines Wespenstiches hadert. Als ob dem Hund der Trubel im Haus zu groß geworden wäre, schleicht er sich in den Hof hinaus. Das wirkt wie ein Aufruf ihm zu folgen. Hotelier Georgios will uns draußen etwas zeigen. Vom Innenhof aus blicken wir auf die Baustelle am angrenzenden Gebäudekomplex.

»Das ist das ehemalige Mineralwasserhaus«, sagt Georgios. Es gehörte einst zum pulsierenden Kurbetrieb Methanas wie selbstverständlich dazu. Hier wurde das Methaner-Heilwasser gefördert und abgefüllt. Seit Jahrzehnten liegt das Gebäude brach. Aber künftig soll hier wieder Wasser sprudeln. Die Hotelierfamilie will ihren Anteil am möglichen Aufschwung beitragen. Die Restaurierungsarbeiten sind in vollem Gange. Als Arbeiter dabei waren, Unmengen an Unrat und Abfällen aus dem Gebäudekomplex heraus zu schaffen, hätten sie fast interessante Dokumente vernichtet. Georgios sah zufällig einen der Müllsäcke offenstehen und rettete den Fund vor der Müllabfuhr.

»Guckt euch das an!« Georgios zeigt uns, was er in den Säcken entdeckt hatte. Vor unseren Augen breitet er stapelweise alte, vergilbte Zeitungen auf dem Gartentisch aus. Allesamt aus den 40er-Jahren. Zeitgeschichtliche Dokumente voller Kriegsberichte. Der Weltkrieg hatte auch Methana nicht verschont. Nach seinem Ende konnte das Heilbad seine frühere Stellung als wichtiger Kurort, in dem das Geschäft mit der Gesundheit noch boomte, nie wiedererlangen.

Nicht im Hier und Jetzt verharren. Wieder ist es der Badearzt, der uns zum Weitergehen anspornt. Andreas will Tobias und mir einen weiteren Hotelbesitzer vorstellen. Und so stehen wir kurz darauf an der Promenade vor einem der modern anmutenden Hotels in erster Reihe. Hier treffen wir ihn, den »Boss«. Ein Schwergewicht der Hotelszene, mit dickem, goldenem Siegelring, empfängt uns, und lässt uns durch sein Personal zu einem abgelegenen Tisch geleiten. Hier kann uns niemand belauschen.

Die Szenerie erinnert an amerikanische Gangster-Thriller der 20er-Jahre. Nur ist Methana heute nicht annähernd so lebendig wie das damalige Chicago. Andreas, Tobias, der Boss, sein Mitarbeiter und ich bilden ein konspiratives Pentagon. Nur gut, denke ich mir, dass Methana noch nicht wieder so touristisch belebt ist, wie von Tobias und seinen Mitstreitern erhofft. Denn wer uns so hier sitzen sähe, zudem, wenn er kein Wort griechisch verstünde, der würde Reißaus nehmen, die Polizei verständigen oder zumindest reichlich Abstand halten von den fünf führenden Köpfen des mafiösen »Methaner-Touristenkartells«.

Glücklicherweise sind meine Griechischkenntnisse ausreichend, um zu verstehen, was die vier aushecken. Ich nippe daher beruhigt und entspannt an meinem griechischen Kaffee. Tobias schaut hoffnungsfroh. Es bewegt sich etwas auf Methana, wenn auch bislang nur im Verborgenen. Tobias will einen sanften Tourismus etablieren. Die Liebhaber toller Landschaften und üppiger Vulkanvegetation würden es ihm ebenso danken, wie die Kurgäste, die in einzigartiger Umgebung zwischen Meer und

Bergen ausgezeichnete Möglichkeiten der Genesung finden. Doch ob die Methaner das wollen?

Nach diesem »Geheimgespräch« schlendern wir zum Abschluss eines bewegten Tages durch die leblos wirkende Stadt. In einem verwilderten Gartenareal mit Palmen liegt in zweiter Reihe das altehrwürdige und seit Jahrzehnten verfallene Hotel Aithra, benannt nach der Mutter des antiken Helden Theseus. Hier wohnte seinerzeit Michael Deffner, als er sich, von den Heilkräften der methanischen Schwefelquellen überzeugt, im Jahr 1912 zur Kur hierher begab. Wir spazieren durch den Garten und sehen uns das ruinöse Hotel aus allen Winkeln an. Seinem Besitzer ist es egal, was aus ihm wird. Heute kann es nur noch als Fotokulisse herhalten. Vor dem strahlendblauen Frühlingshimmel wirkt die Ruine farbenfroh und lebhaft. Die reifen, wohlriechenden Zitronen und Mandarinen an den knorrigen Bäumen im verwilderten Vorgarten tun das ihre dazu, dass man zu träumen beginnt: von den alten Zeiten auf Methana, als sich Archäologen und Kurgäste die Klinke in die Hand gaben. Heute fiele die Klinke der Hoteltür ab und einem die Decke auf den Kopf, würde man das Gebäude betreten. Wir bleiben sicherheitshalber draußen.

Trotz der vermoderten Substanz des alten Hotels bekomme ich bei seinem Anblick Lust darauf, hier eine historische Kur zu machen. Methana hat das Potential zum reanimierten Badeort, wenn ein paar helfende Hände zupacken. Und wenn Methanas Bewohner etwas von ihrer Ruhe und Abgeschiedenheit aufs Spiel setzen wollen. Eigentlich haben viele von ihnen das jedoch nicht nötig. Für die jungen Menschen, die, nicht zuletzt wegen der Finanzkrise, entweder das Weite suchen oder arbeitslos sind, wäre es hingegen eine großartige Chance.

Einige Wochen später ... bin ich wieder auf Methana. Schneller als erwartet. Freunde aus Deutschland wollten im Frühjahr Segeln gehen und mein Vorschlag, das doch in Griechenland zu tun, wurde wohlwollend angenommen. Nach einer herrlichen Rundfahrt durch den Saronischen Golf legen wir am letzten Abend unseres Törns im Hafen von Methana an. Natürlich besuchen wir auch Theodoros, den Wirt der Vulkantaverne, und gemeinsam gehen wir in Theonis gleichnamiger Fischtaverne essen.

Ein würdiger Abschluss für einen sportlich-frühlingshaften Segeltörn. Als ich am nächsten Morgen mit einem Kaffee-Frappé in der Hand an Deck der Yacht sitze, meine Mitsegler noch schnarchend in ihren Kajüten, sehe ich ein einsames Auto vor den Heilbädern parken. Das muss der Wagen von Spyros sein. Schnell rufe ich Tobias in Deutschland an, der mir bestätigt, dass der silberne Alfa Romeo dem Chef der Heilbäder gehört. Bei meinem gemeinsamen Besuch mit Tobias auf Methana im Winter war Spyros leider verhindert. Jetzt bietet sich mir unerwartet eine gute Gelegenheit, einen Blick ins Innere der Heilbäder zu werfen. Also schnell den Fotoapparat umgehängt und nach einer Umrundung des gesamten Hafens – warum muss ausgerechnet heute das kleine Tor zur Straße abgesperrt sein? – stehe ich vor der offenen Tür des Kurhauses.

Alles verlassen. Keine Kurgäste, keine Beschäftigten, kein Spyros. Erst als ich laut in den leeren Empfangssaal des klassizistischen Gebäudes rufe, biegt ein freundlicher, grauhaariger 50-Jähriger um die Ecke. Seine Brille hängt am Brillenband vor seiner Brust. Überrascht schaut er mich an. Offenbar hat er nicht mit Besuch gerechnet. Als ich mich ihm als Freund von Tobias vorstelle, begrüßt er mich freundlich und ist spontan bereit, mit mir einen Rundgang durch die Heilbäder zu machen. Spyros Papaioannou und seine Brüder Vassili und Stathis haben die Heilbäder vor ein paar Jahren gepachtet und bemühen sich darum, die Thermalquellen mit einer zeitgemäßen Ausstattung und Infrastruktur zu versehen. Das Hauptgebäude des »Methana Volcanic Spa - The Royal Ressort« befindet sich am Ortseingang. Zwischen dem kleinen Yachthafen und dem Kurhaus liegt der schwefelig miefende See, der von den »Abwässern« der Schwefelquellen gespeist wird.

Wir umrunden das altehrwürdige Haus, das in den letzten Jahrzehnten leider arg vernachlässigt wurde. Das klassizistische Gebäude wurde um 1912 von einem deutschen Architekten entworfen. Inzwischen haben die Pächter die Fassade renovieren lassen. Frisch gestrichen glänzt sie in der Sonne. Spyros zeigt stolz in Richtung des Daches. Dort oben flattert im zarten Wind die chinesische Flagge.

»Wir hatten kürzlich Besuch aus China, mögliche Investoren«, sagt Spyros.

Seine Körpersprache vermittelt den Eindruck, dass er überzeugt davon ist, dass »sein Methana« an die alten Erfolge anknüpfen kann. Es wäre ihm zu gönnen. Mit viel Optimismus, viel Engagement hat er hier bereits eine Menge geschafft.

Spyros führt mich zu den schwefel- und salzhaltigen Thermalquellen mit Temperaturen von circa 27-38 Grad Celsius. Hinter dem Kurgebäude, versteckt unter einem großen Felsbrocken, blubbert das Heilwasser in ein kleines Natursteinbecken. Über Rohrleitungen fließt es in die einzelnen Bäder im Inneren des Hauses. Die Rückseite des Gebäudes gibt im Vergleich zur renovierten Fassade ein erschreckendes Bild ab. An vielen Stellen blättert der Putz vom Mauerwerk ab, hier und da fehlen ganze Ziegelsteine, so dass ich durch die löchrige Wand in das Innere des Kurhauses blicken kann. So marode hat hier bis vor wenigen Monaten noch alles ausgesehen. Jetzt wird Schritt für Schritt saniert.

Durch den Hintereingang führt mich Spyros in das Gebäude. Die langen gefliesten Flure mit ihren hohen Decken sind noch nicht renoviert. Vogelkot bedeckt den Boden, so weit das Auge reicht. Der Heilbäderchef entschuldigt sich für das derbe Erscheinungsbild. Wäre ich ein paar Monate später zu Besuch gekommen, hätte es hier bereits anders ausgesehen, versichert er mir. Wir schreiten durch die im diffusen Licht kafkaesk wirkenden Gänge der Badeanstalt. Ich kann mir nun leicht vorstellen, wie vor fast 100 Jahren Michael Deffner hier seine Kuranwendungen erhalten hat. Heutigem Standard entspricht das, was ich sehe, selbstverständlich nicht, doch dafür ist der Rundgang mit Spyros geschichtsgeladen spannend. Er erzählt über die Geschichte Methanas als Kurort, über die heilsamen Schwefelquellen und über die zahlreichen Kurgäste der längst vergangenen Jahrzehnte. Ich lausche seinem Bericht. Eine fast andächtige Ruhe strahlt die Kuranstalt aus. Lediglich unsere Schritte sind auf dem Steinboden zu hören, und hin und wieder das Flattern und Zwitschern einiger Vögel.

Wir verlassen das Gebäude, dessen Innenleben leider sehr an einen gigantischen Vogelkäfig erinnert. Nur dass die Schwalben hier frei ein- und ausfliegen können. Nur die sanierten Abschnitte lassen das alte Gemäuer bereits wieder in altem Glanz erstrahlen. Während ich mit Spyros vom

Kurgelände auf die »Odos Aktis Saronikou« schlendere, dreht er sich noch einmal um und deutet erneut auf die chinesische Flagge, die revolutionär im Wind des Saronischen Golfes flattert.

»Selbst die Asiaten beginnen sich für Methana zu interessieren«, sagt Spyros. Er, der seinen Hauptwohnsitz in Athen hat, kennt die vielen asiatischen Geschäfte zur Genüge, wo sie chinesische Billigware zum Verkaufspreis bis zu einem Euro anbieten. Davon gibt es in der griechischen Hauptstadt eine stattliche Anzahl. Der Chef der Heilbäder weiß allerdings auch, dass es nicht annähernd so viele Kurgäste auf Methana wie Läden in Athen gibt. Qualitativ hochwertige Gesundheitsdienstleistungen als Exportschlager für europabegeisterte Asiaten?

Spyros und ich haben während dieses Gespräches beinahe die gesamte Promenade Methanas passiert. Im Osten der Stadt, bei der Kapelle Agios Nikolaos, erreichen wir das zweite wichtige aber deutlich kleinere Heilbad. Nach langwierigen Umbaumaßnahmen ist es bereits weitgehend fertiggestellt. Hier befinden sich die mit bis zu 42 Grad Celsius wärmsten Thermalquellen der Halbinsel. Beim Eintritt in den liebevoll angelegten Vorgarten des Heilbades spüre ich einen deutlichen Unterschied zum Hauptkurhaus am Ortseingang von Methana: Belebter wirkt es hier. Bunter. Bewegter.

Als wir das Portal durchschreiten, kommt fröhlich lächelnd Maria auf uns zu. Sie sprüht vor guter Laune und begrüßt uns freundlich. Die junge Griechin kümmert sich in diesem bereits modern sanierten Gebäudekomplex sowohl um die Organisation, als auch um die Betreuung der wenigen Kurgäste. Sie führt mich gemeinsam mit Spyros durch diesen Teil der Heilbäder. Fitnessräume, Saunabereiche, Massagebänke, Ruheräume, Hamam und vieles mehr präsentiert sich hier in guter Ausstattung. Sogar Badewannen aus Baden-Baden, wie Spyros stolz verkündet. Hier kann man sich wohl fühlen und die Seele baumeln lassen. Urlaubsstimmung kommt auf. Gerne würde ich länger bleiben, eine Honig-Fuß-Massage oder eine Aroma-Thalasso-Entspannungs-Therapie genießen oder in Heilwasser baden. Aber meine Segelcrew will bald ablegen und so bleibt mir nur noch Zeit dafür, mit Spyros zu den altrömischen Heilquellen hinabzusteigen. Diese erreichen wir über eine Treppe im Hof. Hier ist es kein Schwefel, sondern Chlor und Salz, welche das Wasser aus der unterirdischen vulkanischen Quelle besonders machen.

Das Heilwasser speist ein antikes, von den Römern angelegtes Bad, welches lange Zeit unter der Erde verborgen war. Spyros berichtet mir, wie dieses Kleinod bei Bauarbeiten zufällig gefunden und freigelegt wurde. Jetzt sind er und seine Brüder dabei, es schrittweise so umzubauen, dass es ein lohnendes Ausflugs- und ein aufwertendes Kurziel wird. Baden in einem antiken römischen Heilbad, Open Air, mit Blick auf den tiefblauen Saronischen Golf.

»Wir wollen in den nächsten Jahren schrittweise die Modernisierung der Kuranlagen abschließen und dann sachte Kurgäste nach Methana locken«, sagt Spyros.

Er klingt zuversichtlich, aber nicht in Eile. Auf unserem Rückweg zum Yachthafen bedanke ich mich für den eindrucksvollen Spaziergang und die vielen Eindrücke hinter den Kulissen eines Kurortes im Umbruch.

Tobias hatte einen solchen schon häufiger zu verspüren geglaubt. Viel passiert ist bislang nicht. Vielleicht war er manchmal zu optimistisch. Von dem Ziel, wieder nach Methana zurückzukehren, um hier vom Tourismus zu leben, ist er jedenfalls so weit entfernt, wie das hiesige Kurhaus vom europäischen Standard. Aber ohne die Methaner geht eben nichts. Asterix und Obelix hätten sich schließlich auch nicht von den Römern regieren lassen. Gerade deshalb ist ihr Dorf so unberührt und urig geblieben.

Neben reichlich Fisch hat Tobias während seiner Zeit auf Methana auch Hähnchen aus dem Backofen schätzen gelernt. Hier ist das Rezept:

›Hähnchen aus dem Backofen‹

Kotópulo sto fúrno – Κοτόπουλο στο φούρνο

Zutaten:
1 Brathähnchen in Stücke zerteilt, ½ Tasse Olivenöl, ½ Tasse Weißwein, 1 Zitrone, ca. 20 kleinste rote Zwiebeln, 1 grobgeschnittener Fenchelkopf, 2 Tassen grobgeschnittene Kartoffeln, 1 Tasse grobgeschnittene getrocknete Feigen, 2 TL Oregano, Salz, frischgemahlener schwarzer Pfeffer, 1 EL Rosmarinnadeln.

Zubereitung:
Die Hühnerteile gut von allen Seiten mit Olivenöl, Weißwein, Zitronensaft, Salz, Pfeffer, Oregano und Rosmarin einreiben. Zwiebeln, Kartoffeln, Fenchel und Feigen mit den Gewürzen mischen und gleichmäßig auf einem großen Blech verteilen. Darauf die Hühnerteile legen und leicht in das Gemüse drücken. Die übrigen ausgepressten Zitronenhälften in die Zwischenräume stecken. Das Blech in den auf 200° C vorgeheizten Backofen schieben und das Huhn ca. 1 Stunde garen. Während der Kochzeit das Fleisch immer wieder mit dem Bratensaft übergießen. Kurz vor Ende der Backzeit den Ofen auf Grillstufe stellen, um eine knusprige Hühnerhaut zu erzielen. Blech aus dem Ofen nehmen und ca. 15 Minuten stehen lassen. Mit Petersilie bestreuen.

Tipp: Stellen Sie das Blech mitten auf den Tisch und lassen Sie ihre Gäste selbst ein Auge auf das Essen werfen. Sie können sicher sein, dass diese begeistert sein werden vom sagenhaften Duft und Anblick des Methaner-Backhähnchens.
Und wer es gerne etwas süßlich mag, der bepinselt das Huhn, bevor es unter den Grill kommt, noch auf der Oberseite mit griechischem Orangenblütenhonig.

OKTOPUS UND ADONIS
Salaminas Marinespezialitäten: Achtbeiner trifft Sitzfleisch

Es ist bereits Ende März. Beinahe Sommer. Normalerweise. Wer hätte gedacht, dass das Wetter mir jetzt, so spät im Frühjahr, in Athen noch so übel mitspielen würde. Klar, März ist sozusagen der »Regenmonat« in dieser Gegend, aber oft nicht mal mit einem deutschen Sommer vergleichbar. Was mich jedoch heute Abend in der griechischen Hauptstadt erwartet, gleicht einem Wolkenbruch. Schon einmal musste ich meinen Besuch bei meinem Freund Adonis auf Salamis, oder Salamina wie die bekannte saronische Insel bei den Griechen heißt, verschieben. Damals gab es einen heftigen Sturm und die Fährverbindungen wurden für einen Tag eingestellt.

Heute bange ich darum, überhaupt den Hafen von Perama zu erreichen, denn was der Fahrer des Schnellbusses vom Flughafen nach Piräus bei diesem Wetter anstellt, ist aller Ehren wert. Der Bus rast in halsbrecherischem Tempo durch die nächtlichen, teils sehr engen Straßen. Wegen des schlechten Wetters sind die üblicherweise rund um die Uhr verstopften Athener Straßen ungewöhnlich leer. Der Busfahrer feuert sein öffentliches Verkehrsmittel in atemberaubendem Tempo durch die auf den Gassen stehenden Wassermassen. Kaum beschreibbare Mengen des auf den unkanalisierten Athener Straßen gesammelten Regens spritzen rechts und links des langen Gelenkbusses durch die Nacht und durchnässen in regelmäßigen Abständen kreischend fluchende Passanten bis auf die Haut. Ihre Schirme halten den gleichzeitigen Wassermassen von oben und von der Seite nicht stand. Gut, dass ich im trockenen Bus sitze.

Als wir nach einer guten halben Stunde an einer Haltestelle an der Küstenstraße stoppen, wird auch den Insassen das wahre Ausmaß des Regens vor Augen geführt. Das Wasser steht fast knietief auf der Fahrbahn und während des Stopps blubbert nun der Regen von unten durch das Gummigelenk des Busses in den Innenraum. Füße werden nass. Ungläubig beäugen die Fahrgäste das eindringende Wasser. Und ich bange wieder einmal um meinen Salamisbesuch. Doch der Motor des Schnellbusses läuft unerschrocken weiter. Mein Sitznachbar, ein älterer Herr, dreht sich zu mir und sagt:

»Eigentlich lieben wir Griechen ja den seltenen Regen, aber heute ist es doch ein bisschen zu viel des Guten.«

Nach etwas über einer Stunde komme ich in Perama an. Von diesem kleinen Hafen neben dem riesigen Athener Haupthafen Piräus fahren die Autofähren nach Paloukia auf Salamis ab. Der Wettergott hatte seinen ganzen Zorn scheinbar in der letzten Stunde in den gesammelten Regen über Athen hineingelegt. Jetzt wirkt er fast kraftlos und friedlich, der nur noch fisselige Nieselregen, der zudem stetig nachlässt. Auf die Fähre komme ich fast trockenen Fußes. Perfekte Regenpause. Ich stehe alleine auf dem Autodeck der kleinen Fähre und blicke in den aufklarenden Nachthimmel. Ich beginne mich wieder auf morgen zu freuen, auf den lange geplanten Spaziergang. Noch ahne ich nicht, was mich am nächsten Tag erwartet, wenn ich mit Adonis über Salamis und durch die Marinebasis wandern will.

Die Überfahrt dauert nur wenige Minuten; Salamis liegt in fast greifbarer Nähe zum griechischen Festland. Die beleuchtete Promenade der kleinen Hafenstadt Paloukia ist bereits bei der Abfahrt von Perama deutlich zu erkennen. Inzwischen ist es ein Uhr nachts. Während der Überfahrt erinnere ich mich wieder an einen Artikel, den ich vor wenigen Wochen im *Spiegel* gelesen hatte. »Griechisches Militär transportiert Raketen in Obstlaster« lautete damals die Überschrift des skurril anmutenden Textes. Eine schier unglaubliche Geschichte über den aus deutscher Sicht übertrieben leichtfertigen Umgang mit Waffenmaterial.

Von der Fähre aus sehe ich bereits die nächtlichen Umrisse der größten griechischen Marinebasis. Und am Kai erwartet mich ein müder, aber freudestrahlender Adonis mit seinem Wagen. Wir kennen uns seit vielen Jahren, aber einen Abstecher auf seine Insel hatte ich immer wieder aufgeschoben. Doch seit der ehemalige Marineoffizier Adonis vor einem Jahr in Frühpension gegangen ist, hat er mich mehr oder weniger gedrängt, ihn doch endlich zu besuchen. 50 Jahre, groß und sportlich, gleicht der Mann eher seinem Namensvetter aus der griechischen Mythologie als einem Rentner. Der sagenhafte Adonis der Antike soll ein wunderschöner Jüngling gewesen sein, der als Geliebter der Aphrodite, der Göttin der Schönheit und der sinnlichen Begierde, für Furore gesorgt hat.

Der Adonis der Neuzeit will mir *seine* Geliebte, seine Insel zeigen. Salamina ist historisch gesehen weltberühmt. Bei der Schlacht von Salamis im Jahr 480 v. Chr. haben die Griechen die zahlenmäßig um ein Vielfaches größere Flotte der persischen Angreifer vernichtend geschlagen. Der Stadtstaat Athen übernahm in der Folge die griechische Vormachtstellung und der Attische Seebund entstand. Dieser Zusammenschluss Athens mit vielen griechischen Stadtstaaten in Kleinasien sollte die Perser künftig von den griechischen Küsten fernhalten und wichtige Handelswege sichern. Ein Spaziergang mit einem Offizier, der jahrzehntelang hier stationiert war, erscheint mit passend.

Adonis wohnt zusammen mit seiner über 80 Jahre alten Mutter etwas abseits der Stadt, oben am Hang des Berges, mit freiem Blick auf die umliegende Landschaft. Noch etwas höher hinauf und rund 2.500 Jahre in der Geschichte zurück und ich könnte die Schlacht in der Bucht von Salamis von hier aus live miterleben.

Der nächste Morgen weckt mich mit Sonnenstrahlen. Durch ein bullaugenähnliches Fenster sehe ich einen reinen blauen Himmel. So in etwa muss es sein, wenn man als Marineoffizier auf hoher See morgens in seiner Kajüte aufwacht. Ich treffe Adonis im Wohnzimmer, von wo aus ich fasziniert den Ausblick über die angrenzenden Oliven- und Mandelbäume genieße. Adonis' Mutter Barbara freut sich, mich persönlich kennenzulernen, und sie erteilt ihrem Sohn sofort den »Befehl«, mir einen Kaffee zu machen. Und so steht Adonis in der für ihn eigenen, lässigen Art an der Küchenzeile und rührt mir einen Kaffee-Frappé. Ja, er rührt ihn. Mit einem kleinen Löffel imitiert er einen Mixer. Nicht ganz so rasend schnell, doch der Schaum kann sich sehen lassen. Wir trinken unseren Kaffee, wir plaudern über dies und das, tauschen Neuigkeiten über gemeinsame Freunde aus, sprechen auch über den Tod unseres geliebten Freundes

»Opa Georgios«, der ein begnadeter Fischer und eine echte Frohnatur war. Er hätte sicher gerne einmal in der fischreichen Bucht von Salamis geangelt.

Adonis' grauhaarige Mutter, die trotz ihres Alters immer noch sehr attraktiv ist, reißt mich aus diesen Gedanken. Barbara will wissen, was wir denn nun machen. »Na, einen Spaziergang. Ich zeige Andreas die Insel. Deshalb ist er ja hier!«, antwortet Adonis.

Es erwartet mich ein fröhlicher Rundgang, denke ich bei mir. Der Offizier a.D. hat noch keine Ahnung davon, dass ich ihn bitten will, mich mitzunehmen in die Marinebasis, um seine frühere Arbeitsstätte zu besuchen. Ich möchte mir ein Bild darüber verschaffen, wie lax das griechische Militär mit den Sicherheitsvorkehrungen tatsächlich umgeht. Immerhin hieß es in dem Spiegel-Artikel, dass »die beiden Raketen aus Kostengründen von einer griechischen Militärbasis per Obstlaster nach Hamburg zur Wartung transportiert« worden seien. Schlampigkeit, Faulheit oder keins von beiden?

Als wir aufbrechen, ändert sich mein Verständnis von einem Spaziergang genauso plötzlich, wie sich das Wetter gestern Nacht gebessert hatte. In Adonis' rechter Hand klimpern Autoschlüssel. Was er denn damit vorhabe, frage ich ihn.

»Wieso? Wir machen doch einen Spaziergang!« Adonis öffnet den Wagen. Noch etwas perplex sitze ich wenig später in seinem klimatisierten marineblauen Stolz. Ich kann Adonis jetzt unmöglich davon abbringen, mich mit dem Auto über Salamis zu chauffieren, aber ich nehme mir fest vor, seiner aufkeimenden Faulheit ein Ende zu setzen und ihn später sanft zu seinem Spaziergängerglück zu zwingen.

Die Eindrücke eines Auto fahrenden Spaziergängers sind bruchstückhaft. Trotzdem erleben wir zwei tolle Stunden im Wagen. Wir durchfahren die wichtigsten Städte Salaminas und holpern in Schrittgeschwindigkeit durch abgelegene Dörfer und hinter mit Obst- und Gemüsekisten beladenen Kleintransportern der örtlichen Gemüsebauern. Währenddessen erzählt mir Adonis, wie sich die kleine Insel in den letzten Jahrzehnten verändert hat. Aus seiner Sicht leider zum Schlechten, denn Salamis ist heute eine der dicht besiedeltsten Eilande Griechenlands. Früher war es sehr viel leerer, aber die Nähe zu Athen führte dazu, dass massenweise Athener aus dem Großstadtmoloch zu fliehen versuchten. Sie haben sich hier entweder ganz niedergelassen, oder sich ein Wochenend- und Feriendomizil bauen lassen. Ein wahrer Bauboom überzog die historische Insel. Die Grundstückspreise explodierten. Heute kann sich kein Normalverdiener mehr auch nur annähernd erträumen, irgendwann ein kleines Häuschen an Salaminas Küste zu erstehen. Auf unserer Fahrt durch das hügelige Hinterland kommen wir an sündhaft teurem Bauland vorbei.

»Hier haben wir als Kinder in den dichten Wäldern gespielt. Damals war es eine traumhafte Landschaft. Aber in den letzten 20 bis 25 Jahren hat es zahlreiche Waldbrände gegeben. Wieder aufgeforstet wurde fast nichts. Stattdessen wird jetzt hier gebaut. Es ist eigentlich eine Schande. Aber die Bauwut kennt hier keine Grenzen«, sagt Adonis.

Salamis ist heute nicht mehr so urig wie einst. Aber trotz der dichten Besiedlung ist es sehenswert und es gibt immer noch reichlich idyllische Ecken und viel zu entdecken. Und es hat sich eine uralte, griechische Leidenschaft erhalten: die Liebe zu Fisch und Meeresfrüchten. Im antiken Athen galt der Tintenfisch als das Größte für den Feinschmecker. Er war so unerschwinglich teuer, dass es als das absolute Glück angesehen wurde, wenn man sich zum Beispiel einen Oktopus leisten konnte. Auf den Inseln und an den Küsten dreht sich heute vieles um diese geschickten Achtbeiner. Auf Salamina ist eine besondere Begeisterung zu spüren. Tintenfisch ist fast allgegenwärtig. Und alles, was das Meer hergibt, wird verehrt. An der Hafenpromenade von Salamis-Stadt zeigt mir Adonis den Verkaufsstand eines Austernverkäufers, der auf der Insel zu den ältesten seiner Zunft gehört. An einem kleinen Holzkiosk werden hier seit Jahrzehnten diese kostbaren Meeresfrüchte angeboten. Vom nahen Hafen weht der Geruch von frischen Algen herüber und die gerade angelieferten Austern glänzen majestätisch in der Vormittagssonne. Adonis schwärmt von dem leckeren Fisch, den schmackhaften Muscheln und den sonstigen Meeresfrüchten, die hier angeboten werden.

»Vor vielen Jahren hat mir einmal ein alter Fischer auf der Peloponnes gesagt, dass es rund um Salamina die besten Fischgründe gäbe und dass es deshalb bei uns die leckersten Fische und Meeresfrüchte gibt. Er hatte

Recht!«, sagt Adonis. Noch bevor ich ein paar kleine Fischchen kaufen kann, drückt Adonis aufs Gaspedal. Er hat andere Pläne.

Die Stimmung ist brillant, das Wetter bilderbuchartig, der Hunger groß. Adonis möchte mit mir nach Selinia. In dem kleinen Dorf an der Ostküste ist in einer abgelegenen Bucht eine idyllische Fischtaverne direkt auf die Felsen der Küste gebaut. Von hier aus hat man einen malerischen Meerblick und das Essen soll gut sein. Doch leider haben wir Pech. Der Tavernenbesitzer scheint gerade erst aufgestanden zu sein und bedeutet uns, dass es wohl noch ziemlich lange dauern könnte, bis er uns etwas zu essen bringen kann. Doch unser »Spaziergang« hat uns hungrig gemacht. Wir können nicht lange warten. So machen wir uns schnell auf den Rückweg in Richtung der Marinebasis, die an der nördlichen Küste mit Blick auf Piräus liegt. Direkt am Hafen von Paloukia, wo ich vorherige Nacht von der Autofähre gestiegen bin, befindet sich einer der Lieblingstreffpunkte von Adonis und seinen Marinekameraden.

Sonnengetrocknete Kraken begrüßen die Gäste am Eingang der Ouzerie »To pérasma«, was in etwa soviel heißt wie »Das Vorbeigehen«. Wie treffend für einen Spaziergang, und dann auch noch mit achtbeiniger Begrüßung. Die Kraken, oder griechisch »Ochtapódia« – ochtó = acht, pódia = Füße! – hängen ausgebreitet in einer Art kleinem Schaukasten der Sonne zugewandt.

»Daraus machen sie *die* Spezialität von Salamina«, schwärmt Adonis. »Gegrillten Oktopus!«

Fast jedes Café und jede Ouzerie an der Hafenpromenade hat solche Kraken am Bürgersteig ausgestellt.

»Die Athener lieben den gegrillten Oktopus von Salamina!« Dann erzählt der Offizier a.D., dass an den Wochenenden die Insel von den Hauptstädtern manchmal fast überschwemmt wird. Sie wollen alle die leckeren Kraken essen. Die Athener haben sich ihre Vorliebe aus der Antike bewahrt. Nachdem Adonis blitzschnell bei der Kellnerin bestellt hat, warten wir nicht lange auf den gegrillten Oktopus. Einige Arme dieser Leckerei liegen kurze Zeit später auf dem kleinen Tischchen vor uns. Dazu eine Karaffe Ouzo. Es ist Samstagmittag, zwölf Uhr. Wenn in deutschen Fußgängerzonen die Menschen ins Eiscafé gehen, treibt es die

Salaminer also an die Meeresfrüchtetheken. Adonis erzählt, dass das ein ganz typischer Samstag sei. Man trifft sich mit Freunden und Kollegen, bestellt Oktopus und Fisch und gönnt sich einen Ouzo dazu. Stilsicher schenkt Adonis den Anisschnaps in die mit Eiswürfeln präparierten Wassergläser. So wird aus ihm ein exzellenter Begleiter zu Krake, Fisch und Co.

Der als kleine Happen servierte Oktopus schmeckt vorzüglich. Ich kann mich nicht erinnern, jemals einen so guten, gegrillten Kraken gegessen zu haben. Es scheint etwas Wahres dran zu sein an den Fischergeschichten von den fantastischen Fischgründen Salaminas. Der Oktopus jedenfalls gibt sich größte Mühe, dem gerecht zu werden. Wir sind fast geneigt, noch eine Portion Krake zu bestellen, doch als uns die freundliche Bedienung auflistet, welche Köstlichkeiten sich heute noch frisch zubereitet in der Küche befinden, überkommt uns die Neugier. So wandern nach und nach weitere kleine Tellerchen auf unseren Tisch: Kopanisti – eine Käsespezialität –, Krabben, kleine Fischchen, frischer Kalamari frittiert und in Zitronensauce serviert – ein Traum! Zu all dem frisches, knackiges Weißbrot. Ein herrlicher Tag mit Blick auf die Bucht und den Hafen, sogar die Marinebasis ist in Reichweite. Während wir an den Fischchen und den Kalamaris knabbern, frage ich Adonis, ob wir wohl hinüberspazieren und einen Blick in seine ehemalige Arbeitsstätte werfen könnten.

»Leider kann ich dich nicht mit hineinnehmen«, sagt Adonis zu meinem Bedauern. So lax sind die militärischen Sicherheitsvorkehrungen dann wohl doch nicht, dass irgendein unangemeldeter deutscher Spaziergänger durch die Basis bummeln könnte. Dazu müsste er sich eine Ausnahmegenehmigung seines früheren Chefs holen. Doch ob das funktionieren würde, wäre fraglich, und wenn, dann würde es sicher ewig dauern. Ein Besuch am Wochenende sei ohnehin äußerst unwahrscheinlich. Die Basis gleicht äußerlich einem Hochsicherheitsgefängnis.

»Dort kommt niemand unerlaubt rein«, sagt ein älterer Herr im Vorbeigehen zu uns. Er hat gerade bezahlt und verlässt das Lokal.

Also doch keine Besichtigung der Marinebasis. Egal, denke ich mir, denn je mehr uns die Meeresleckereien sättigen, desto weniger Lust verspüren Adonis und ich, uns mit den gefüllten Bäuchen zu bewegen. Ich unternehme zwar noch einen zaghaften Versuch, Adonis dazu zu bewegen, das Auto stehen zu lassen und den kurzen Rückweg zu seinem Haus zu Fuß zu gehen, doch das lehnt er strikt ab. Ganz klar, Adonis ist müde. Er braucht jetzt seinen obligatorischen Mittagsschlaf. Und so sitze ich schon wieder im Auto, allerdings nur drei, vier Minuten, dann sind wir bereits zu Hause. Einen Verdauungsspaziergang kann ich Adonis nun vorerst auch nicht mehr aufzwingen. Vielleicht gelingt es mir, ihn nach einem kleinen Mittagsschlaf zu einem Fußmarsch zu bewegen. Dann aber definitiv!

Kanella und Aleko, die zwei Hunde von Adonis, reißen mich aus dem Mittagsschlaf. Sie tollen wie verrückt im warmen Nachmittagssonnenschein herum und balgen und bellen. Das ist die Idee: Ich werde versuchen, Adonis zu einem Spaziergang mit den Hunden zu überreden. Nach einem gemeinsamen Kaffee trage ich ihm meine Idee vor, und siehe da, der Rentner lenkt ein. Die noch wärmenden Strahlen der Wintersonne begleiten uns in die Natur. Kanella und Aleko rennen wie wild umher und freuen sich diebisch über unseren Ausflug den Berg hinterm Haus hinauf. Saftig grün liegen die Hügel vor uns, neben uns, um uns herum. Aus allen Winkeln riecht es nach frischen Kräutern, und durch die Luft schallt das Gesumm von Bienen. An ihren zahlreichen Körben kommen wir während unseres Anstiegs vorbei. Sie haben den Schafen hier oben die Vormachtstellung abgenommen. Ein verfallenes, kleines Gebäude, ein ehemaliger Schafsstall, ist beispielhaft dafür, was hier früher anstelle der Bienenkörbe stand. Einst gab es hier zahlreiche Hirten.

»Vor zehn Jahren wurden die Ställe noch benutzt«, sagt Adonis. Jetzt liegen die Ruinen brach. Schäfer gibt es hier heute kaum noch. Es ist allerdings keinesfalls so, dass Melancholie aufkäme, denn viel zu herrlich, erfrischend und aktivierend ist unser Spaziergang. Früher ist Adonis hier regelmäßig mit den Hunden unterwegs gewesen, oder er ist den Berg hinauf gejoggt. Doch mit seiner Pensionierung habe ihn auch ein bisschen die griechische Faulheit gepackt, erwähnt er beiläufig. Als wir auf dem Gipfel des Hügels ankommen, bietet sich uns ein traumhafter Blick über zwei Buchten. Das tiefblaue Meer wirkt in der untergehenden Sonne noch eindrucksvoller, und Adonis ruft laut, aus mit Sauerstoff gefüllter Lunge:

»Ich bin ein Idiot, dass ich nicht jeden Tag hier heraufspaziere. Es ist so unglaublich schön!«

Aus einem entfernten Tal hallt plötzlich ein furchteinflößendes Hundegebell zu uns herüber.

»Wo ist Aleko?« Adonis blickt sich erschrocken um. Gerade eben war der kleine, zarte Mischlingshund noch in unserer Nähe, doch jetzt ist von ihm nichts mehr zu sehen. Wir machen uns Sorgen, dass der Kleine in die Fänge wilder, herumstreunender Hunde geraten sein könnte. Laut rufend laufen wir umher und suchen den Ausreißer. Nichts! Adonis ist sichtlich besorgt: »Die haben Aleko gefressen!«

Schon einmal ist ihm ein Hund abhanden gekommen. Damals der andere, Kanella. Nachdem dieser angeblich einige Katzenbabys gefressen hatte, beauftragte Adonis' Mutter Bekannte damit, den Hund wegzubringen. Doch nach wenigen Monaten kehrte Kanella von selbst wieder zurück und seitdem leben alle glücklich miteinander. Sie haben sich dem Schicksal ergeben.

Eine schöne Geschichte. Doch jetzt ist die Stimmung gedämpft. Adonis wirkt sichtlich geschockt. Wir beschließen zurückzugehen, bevor die Dämmerung den Rückweg erschwert. Eine kleine Mulde, in der eine Plastikfolie ausgebreitet ist, lässt Adonis dann doch noch einmal lächeln. Auf der Folie zeichnen sich Spuren verdunsteten Wassers ab. Was denn das wohl sei, will ich von ihm wissen. Da sprudelt es mit verschmitztem Grinsen auch schon aus ihm heraus: »Eine Vogelfalle. Als Kinder haben wir uns auch manchmal diesen Spaß erlaubt.«

Offenbar erlauben sich auch heute noch irgendwelche »Spaßvögel« diesen Kinderstreich und fangen Spatzen und andere Vögel. »Gerade im Sommer ist es einfach, Vögel zu fangen«, sagt Adonis. Wenn die Landschaft von der Sommerhitze ausgedörrt ist und das Trinkwasser für die Tiere knapp wird, dann lockt eine winzige, künstliche Plastikoase die Vögel in Scharen an. Wenn sich dann die durstigen Piepmätze an der Grube versammeln, wirft man, hinter einem Busch versteckt, ein Netz, und die Beute ist im Sack. Was dann mit ihnen geschieht, will ich gar nicht wissen. Ein Käfig oder ein hungriger Bauch erscheinen mir allerdings spontan plausibel. Adonis nickt wissend.

In Gedanken noch halb bei den in knurrenden Mägen verschwundenen Vögeln und zur anderen Hälfte bei dem verlorenen Hund marschieren wir nach Hause. Als wir uns dem Grundstück nähern, erschrecken wir fast vor Freude. Der verloren geglaubte kleine Vierbeiner Aleko kommt in rasender Geschwindigkeit auf uns zu. Er springt an uns hoch und freut sich augenscheinlich noch viel mehr als wir. Hund und Herrchen blicken nun äußerst zufrieden drein und Adonis sagt: »Nun hat dieser wunderschöne Spaziergang sogar noch ein überraschend frohes Ende genommen.«

Wie wahr, der Tag war toll, die Bewegung hat uns letztlich gut getan, und wir freuen uns jetzt umso mehr auf das bereits angekündigte Grillen.

Adonis hat Freunde eingeladen und so begeben wir uns nun daran den Grill vorzubereiten. Leider ist dieser vom Regen der letzten Nacht etwas in Mitleidenschaft gezogen worden. Da ist sie plötzlich wieder, die latente Faulheit, die Adonis, statt den Grill zu reinigen, zu der Überzeugung kommen lässt, dass ein Grillabend am offenen Kamin doch eigentlich viel gemütlicher ist. So sammeln wir schnell etwas Holz im Garten und entfachen ein knackendes Feuer im Wohnzimmerkamin. Während wir noch mit dem Zündeln beschäftigt sind, kommen bereits die ersten Gäste. Sie bringen zur Begrüßung Tsipouro mit, den ziemlich starken Tresterschnaps. Sicherlich selbst gebrannt, denn der 5-Liter-Plastikkanister, in dem sich die Spirituose befindet, scheint kein sehr alltägliches Verkaufsbehältnis zu sein. Der hausgemachte Aperitif bekommt uns gut und der Duft der inzwischen auf dem Grillrost im Wohnzimmerkamin liegenden Lammkoteletts tut sein Übriges. Uns überkommt ein gesunder Appetit.

Es wird gemütlich vor dem Kamin und Adonis erzählt seinen Freunden von unserem Tag, vom Spaziergang am Nachmittag, und davon, dass er jetzt regelmäßig den Hügel hinaufgehen will. Einer der Gäste erinnert sich derweil, dass auch die griechische Regierung für mehr Bewegung in der Bevölkerung werben will.

»Ja, das ist wohl auch notwendig«, sagt eine Nachbarin augenzwinkernd in Adonis' Richtung. Aber am Ende dieses Tages haben wir uns einen entspannten Ausklang bei Wein und Lamm verdient. Typisch griechisch eben: gemütlich und gesellig.

Bleibt nur noch zu ergänzen, dass das griechische Militär den Raketentransport in den Obstkisten ganz locker sah. Ein Sprecher nannte den Transport »völlig normal«. Glücklich, wer so entspannt bleiben kann. Ich hätte zu gerne einen Blick in die Marinebasis geworfen!

Und wer einen Blick auf einen salaminischen Samstagmittags-Snack werfen möchte, der bereitet am besten das hier zu:

›Gegrillter Oktopus‹
Ochtapódi sta kárvuna – Οχταπόδι στα κάρβουνα

Zutaten:
1 kg fangfrischer Oktopus (ersatzweise TK), 100 ml Essig, 5 Lorbeerblätter.
Für die Marinade: 1 Tasse Olivenöl, 1 Tasse Retsina, ½ Tasse Zitronensaft, 1
EL Salz, 1 EL frischgemahlener schwarzer Pfeffer, 1 EL Thymian, 5 Lor-
beerblätter.
Für die Vinaigrette: 1/2 Tasse Olivenöl, ¼ Tasse Zitronensaft, 1 TL Senf,
Salz, frischgemahlener Pfeffer.

Zubereitung:
Den Oktopus in einen großen Topf geben, mit Wasser auffüllen, Essig
und Lorbeerblätter zufügen und bei schwacher Hitze ca. 1 Stunde kochen.
Anschließend den Oktopus abspülen und die Haut abziehen. In einer
Schüssel alle Marinadezutaten mischen, den gekochten Oktopus für 24
Stunden darin einlegen, und ab und zu wenden. Am nächsten Tag den
Oktopus aus der Marinade nehmen, trockentupfen und auf Holzkohle
von beiden Seiten grillen. Mit der Marinade während des Grillens bepin-
seln. Die Vinaigrette-Zutaten in einem Shaker gut vermischen.
Servieren Sie den Oktopus auf einer Platte und übergießen Sie ihn mit der
Vinaigrette. Reichen Sie dazu frisches Brot und Ouzo auf Eiswürfeln.

BEWEGENDES CHALKIDA
Ein »Gastarbeiter« auf dem Weg nach Hause

Jeder kennt den Schlager von Udo Jürgens aus dem Jahr 1974 »Griechischer Wein«. Mein Fuß wippt im Takt des Refrains, als wir auf der sonnigen Terrasse des »Zefyros« sitzen. Das große Café mit Badestrand befindet sich auf Euböa, der nach Kreta zweitgrößten Insel Griechenlands. Wir trinken Kaffee-Frappé und blicken auf das weite, in der Nachmittagssonne glitzernde, euböische Meer. Und während aus den Lautsprechern griechische Popmusik leise den Strand berieselt, habe ich immer noch diesen Ohrwurm. Udo Jürgens singt: »Griechischer Wein ist so wie das Blut der Erde. Komm', schenk dir ein und wenn ich dann traurig werde, liegt es daran, dass ich immer träume von daheim; du musst verzeih'n ...«

Georgios ist glücklich und schaut zufrieden auf sein geliebtes, heimatliches Meer. »Ich wollte damals einfach weg. Weit weg. So weit wie möglich. Daher hatte ich mich für Australien, Afrika und Kanada beworben. Daraus wurde leider nichts. Stattdessen setzten sie uns in einen Zug, der uns in unsere neue Heimat bringen sollte. 1970 war das!«

Er lehnt sich entspannt zurück und genießt die heiße Sonne auf seinem kleinen Wohlstandsbäuchlein. Der 65-Jährige hat ein bewegtes Leben. Noch lebt er die meiste Zeit in Deutschland, aber er fährt so oft es geht zu seiner Mutter nach Griechenland. Möglichst bald will er ganz zurück nach Hause. Seinen Lebensabend in der Heimat verbringen.

Udo Jürgens meldet sich zurück: »Sie sagten sich immer wieder: ›Irgendwann geht es zurück‹. Und das Ersparte genügt zu Hause für ein kleines Glück.«

Euböa liegt an der nordöstlichen Küste Attikas, nur knapp 80 Kilometer von Athen entfernt. Die Insel mit rund 220.000 Einwohnern hat eine

Besonderheit: die Meerenge bei der Inselhauptstadt Chalkida. Die schmalste der Welt. Nur 40 Meter trennen Euböa vom Festland.

Früh an diesem Morgen holt mich Georgios am Athener Flughafen ab. Einige Jahre sind vergangen, seit wir uns das letzte Mal gesehen haben, dennoch fällt er mir in der wartenden Menge direkt auf. Er ist so rastlos wie eh und je. Das dunkle Haar zwar etwas lichter, dafür aber fesch in Form gebracht. In der Ankunftshalle des Flughafens umarmen wir uns typisch griechisch: Küsschen links, Küsschen rechts. Wir freuen uns über das Wiedersehen und auf den geplanten Spaziergang in Chalkida, seiner Heimatstadt, die auch »Chalkis« genannt wird, nach der altgriechischen Version des Stadtnamens.

»Komm, wir setzen uns kurz auf einen Kaffee dort rüber. Ioanna wird gleich wieder hier sein!«, sagt Georgios. Während ich mich noch frage, wer wohl Ioanna ist, stellt mir Georgios am Kaffeetisch bereits den nächsten Unbekannten vor. Ein von seiner langen Reise offenbar sehr erschöpfter Herr. »Das ist Günter, wir haben uns eben kennengelernt. Er kommt gerade aus Georgien.«

Ich liebe diese griechische Offenheit. Georgios ist ein glänzendes Beispiel dafür, wie die Griechen sehr unkompliziert mit fremden Menschen ins Gespräch kommen. Ganz beiläufig, als würde man sich schon lange kennen.

Wir trinken gemeinsam Kaffee und Georgios fragt Günter aus, als auch schon Ioanna erscheint. Ich kenne sie nicht, habe auch nicht gewusst, dass sie in Deutschland mit Georgios unter einem Dach lebt. Sie dürfte etwa 30 Jahre jünger sein als der charmante Wahl-Brühler Georgios, der sie mir grinsend vorstellt. Für weiteres Nachdenken über den Altersunterschied der beiden bleibt aber gerade keine Zeit.

»Pame! – Gehen wir!«, sagt Georgios. Wir verabschieden uns in aller Eile von unserem »Freund« Günter und verlassen das klimatisierte Flughafengebäude. Der noch frühe Vormittag begrüßt mich bereits mit lässigen 35 Grad. Während das langärmelige Hemd in Deutschland gerade so gegen die morgendliche Augustkühle genügte, klebt es in Athen bedenklich schnell am Körper. Doch bis Euböa sind es nur gut 50 Kilometer und ich sehe mich in Gedanken schon unter Georgios' Dusche oder gleich im

Meer. Da fragt mich Ioanna fröhlich: »Warst du schon mal am Kap Sounion?«

Das steile Kap ist der südlichste Punkt des attischen Festlands. Rund 50 Kilometer östlich von Athen ist es eines *der* griechischen Touristenziele. Ich hatte es trotz der Nähe zur Hauptstadt noch nie dorthin geschafft. Ein der Hitze geschuldetes, gequältes »Ochi! – Nein!« geht mir über die trockenen Lippen.

»Sehr gut!«, sagt Georgios. »Da fahren wir jetzt hin, ich wollte Ioanna das Kap schon lange zeigen und heute ist ein guter Tag für einen Ausflug.«

Dusche ade! So offenherzig und kommunikativ die Griechen sind, so spontan sind sie eben auch. Aber ein feuchtes Hemd kann auch kühlend sein. Alles eine Frage der Sichtweise. Prima, geht's mir also durch den Kopf, machen wir einen Ausflug in die Antike!

Der gemietete Kleinwagen wäre geeignet, Brötchen zu backen. Die Sonne brät gnadenlos aus einem für August erstaunlich klaren, tiefblauen Athener Himmel, der sonst im Sommer dazu neigt, sich über einer atemraubenden Smogglocke zu verstecken. Nur gut, denke ich, dass heute fast alle in Griechenland zugelassenen Autos klimatisiert sind. So trocknet, in der von der Klimaanlage rasch erzeugten Kühle, mein Hemd noch ehe wir Athen ostwärts fahrend verlassen haben.

Am Kap Sounion parken wir den Wagen am Fuße des Berges, auf dem der beeindruckende Poseidontempel in die Höhe ragt. Das Kap hatte in der Antike eine herausragende strategische Position, da es gleichermaßen den Seeweg zu den Kykladeninseln, nach Euböa sowie in den Saronischen Golf, und somit auch den Weg nach Athen, kontrollierte. Die Akropolis in Athen, der Tempel auf der Insel Ägina und der am Kap Sounion dienten den Seeleuten als wichtige Navigationspunkte. Fast logischerweise wurde der hiesige Tempel dem Meeresgott Poseidon geweiht.

Ein eigentlich gemütlicher Spaziergang den kurzen Hang hinauf liegt nun vor uns, doch angesichts der inzwischen fast 40 Grad kein leichtes Unterfangen. Glücklicherweise hat Meeresgott Poseidon Mitleid mit uns und schickt uns eine absolut kühle, kräftige Brise, als wir uns auf den Weg zum Tempel aus der Zeit um 440 v. Chr. machen. Er befindet sich in einem weitläufigen archäologischen Areal. Kurz vor dessen Eingang liegt ein großes Café mit herrlichem Blick auf das heute schaumgekrönte ägäische Meer und auf den antiken Tempel. Eine kühle Erfrischung wäre nicht übel und dabei den Segelbooten in der ordentlichen Brise zuschauen, doch Georgios, der frischgebackene Rentner, rennt weiter. Unermüdlich den Schotterweg hinauf bis zum eigentlichen Ziel des Ausflugs.

Schwitzend erreichen wir den Poseidontempel, der majestätisch auf der höchsten Erhebung des Felsplateaus liegt. »Hier stürzte sich einst der attische König Aigeus ins Meer!«, erklärt Georgios.

In der Mythologie schickte der Athener König seinen Sohn Theseus nach Kreta, um den zerstörerischen Minotaurus zu töten. Aigeus bezog auf dem Tempel am Kap Sounion Posten, um auf die Rückkehr seines Sohnes zu warten. Vater und Sohn hatten vereinbart, dass Theseus weiße Segel hissen sollte, wenn die Expedition erfolgreich verlaufen wäre. Eine Heimkehr unter den sonst üblichen, schwarzen Segeln sollte hingegen das Zeichen für Misserfolg sein.

Theseus gelang der schwierige Coup. Er besiegte den schier unbezwingbaren Minotaurus. Jetzt wollte er einfach nur schnell nach Hause, und in seiner Eile und überschwänglichen Freude vergaß er schlicht die Segel zu wechseln. So über das Meer Heim segelnd, erblickte ihn König Aigeus bereits von weitem am Horizont. Sehnlich hatte er am Kap Sounion auf die Rückkehr seines Sohnes gewartet. Jetzt packte ihn das Entsetzen. Schwarze Tücher an den Masten! Vor lauter Verzweiflung stürzte sich Aigeus über die steilen Klippen ins Meer, in den sicheren Tod. Das ägäische Meer war geboren. Benannt nach dem hier ertrunkenen König.

Nach dieser »Nachhilfe« in Mythologie geht es endlich nach Euböa. Und bereits zwei Stunden später sitzen wir also im Café »Zefyros« und trinken unseren Frappé. Georgios erzählt von damals. »Ich wollte einfach weg. Weit weg. So weit wie möglich.« Und sie ließen ihn. Mit weiteren 250 jungen Lehrern kam sein Zug am 19. September 1970 am Bonner Hauptbahnhof an. Bis in die deutsche Hauptstadt hatte er es zumindest geschafft. Die Athener Junta-Regierung, die das Land seit 1967 in eine schwere Krise geführt hatte, hatte ihn ziehen lassen. Georgios erinnert sich: »Ich hatte die Fahrscheine für die eine Hälfte der griechischen Lehrerschaft. Wir waren fast alles Junggesellen. Als wir am Bonner Hauptbahnhof ankamen, hatten die Taxifahrer Ostern.[11] Da wir erst am nächsten Morgen bei der Botschaft vorstellig werden sollten und nichts über Bonn wussten, mussten wir irgendwo unterkommen und uns auf die Taxifahrer verlassen, die uns in irgendwelche Hotels fuhren. Ich musste 120 Mark für die Übernachtung zahlen. Das war sehr viel Geld damals!«

Als sich die Griechen wie vereinbart am nächsten Tag an ihrer Botschaft, im schicken Bonn-Bad Godesberg, einfanden, um sich ihre Einsatzpläne zu besorgen, ließ die nächste Überraschung nicht lange auf sich warten. Schnell sprach sich in der kleinen deutschen Hauptstadt am Rhein herum, dass eine Riesenmeute junger Männer vor die griechische Botschaft marschiert sei. Journalisten eilten herbei, Fotografen und Kameramänner. Sie alle wollten über die mutmaßliche Demonstration von Deutsch-Griechen gegen die Junta-Regierung vor der Botschaft berichten.

Der Medienrummel beunruhigte die Botschaftsleitung offenbar. Daher wurden die jungen, griechischen Lehrer zunächst einmal alle gemeinsam an den nahegelegenen Rhein geschickt. Die Botschaftsleitung war äußerst angespannt. Die Mär von der Demonstration gegen Junta-Athen durfte nicht in den Medien verbreitet werden.

»Wir wussten eigentlich nichts. Nicht, wie es jetzt weitergeht, noch wohin es uns verschlagen würde. Dann haben sie uns irgendwann am Fluss abgeholt. Jeweils zehn von uns wurden gemeinsam vom Rhein in die Botschaft gebracht, wo wir dann unseren neuen, bundesweiten Einsatzgebieten zugewiesen wurden«, sagt Georgios.

Er selbst durfte in der Nähe von Bonn bleiben. Zufällig kannte er einen der wichtigsten Botschaftsmitarbeiter aus seiner Schulzeit, der sich für ihn einsetzte. So hatte Georgios also mit seinem Bekannten »Παρέα – Gesellschaft«. Wichtig für einen Griechen, der alleine und ohne Familie in ein fremdes Land kommt.

Es ist immer gut, jemanden zu kennen, der jemanden kennt. Das gilt besonders in Griechenland. Was der Rheinländer »Kölschen Klüngel« nennt, gehört in Griechenland wie selbstverständlich zum Leben dazu. Vieles funktioniert im Alltag sogar nur durch Beziehungen. Und Georgios hatte Glück. Brühl im Rheinland, zwischen Köln und Bonn gelegen, wurde so zu seiner neuen Heimat. Er heiratete eine Deutsche, bekam eine Tochter, lernte perfekt Deutsch, gründete einen deutsch-griechischen Verein und wurde heimisch. Hier arbeitete er schließlich bis zu seiner Verrentung 2007 im Schuldienst. Georgios unterrichtete griechische Gastarbeiterkinder an einer Hauptschule in ihrer Muttersprache, in Geschichte und orthodoxer Religion, die älteren Schüler sogar in Philosophie. Für Realschüler und Gymnasiasten gab er nachmittags muttersprachlichen Ergänzungsunterricht. Von seinen Volkshochschulschülern, die er seit Jahren nebenher auch abends noch unterrichtete, konnte und wollte er sich allerdings noch nicht trennen, und so lebt er auch heute, auch nach Zuerkennung der Rente, noch in Brühl. Allerdings bereitet er jetzt langsam und allmählich seine endgültige Rückkehr in die echte Heimat Euböa vor.

Im Jahr 1960 hatte Deutschland mit Griechenland ein Abkommen über das Anwerben von Gastarbeitern geschlossen. Besonders ab dieser Zeit kamen viele zum Arbeiten nach Deutschland. Von 1956 bis 1972 waren es fast 600.000 Griechen, die hier ihre zweite Heimat fanden. Darunter auch Georgios. Er ist kein typischer Gastarbeiter der ersten Stunde, denn er kam, sozusagen im Nachgang, um sich um die Bildung ihrer Kinder zu kümmern. So hat auch er das Migrantenleben fernab der Heimat mit seinen Vor- und Nachteilen erlebt. Die allermeisten der Gastarbeiter wollten irgendwann wieder zurück nach Hause. Heute leben noch knapp 400.000 Griechen in Deutschland. Hin- und hergerissen zwischen zwei »Heimaten«. Der griechischen und der neuen. So auch Georgios. Im Rheinland leben die langjährigen Freunde; hier leben auch seine Tochter, sein Schwiegersohn und vor allen Dingen seine Enkelin. Und zu Hause auf Euböa wartet sehnlichst seine Mutter auf seine Heimkehr. Jetzt ruft Georgios sie in Chalkida an: »Mama, wir sind gleich da. Wir bringen nur noch Ioanna nach Hause.«

Die Zeit im »Zefyros« verging wie im Fluge. Die größte Hitze des Tages lässt nun am späten Nachmittag etwas nach. Unsere Frappégläser sind geleert und Georgios gibt das Signal zum Aufbruch. Noch immer weiß ich eigentlich nichts über die geheimnisvolle Frau an Georgios Seite. Er hatte sie gar nicht zu Wort kommen lassen. Er hatte so viel über seine Vergangenheit erzählt, dass keine Zeit fürs Heute blieb. Doch jetzt will er mir ihre Eltern vorstellen. Ihr Dorf ist nicht weit vom »Zefyros« entfernt. Wenig später schlendern wir bereits durch die Dorfstraße von Kontodespoti. Der Ort liegt gut zehn Kilometer von Chalkida entfernt im Landesinneren der Insel. Eine liebevoll restaurierte, typisch griechisch-orthodoxe Kirche ziert den Dorfplatz dieses schmucken 400-Seelen-Dorfes am Fuße des Dirfys-Gebirges, dessen höchste Erhebung immerhin fast 1.400 Meter erreicht. Ioannas Vater ist der Dorfpriester! Sollte die griechische Orthodoxie so liberal sein, dass selbst so ein großer Altersunterschied klaglos akzeptiert wird?

Kontodespoti bedeutet so etwas wie »Kleiner Herrscher«. Als wir in direkter Nachbarschaft zur Kirche die kleine Treppe zur Terrasse des Priesterwohnhauses emporsteigen, kommt er uns bereits mit offenen Armen entgegengelaufen: der kleine Priester! Ein himmelsguter Mensch. Freundliche Augen, ordentlicher Priesterbart. Seine Frau, ebenso liebenswürdig wie er, und seine Enkelin kommen herbeigeeilt. Es werden Melonen und Feigen aus dem Himmelreich, dem priesterlichen Garten, gereicht. Dem Himmel sehr nah, was den Geschmack der Früchte des kleinen Priesters angeht. Wir genießen das Obst und die Gesellschaft der Geistlichenfamilie. Und dann lüftet sich plötzlich das Geheimnis: Georgios erzählt mir, dass er Ioanna und ihre Eltern so sehr mag, dass er sofort zugesagt hatte, als sie ihn gefragt hatten, ob Ioanna bei ihm in Brühl wohnen könnte, um ihr Studium in Köln zu absolvieren. Und ich hatte Georgios tatsächlich eine so sehr viel jüngere Freundin als Lebensgefährtin zugetraut. Sie hingegen berichtet, dass er sich sorgsam wie ein eigener Vater um sie kümmert.

Die Einwohner des etwa 300 Meter über dem Meeresspiegel liegenden Kontodespoti mögen die Ruhe. Man trifft sich im Kafeneion und hilft sich gegenseitig im Alltag. Sie bilden offenbar eine intakte Dorfgemeinschaft. Vor Jahren hat sogar Ioannas Vater selbst bei der Restaurierung der Kirche mitgeholfen. Die Kontodespoten packen mit an. Die Gottesdienste sind auch heute noch gut besucht. Hier in der kleinen Dorfidylle ist der Pope noch ein kleiner »Herrscher«. Man hält zusammen. Gute Voraussetzungen für Kontodespoti, das idyllisch mitten im Wald liegt. Denn gerade die Lage mehrt die Sorgen bei Waldbränden, die ja nun mal leider in Griechenland zu einem Sommer dazugehören, wie in Deutschland die Regentage. Auch der diesjährige August macht leider keine Ausnahme. Ich frage daher in die Runde, ob die großen Brände 2007 oder die kleineren, die es bislang in diesem Sommer gab, auch hier Schaden angerichtet haben. »Nein!«, sagt Ioanna entschlossen.

Die wenigen aufkeimenden Feuer hätten sie frühzeitig gemeinsam mit der Feuerwehr bekämpft und gestoppt. Weil es hier noch einen konsequenten Dorfzusammenhalt gäbe, wie man ihn selbst in Griechenland heute nicht mehr oft erlebt. Ioanna blickt stolz in die Runde: »Wir hier im Dorf sind Helden. Wir haben im Bürgerkrieg schon die Kommunisten nicht zu uns hereingelassen, und die Feuer lassen wir auch nicht rein.«

Nach einer Weile und mehreren Feigen und Melonen verlasse ich mit Georgios das heilige Haus der Priesterfamilie. Wir wollen nun endlich zu seiner Mutter. Sie lebt seit langem in der Inselhauptstadt Chalkida. Als wir gerade wieder auf der Dorfstraße von Kontodespoti sind, winkt uns der Kafeneionbesitzer von der gegenüberliegenden Seite zu sich. Er will natürlich auch wissen, wie es Georgios geht, was es Neues in Deutschland gibt und wann er denn nun endlich zurückkommt nach Hause, nach Euböa. Wir müssen unseren Plan, zurückzukehren nach Chalkida, also etwas verschieben. Zunächst sind wir »gezwungen« einen wirklich gut gemachten, griechischen Kaffee auf der Terrasse des Kafeneions zu trinken. Georgios muss berichten. Während wir mit den alten Dorfbewohnern plaudern, hält ein Feuerwehrwagen. Vier bestens ausgestattete Feuerwehrleute auf Patrouille. Sie wirken hoch motiviert, haben das weiträumige Areal im Blick, aber auch ihnen läuft bei immer noch heißen Temperaturen von 35 Grad und mehr der Schweiß in den Feuerschutzanzügen aus allen Poren, wenn nicht sogar bis in die klobigen Stiefel. Sie kaufen sich Eis am Stiel. Wir gönnen es ihnen, den tapferen Feuerwehrleuten von Kontodespoti.

Als wir endlich, ungefähr zehn Stunden später als vorgesehen, bei Georgios' Mama in Chalkida ankommen, freut sich die 89-Jährige überschwänglich. Sofort zeigt sie mir die alten gelben Fotos an den Wänden.

Georgios als junger Lehrer in Griechenland, Georgios als Wehrpflichtiger, Georgios im Kreise der Familie.

»Ist er nicht wunderschön?«, fragt sie. »Und dann ging er als junger Lehrer nach Deutschland«, ergänzt sie wehmütig und gleichzeitig stolz.

Heute lebt sie meist allein hier im Haus, aber Georgios' Schwestern wohnen in der Nähe und kommen oft und regelmäßig zu Besuch. Georgios' Mutter liebt Gesellschaft. Ich merke, wie glücklich sie ist, dass ihr Sohn zu Hause ist.

Wenn er heute zu Besuch kommt, muss es ihm wie eine Zeitreise vorkommen. Zumindest ergeht es mir so, als wir von der urigen Terrasse ins gemütliche Haus gehen. Die Zeit scheint stehen geblieben. Genau so stellt man sich ein gut gepflegtes, griechisches Haus um die Nachkriegszeit vor. Die offene Terrasse dient als »Wohnzimmer« in der Mitte des Anwesens. Auf der einen Seite die Küche, auf der anderen das Bad, auf der dritten eine Art Gästetoilette. Türen sind hier spärlich verwendet, und dort, wo sie sind, scheinen sie eher dekorativen als abschließenden Charakter zu haben. Ein offenes, ein herrliches Heim. Hier trifft man sich gerne. Die weißgetünchten Wände und der Steinfußboden strahlen zudem genau die Kühle aus, die es braucht, um sich auch im Sommer nicht überhitzt zu fühlen und lange Nächte im Hof bei Essen und Wein in gemütlicher »paréa« zu verbringen. Ich kann Georgios' Heimweh gut nachvollziehen.

Der anstrengende Tag hat mich hundemüde gemacht. Froh, mich ausruhen zu können, gleite ich in das Bett, in dem bereits vor vielen Jahrzehnten regelmäßig Georgios geschlafen hat. Nach einem kurzen, aber sehr erholsamen Nachmittagsschläfchen am Abend, fühlen wir uns erfrischter. Der späte Mittagsschlaf gehört in Griechenland zu einem guten Tag dazu. Danach sind die Griechen bereit für die Nacht. Georgios hat unter der mit Wein behangenen Terrasse den kleinen Tisch gedeckt. Seine Mutter hat ein leichtes Süppchen gekocht, dazu gibts Feta, Oliven und Auberginencreme. Ein gelungenes, sommerlich leichtes Abendessen, bevor wir uns zu einem Spaziergang durchs abendliche Chalkida aufmachen.

»Schlaf gut Mama, wir gehen ein Bier trinken!«, ruft Georgios seiner Mutter zu. In diesem Moment kommt er mir vor, wie der Junge, der vor

40 Jahren seine Heimat auf der Suche nach einer besseren Zukunft verlassen hat.

Nach 22 Uhr verlassen wir das Haus. Es ist die Zeit der Griechen. Generationen übergreifend macht man sich jetzt auf, entweder etwas zu essen, oder etwas zu trinken, aber auf jeden Fall, um ein wenig durch die Straßen und über die Plätze zu spazieren. Chalkida bildet da keine Ausnahme, im Gegenteil. Ich habe den Eindruck, dass in der 60.000 Einwohner zählenden Inselhauptstadt alles noch ein bisschen bewegter ist, als im restlichen Land.

Georgios' allabendliche »volta – der Spaziergang« beginnt an seinem Elternhaus, in der Nähe der Agios Dimitrios Kirche im Stadtzentrum. Als wir an der Promenade ankommen, sind die Cafés und Tavernen bereits gut gefüllt. Wir spazieren zum Roten Haus, eine der Sehenswürdigkeiten der Stadt, direkt am Meer. In der sommerlichen Nacht bietet sich uns von der Fußgängerpromenade, neben der Tziardini-Straße, ein sagenhafter Ausblick auf dieses knallrot gestrichene, neoklassizistische Gebäude. Der Ausblick lädt zum Verweilen ein. Entsprechend voll ist es am Geländer der Promenade. Die Küste fällt hier steil einige Meter ab. Touristen, Einheimische und jung Verliebte nutzen die romantische Atmosphäre jeweils in ihrem Sinne. Bei Temperaturen von immer noch um die 30 Grad schlendern wir in entgegengesetzter Richtung zurück. Wir passieren dabei eine lange Baumreihe, die den am Meer liegenden Fußweg zur Tziardini-Straße abgrenzt. Georgios zeigt auf die immergrünen Gewächse: »Das ist unsere Oleander-Allee.«

An den knorrigen dicken Ästen geht es entlang weiter in Richtung des Ortskerns. Es ist inzwischen nach 23 Uhr und Chalkida erwacht zusehends. Als wir an Georgios' Stammcafé ankommen, ist kein Platz zu bekommen. Wir schlendern daher zunächst weiter bis zur Evripos-Brücke. Zu der Brücke der Stadt und sogar ganz Euböas! Ihren Namen hat die Brücke von dem bekannten antiken Wort Evripos übernommen. Es lässt sich mit »häufige Überquerung« übersetzen. Das Bauwerk verbindet das vom Meer zweigeteilte Chalkida.

Die Hauptstadt Euböas liegt zu einem Drittel auf dem Festland und zu zwei Dritteln auf der Insel. Getrennt ist sie nur von der schmalsten Meerenge der Welt. Diese macht Euböa zur Insel, Chalkida zweigeteilt, und sie produziert zudem ein sagenhaftes Phänomen, was von hier besonders gut zu beobachten ist. Die Evripos-Brücke hatte ursprünglich sowohl auf der Festland- als auch auf der Inselseite jeweils zwei wuchtige Brückentürme. Heute sind diese nur noch auf den in Chalkida zahlreich zu findenden alten Fotos und Bildbänden über die Stadt zu bewundern. Vielleicht hat die Beseitigung der Türme aber auch ein kleines bisschen dazu beigetragen, dass die andere große Sehenswürdigkeit der Stadt noch mehr beachtet wird: das »Paliria-Phänomen«. Die Besucher Chalkidas starren heute nämlich noch unabgelenkter fasziniert ins Meer hinab, wie unzählige Wissenschaftler, Philosophen und Andere schon Jahrhunderte zuvor. Hier auf der Brücke stehend deutet Georgios hinab:

»Da, schau dir diese Strömung an. Wie bei uns zu Hause am Rhein.« Verdutzt stelle ich fest, dass er Recht hat. Das so friedliche Mittelmeer strömt unter der Brücke hindurch, als wolle es den vielen ortsansässigen Kanufahrern ein Wildwasserspektakel bieten. Schaumkronen auf der Ägäis. Und das bei Windstille.

»Hier ist Aristoteles ums Leben gekommen«, berichtet Georgios weiter. Der berühmte Philosoph der Antike hatte schon vor vielen hundert Jahren Überlegungen angestellt, wieso das Meer an dieser Stelle so sehr viel bewegter ist, als an allen anderen Stellen Griechenlands. Und vor allen Dingen, wieso es manchmal regelmäßig und manchmal unregelmäßig seine Fließrichtung ändert. Mal von der nördlichen Küste Euböas nach Süden, mal anders herum. Schon nach seiner Theorie waren die Schwankungen des Wassers in Meerwasserkanälen für das Phänomen verantwortlich. Wissenschaftler haben später, um das Phänomen noch spezieller zu machen, zwei Kategorien von Strömungen bestimmt: Eine »normale Strömung«, welche ihre Richtung regelmäßig viermal innerhalb von 24 Stunden ändert und die bei abnehmendem Mond zu beobachten ist. Und eine »irreguläre Strömung«, die ihre Richtung üblicherweise zwischen fünf und zwölf Mal während einer Periode von 24 Stunden wechselt und die bei zunehmendem Mond und an nur wenigen Tagen festgestellt wird. Die irreguläre Strömung scheint darüber hinaus auch gerne mal ihren eigenen Rhythmus zu verändern. Mal bleibt die Fließrichtung für Perioden von einer halben bis vollen Stunde gleich, ein anderes Mal dauert es bis zu zwölf Stunden. Der Mond hat hieran einen gewichtigen Anteil.

An den Peripteros, den kleinen überall in Griechenland zu findenden Kiosken, und an den touristischen Verkaufsstellen des Ortes werden heute Mondtabellen und Übersichten über die Strömungsrichtung des Meeres verkauft. Die Fließgeschwindigkeit erreicht an der Meerenge, auf Höhe der Brücke, nahezu neun Meilen pro Stunde.

Aristoteles, der einige Jahre in Chalkida gelebt hatte, saß oft stundenlang auf einem Felsen am Ufer der Meerenge, um über das Paliria-Phänomen zu philosophieren. Hierbei stürzte er eines Tages, vielleicht im Anflug eines Schwindels, von seinem Felsen und ertrank in der Strömung. Am Brückenvorplatz auf der Inselseite steht heute zu seinen Ehren sein Standbild.

Noch eine Weile stehe ich mit Georgios auf der Brücke und lausche seinen Erzählungen. Eine erste Überquerung der Meerenge wurde hier angeblich zur Zeit des Peloponnesischen Krieges um circa. 400 v. Chr. errichtet. Die Brücke wurde seitdem mehrfach verändert. An Bedeutung hat sie nichts eingebüßt. Heute ist sie einer der Treffpunkte der Flaneure und lädt zu einem Spaziergang ein. Wir genießen den Anblick der vielen Lichter der Promenade, die sich in den vorbeiströmenden Wassermassen funkelnd brechen. Auf der Festlandseite, oben auf dem Hügel, thront die Karababa Festung. Sie wurde von Sultan Kara-Baba um 1680 auf den Ruinen einer alten Befestigungsanlage von 410 v. Chr. errichtet und orientalisch wirft sie ihre beleuchteten Mauern imaginär ins Wasser.

»Ist es nicht eine wundervolle Stadt?«, fragt Georgios. »Hier ist übrigens auch der berühmte Komponist Nikos Skalkottas geboren. Die Stadt hat also viele berühmte Söhne«, ergänzt er augenzwinkernd und erzählt, wie er selbst vor vielen Jahren angefangen hat, dafür zu kämpfen, dass seine Heimatstadt Chalkida mit seiner Wahlheimat Brühl eine Städtepartnerschaft einging. Immer wieder wechselnde politische Mehrheiten, entweder in Chalkida oder in Brühl, ließen es lange Zeit so aussehen, als ob sein Traum ein frommer Wunsch bleiben müsse. Doch am 4. Dezember 1999 wurde schließlich der Freundschaftsvertrag der beiden Städte unterzeichnet. Fast genau 50 Jahre nach dem Tod des Komponisten Skalkottas. Ein besonderer Tag für Georgios, der mit seinem eigens gegründeten griechischen Kulturverein so lange für Bewegung in den Beziehungen zwischen Brühl und Chalkida gekämpft hatte. Als Vorsitzender des Kulturvereins hat er maßgeblich dazu beigetragen, Kultur und Geschichte seiner Heimatstadt nach Deutschland zu tragen. Und 1998 hatte er zudem gemeinsam mit anderen den »Freundeskreis der Musik von Nikos Skalkottas e.V.« gegründet, dessen Vizevorsitzender er ebenfalls einige Zeit war. Chalkida und Brühl haben ihm einiges zu verdanken.

Mitternacht in Chalkida ist vorüber. Georgios hat Durst. Die von mir auf 50.000 geschätzten Sitzplätze in den Straßencafés der Inselhauptstadt sind fast bis auf den letzten Platz gefüllt. Im Café »Paliria« haben wir großes Glück. Ein Rentnerehepaar steht gerade auf und so erhaschen wir einen Platz in erster Reihe an der Promenade.

»Komm, wir trinken ein Bier. Die haben hier herrliches deutsches«, sagt Georgios. Er hat sich in all den Jahren im Rheinland an den Gerstensaft gewöhnt. »Stin ijá mas! – Auf unsere Gesundheit!« Wir stoßen an und Georgios lächelt zufrieden. »Eine tolle Stadt für einen abendlichen Spaziergang, findest du nicht?« Mit dieser rhetorischen Frage lassen wir den Abend im Café Paliria ausklingen.

Am nächsten Vormittag sitzen wir wieder in diesem Café.

»Ich trinke hier jeden Morgen meinen Kaffee und lese in der Zeitung«, sagt Georgios.

Heute sitzt er hier jedoch früher als üblich, denn wir warten auf seinen Rentenberater – seit Stunden. Der Fachmann wollte eigentlich früh morgens Unterlagen nach Hause bringen, doch nach zwei Stunden Wartezeit beschlossen wir, lieber im Café die restliche Zeit wartend zu verbringen. Eine gute Entscheidung.

Wir treffen Freunde von Georgios, beobachten Menschen und blicken auf das zügig dahinströmende Meer. Auf einer Bank in der Nähe sitzt ein Großvater mit seiner Enkelin und füttert Tauben.

Georgios fragt mich, ob ich das griechische Sprichwort kenne: »Ine éxipnos, piani puliá ston aera – Er ist so clever, er fängt sogar Vögel mit der Hand«. Ich kannte es nicht.

Genau in dem Moment als wir uns darüber unterhalten, macht der alte Mann auf der Bank einen blitzschnellen, katzenartigen Sprung und hält der Enkelin nur Sekunden später stolz grinsend einen Vogel unter die Nase. Er hat sich eine der zuvor gefütterten Tauben aus der Luft gegriffen. Fröhliches Lachen von allen Seiten. Der clevere Opa hat nicht nur seiner Enkelin einen großen Spaß beschert. Und die verdutzte Taube? Ihr geht es gut und sie wird nach kurzer Zeit wieder in die Freiheit entlassen. Georgios schaut ihr lange nach, wie sie mit weiten Flügelschlägen über das Meer dahinzieht und schließlich am Horizont verschwindet. Dann blickt er wieder zu dem immer noch fröhlich lachenden Mädchen. Auch Georgios ist seit kurzem Großvater und liebt seine Enkeltochter abgöttisch. Sie alle leben im Rheinland. Wahrscheinlich zögert er wegen ihr seine Rückkehr nach Euböa noch etwas hinaus. Und auch er ist hin- und hergerissen zwischen den Kulturen, wie so viele Griechen, die die Hälfte ihres Lebens im Ausland verbracht haben.

Es dauert noch weitere zwei Stunden, bis sich der Rentenberater telefonisch meldet. Einen Kaffee-Frappé und viele interessante Gespräche später sitzt er endlich neben uns. Der Rentenexperte geht natürlich davon aus, dass Georgios alle Zeit der Welt hat. Keine Eile! »sigá-sigá – langsam, langsam«. Und so bestellen wir alle zusammen einen weiteren Kaffee. Nachdem schließlich alle Formalitäten erledigt sind, brechen wir auf. Schnell geht es noch einmal zum »Zefyros« im nur wenige Kilometer entfernten Küstenort Nea Artaki. Wir gönnen uns noch ein Bad im herrlich erfrischenden, euböischen Meer mit seinen 28 Grad Wassertemperatur, dann geht es wieder in Richtung Athen. So endet ein bewegter Ausflug mit einem Bad im Meer. Dort, wo Georgios fast täglich ins Wasser steigt, wenn er auf seiner Heimatinsel ist. Sein Rentnerleben will er hier verbringen. Zumindest die meiste Zeit, denn seine Enkelkinder in Deutschland sollen auch etwas von ihm haben.

Eine gefühlte Zeitreise liegt hinter mir. Und als wir jetzt gemeinsam Chalkida über die Evripos-Brücke verlassen, glaube ich, auf einem Fels am

Ufer Aristoteles sitzen zu sehen. Oder war es doch nur ein Tourist, der über die Bewegungsfreudigkeit des Meeres und der Chalkider philosophiert? Ein Kanute passiert die Strömung und wir die Brücke. Ich muss nach Athen, Georgios und Ioanna sind mit Verwandten zu einem Ausflug auf der Peloponnes verabredet. Bei unserem Abschied empfinde nun sogar ich schon etwas Heimweh. Immer besser verstehe ich, wieso fast alle Auslandsgriechen das Ziel haben, eines Tages in die Heimat zurückzukehren.

»Und bald denkt keiner mehr daran, wie es hier war. Griechischer Wein ...«

Doch ganz viele zögern nach Jahrzehnten im Ausland. Auf Wiedersehen bewegendes Chalkida!

Georgios Mutter ist leider inzwischen verstorben. Sie hat ein fast biblisches Alter erreicht und ich bin überglücklich, dass ich sie habe kennenlernen dürfen. Ich werde sie nie vergessen. Und auch das leichte Süppchen, das sie uns bei meinem Besuch in ihrer stolzen »εσωτερική αυλή«, dem Innenhof, serviert hat, war sensationell:

›Gemüsesuppe‹
Hortósupa – Χορτόσουπα

Zutaten:
1 Tasse kleingeschnittene Zwiebeln, 1 Tasse kleingeschnittene Karotten, 1 Tasse kleingeschnittene Selleriestange, 1 Tasse kleingeschnittener Lauch, 1 Tasse kleingeschnittener Fenchel, 1 Tasse kleingeschnittene Petersilienwurzel, 1 Tasse Erbsen (frisch oder TK), ½ Tasse Olivenöl, 1 Tasse Weißwein, 6 Tassen Gemüsebrühe, 1/2 Tasse Reis, 1 TL Thymian, 5-6 Pimentkörner, 5-6 schwarze Pfefferkörner, 2-3 Lorbeerblätter, Salz, frischgemahlener schwarzer Pfeffer, ½ Tasse frische kleingehackte Kräuter (Fenchelgrün, Petersilie, Minze, Koriander, Dill etc.), 1-2 Zitronen.

Zubereitung:
In einem Topf das Olivenöl erhitzen, zuerst Zwiebeln, dann Karotten, Sellerie, Lauch, Fenchel, Petersilienwurzel und Erbsen anschwitzen. Mit dem Wein ablöschen und kurz einkochen lassen. Mit der Gemüsebrühe übergießen, Thymian, Pimentkörner, Pfefferkörner, Lorbeerblätter und Salz zufügen und einmal zum Kochen bringen. Reis zufügen und bei schwacher Hitze fertigkochen bis alles bissfest-gar ist. Kurz vor dem Servieren die frischen Kräuter untermischen und mit Pfeffer nachwürzen.

Tipp:
Eine große Suppenterrine bietet sich für dieses Gericht an! Holen Sie das Porzellan-Erbstück der Großmutter aus dem Schrank und füllen Sie es kurz vor dem Essen mit heißem Wasser. Lassen Sie es einige Minuten »warm werden«, dann schütten Sie das Wasser wieder ab und erst jetzt füllen Sie die Suppe in die Terrine. Dazu reichen Sie dicke Zitronenspalten und lassen die Gäste die Suppe nach Belieben mit Zitronensaft verfeinern. Dazu passt frisches Weißbrot, das ich mit Olivenöl beträufele und mit einigen Thymianblättchen bestreue. Diese »einfache« Gemüsesuppe präsentiert sich im Glanz einer nicht vergessenen Zeit.

»COWBOY MAKIS«
Ein Hochlandrinderfarmer auf Wildpferdfang

Seit einigen Kilometern ist die bulgarische Hauptstadt Sofia ausgeschildert. Bis zur Grenze sind es noch knapp 50 Kilometer, bis zu meinem Ziel Sidirokastro nur noch etwa 30. Dennoch beschließe ich, noch einen kurzen Stopp zu machen, um mir einen Kaffee zu kaufen. Auf der Landstraße, kurz hinter der Kreisstadt Serres, lenke ich den Wagen auf den leeren Parkplatz eines hoffentlich geöffneten Ladens. Als ich mich umschauend in Richtung Eingang begebe, ruft mir der Wirt aus dem Garten in einem eigenartigen Akzent zu: »Geh ruhig rein, es ist offen!«

Ich betrete die kleine, finstere Taverne. Im düsteren Schummerlicht ist keine Menschenseele zu sehen. Von irgendwoher tönt leise Balkanmusik in den Gastraum. »Hallo? Ist jemand da?«, rufe ich in die seltsame Leere. Eine leicht verärgert dreinschauende Frau kommt aus der Küche und der Wirt betritt zeitgleich den Gastraum aus dem Garten kommend. Er hält eine Astschere in den Händen. Die zwei scheinen irritiert, mich hier zu sehen. Offenbar verirrt sich Mitte November selten ein Ausländer hierher. Aber sehr freundlich bereiten die zwei mir dann im Duett einen Kaffee, während ich kurz auf der Toilette verschwinde.

Sehr sauber, der gekachelte Waschraum. Griechische Toiletten habe ich inzwischen viele gesehen. In Gaststätten sind sie überdurchschnittlich häufig dreckig bis ekelig. Aber hier glänzt es. Balkan-griechisch vielleicht, frage ich mich gerade, als der Chlorgeruch der noch feuchten Bodenfliesen – nach dem offenbar erst vor kurzem erfolgten Wischen – besitzergreifend in meine Nase steigt. Luft anhalten, ganz schnell die Hose hoch, und schon bin ich wieder im Gastraum, beim frisch duftenden Kaffee, den ich aber doch lieber ins Auto mitnehme.

Freundliche Leute, nette Taverne, denke ich noch, dann fahre ich weiter. Nur einen Augenblick später und ganz plötzlich geht mir etwas völlig anderes durch den Kopf: Was zum Teufel ist das? Ein böses Gift scheint jeden Winkel meines Hirns zerstören zu wollen. Die Geschmacksnerven sind bereits hin, der Kaffee schmeckt vergiftet. Alles schmeckt nach ... Chlor!

Ich reiße die Fenster auf. Die Luft schmeckt nach Chlor. So etwas habe ich noch nie zuvor erlebt. All das Luftanhalten hat scheinbar nichts gebracht. Die Ausdünstungen des Putzmittels haben sich offensichtlich in jede Pore meines Körpers eingeschlichen. Noch Stunden später, bereits bei Kostas und seiner Frau Elpida in Sidirokastro angekommen, schmecke ich den giftigen Atem der Bodenfliesen der Balkantavernentoilette. Ja, ich nähere mich der Wildnis. Das sind meine Gedanken, als glücklicherweise meine Hirnzellen wieder zu arbeiten beginnen. Dass die Griechen so gerne mit Chlorix und Co. putzen, wusste ich. Aber die in der »Balkantaverne« verwendete Menge dieses scharfen Putzmittels war wohl doch alle Grenzwerte übersteigend und wirkt noch lange nach.

Kostas und Elpida wohnen in einem Vorort von Sidirokastro, einer kleinen, pittoresken Stadt, rund 20 Kilometer von der bulgarischen Grenze und etwa 80 Kilometer von Thessaloniki entfernt. Der Vorort, in dem das unendlich liebenswürdige Rentnerehepaar lebt, heißt Kato Ampelia, also »Untere Weinberge«. Das Dorf liegt am Fuße der Berge, die bis zur Landesgrenze auf fast 2.000 Meter Höhe ansteigen. Irgendwo dort oben lebt also Rinderzüchter Makis. Kostas' Neffe. Er will mir morgen seine Hochlandfarm zeigen.

Von der Terrasse meiner Gastgeber blicke ich im Sonnenuntergang auf die weite, bergige Landschaft. Nichts außer Hügeln, Bergen, Obstbäumen und Ruhe. Herrliche Ruhe. Unendliche Ruhe. Eine tolle Gegend für einen erholsamen Urlaub. Aber ob ich es hier immer aushalten könnte? Eher unwahrscheinlich. Ich kann es kaum erwarten, etwas mehr über den Einsiedler Makis zu erfahren, der oben in den einsamen Bergen wohnt und arbeitet.

Am Abend schlendere ich mit Kostas und Elpida durch den Ort mit weniger als 200 Einwohnern. Elpida stammt aus Thessaloniki, Kostas ist etwas oberhalb von Kato Ampelia, in Ano Ampelia, also »Obere Weinberge«, geboren. Das Dorf von Kostas' Eltern ist im Zweiten Weltkrieg zerstört und nicht wieder aufgebaut worden. Nach Kriegsende wurde Kato Ampelia am Fuße der Berge die neue Heimat der Dorfbewohner, und viele Jahrzehnte später fühlt sich auch Kostas' Frau hier heimisch. Makis ist vor vielen Jahren weggezogen. Doch das Leben in der Großstadt hatte er eines Tages satt und wagte den Schritt zurück in die Heimat. Allerdings noch höher hinaus als nur in die »oberen Weinberge«.

Auf der Dorfstraße von Kato Ampelia ist an diesem kühlen Abend wenig los. Keine Menschenseele begegnet uns auf dem kurzen Weg zur Taverne Kosmidis. Makis' Bruder Savvas hat vor kurzem seine Gaststätte hier eröffnet. Ansonsten gibt es hier in Kato Ampelia nichts, und Sidirokastro ist immerhin gut zwei Kilometer entfernt. Die Dorfbewohner freut es, dass es endlich wieder eine Taverne gibt. Elpida meint, ich solle mich gut stärken für meinen geplanten Spaziergang am nächsten Tag und kräftig zuschlagen. »Sie kochen hier fantastisch«, pflichtet ihr Kostas bei. Seinem kleinen Bauchansatz sieht man an, dass er gerne hier isst.

Neben diversen Vorspeisen – es wandern verschiedene Käsesorten, Salate, Rote Beete, Pilze, Brokkoli und einiges mehr auf den Tisch – bestellt Kostas ein gegrilltes Rindersteak. In Vorbereitung auf meinen morgigen Spaziergang mit Makis will ich auch so eins, aber Savvas' Frau Friederiki rät mir zur frischen Spezialität des Tages: »Wir haben heute gegrillten Schweinehals vom Spieß, das solltest du probieren, es ist ganz ausgezeichnet geworden«, sagt die freundliche Frau des Kochs, die auch serviert.

Wenn man die Griechen kennt, bei denen man isst, sollte man ein solches Angebot nicht ausschlagen. Ich bestelle also die Leckerei vom Drehspieß. Ein Hochgenuss, der sich kurz darauf meinem Gaumen bietet. Wir essen fantastisch gut und sind schon fast dem Platzen nahe, als die Tür kraftvoll aufschwingt. Mit leicht gespreizten Beinen Makis im Türrahmen. Er kommt nur selten ins Dorf, aber Kostas hatte ihn angerufen, um ihm zu sagen, dass wir in der Taverne seines Bruders etwas essen würden. Ich bin mit Makis zwar erst am nächsten Morgen zum Spaziergang verabredet, so jedoch lerne ich ihn schon heute Abend kennen. Er scheint sich über die spontane Ablenkung zu freuen. In seinem olivgrünen Armee-Tarnanzug macht er einen imposanten Eindruck. Er sieht sich kurz um, und kommt dann fröhlich lächelnd zu uns an den Tisch. Der 50-Jährige wirkt trotz seiner grauen Haare jünger und strahlt eine kraftvolle Energie aus. Freundlich und selbstsicher. Er steht mit beiden Beinen im Leben. Und in staubigen Armeestiefeln vor uns.

Makis ist nicht hungrig. Unser Angebot, von unseren Tellern mitzuessen, lehnt er dankend ab. Kostas und ich haben Rotwein zu unserem vorzüglichen Fleisch gewählt. Wir bieten ihm auch davon etwas an, aber er winkt ab. »Ich trinke Mineralwasser. Kein Alkohol. Wasser reicht mir«, sagt er freundlich und wir stoßen an.

Wir reden viel und es wird ein gemütliches erstes Zusammentreffen mit »Cowboy Makis«, wie man ihn mir scherzeshalber beschrieben hatte. Eben ein »Kuh-Junge«. Makis' Nichte Dimitra, die ebenfalls in der Taverne herumtollt, zieht ihm plötzlich am Ärmel: »Onkel, hast du noch das Pferdchen?«

Kostas, Elpida, ich und die wenigen anderen Bekannten im Gastraum werden hellhörig: Was denn für ein Pferd?

»Ja wisst ihr das denn nicht?«, fragt Friederiki und ergänzt: »Makis hat oben in den Bergen ein Wildpferd gefangen!«

Der Cowboy schaut von Dimitra auf:

»Ja. Ein ganz schneeweißes Fohlen. Ich habe die Herde Wildpferde vor kurzem entdeckt und das schönste Fohlen habe ich gefangen. Mit dem Lasso!«, sagt Makis.

Er klingt stolz, aber sympathisch zurückhaltend. Das Fohlen möchte ich unbedingt am nächsten Tag sehen. Sollte mein Rinderzüchter tatsächlich auch ein echter Pferdefänger sein?

Ich hatte gelesen, dass es auf der Insel Kefalonia einige Wildpferde gibt, und dass das Axios-Delta südlich von Thessaloniki berühmt für seine wilden Pferde sei, von denen es dort mehrere Dutzend geben soll. Aber von Wildpferden in der Gegend um Sidirokastro hatte scheinbar auch von den Dorfbewohnern bislang niemand etwas gehört.

Makis fragt mich, ob es mir hier, in seiner Heimat, gefällt.

»Sogar besser als in Deutschland!«

Makis lacht und erwidert: »Ach, die Leute hier sind falsch und neidisch. Sie gönnen dem anderen nichts. Am besten ist, man geht in die Berge und lässt die Menschen hinter sich.«

Dann steht Makis auf. Es ist Zeit zu gehen. Lange hält er es nicht unter Menschen aus. Auch Kostas, Elpida und ich verlassen die Taverne; viel zu früh für griechische Verhältnisse. Aber ich will mich heute richtig ausschlafen, um morgen früh fit zu sein. Makis will mich dann bei seinem Onkel abholen. Für heute verabschieden wir uns vor der Taverne. »Cowboy Makis« steigt in seinen alten Jeep, und langsam verliert sich das Scheinwerferlicht auf seiner Fahrt in die einsamen Berge. Unendliche Weiten. In diesem Moment muss ich an den Schlachtruf der griechischen Freiheitskämpfer denken, die um das Jahr 1821 gegen die Türken stritten. Ihr pathetisches Motto: »Eleftería i Thánatos« – Freiheit oder Tod!

Kostas und Elpida genießen ihr freies Rentnerleben lieber unten in Kato Ampelia. Die beschauliche Siedlung gefällt mir. Wir spazieren die Dorfstraße entlang bis zu ihrem Ende. Dort, wo die asphaltierte Straße in einen Schotterpfad übergeht, steht das Haus meiner liebenswürdigen Gastgeber. Die Abende Mitte November sind hier im Norden Griechenlands bereits recht kühl, und so setzen wir uns noch kurz vor den offenen Kamin, um uns aufzuwärmen. Der Mond erleuchtet die weite Landschaft um Sidirokastro und die Sterne funkeln hell am klaren Himmel über den Bergen. Irgendwo dort oben ist Makis nun allein mit seinen Rindern. In Vorfreude auf den nächsten Tag gehe ich ins Bett. Die frische, klare Bergluft lässt mich so gut schlafen wie lange nicht mehr.

Am nächsten Morgen sitze ich gut erholt mit Kostas und Elpida am Frühstückstisch. Ich koste noch begeistert von allerlei selbstgemachten Marmeladen aus leckeren Gartenfrüchten, da klingelt auch schon Makis an der Tür. Er ist überpünktlich. Obwohl wir vom Esstisch aus versucht haben, die Berge und die einzige abwärts führende Straße zu beobachten, war uns sein staubiger Jeep nicht aufgefallen. Zu neblig zeigt sich der Morgen.

»Wir haben hier häufig Nebel um diese Jahreszeit«, sagt Kostas. »Aber später kommt sicher die Sonne raus. Ihr werdet bestimmt viel Spaß oben in den Bergen haben. Ich wäre gerne mit euch gekommen, aber ich muss heute unbedingt die Olivenbäume im Garten abernten. Wir haben morgen einen Termin in der Ölpresse.«

Wir steigen also nur zu zweit in den Jeep, um uns auf den Weg zur Rinderfarm von Makis Kosmidis zu machen. Die ersten hundert Meter der halbwegs befestigten Schotterpiste sind noch gut befahrbar, aber das ändert sich schon bald. Der Geländewagen holpert und springt im weiteren Verlauf wie eine Bergziege den Hang hinauf. Während wir kräftig durchgeschüttelt werden, erzählt Makis von seinem Schritt in die Einsamkeit der Berge: »Weißt du, Griechenland ist nicht nur das schöne Sonnenland mit Inseln, Urlaub und Meer. Im Alltag ist vieles nicht ganz einfach. Da ärgern sich die Leute oft. Über die Politik zum Beispiel, oder über die schreckliche Verwaltung. Da passieren immer wieder die unglaublichsten Dinge. Das nervt.« Und nach einer kurzen Pause ergänzt er: »Ja, es war richtig in die Berge zu gehen, sonst hätte ich eines Tages wahrscheinlich jemanden von denen umgebracht.«

Makis blickt gedankenverloren und glücklich durch die staubigen Scheiben des Jeeps. Er hat Letzteres zwar nicht vollkommen ernst gemeint, aber man merkt ihm deutlich an, dass er sich hier oben, abseits der Zivilisation, pudelwohl fühlt. Während der halbstündigen Fahrt zur Rinderfarm bestaune ich die Landschaft. Eine absolut einsame und wunderschöne Natur. So weit das Auge reicht.

Makis sagt plötzlich: »Seit ich hier oben lebe, habe ich keinen Stress mehr verspürt und keinen Streit erlebt. Ich bin mit mir und der Welt im Reinen«.

Absolute Ausgeglichenheit. Ich fühle mich wohl in Makis' Gesellschaft. Er versprüht Kraft, Lebensfreude und eine einzigartige Entspanntheit. Freiheit oder Tod!

Kurz darauf erblicken wir die Rinderfarm. Ein großes Wellblechdach, ein Riesenhaufen Strohballen, ordentlich sortiert, ein Trecker, ein Minibagger, eine kleine Wohnhütte, ein Schuppen und ein Wohnwagen. Hier also, auf etwa 400 Höhenmetern, lebt »Cowboy Makis«.

Der Jeep hält neben einem alten, zum Ausschlachten vorgesehenen und bereits halb zerlegten Mercedes.

»So, da sind wir. Bereit zum Spaziergang!«, sagt Makis. »Du musst mir nur sagen, was du sehen willst und was ich machen soll. Und eines sag ich dir gleich: Die Worte ›Geht nicht!‹ kenne ich nicht! Also, was soll ich tun?«

»Zeig mir zuerst das Wildpferdfohlen!«, sage ich und stehe kurz darauf an einem Gatter, an dem ein scheues, junges Pferd angebunden ist.

Tatsächlich, da ist es. Das Wildpferd, von dem die kleine Dimitra gestern Abend so freudig erzählt hatte. Es ist zwar noch scheu, aber Makis versichert, dass es in den letzten Tagen schon viel zahmer geworden sei. Er kümmert sich liebevoll um das kleine Wildpferd. Genauso, wie er es auch mit seinen Rindern macht. Direkt neben dem Fohlengehege erstreckt sich eine große Weide, auf der sich eine stattliche Anzahl Rinder tummelt. Gezählt hat Makis sie lange nicht mehr, aber es sollen etwa 200 sein. Kräftige Prachtburschen stehen verteilt auf den Weiden der Hochebene und genießen ihr gutes Futter, die Ruhe und die frische Luft der Berge. Es ist eine spezielle griechische Rasse, die besonders gut für die Zucht in Bergregionen geeignet ist.

»Komm, wir spazieren über die Weide!«, sagt Makis und öffnet das schwere Metallgatter.

Umringt von mehreren starken Rindern stehe ich wenig später genau dort, wo die Rinder sonst grasen. Mir ist ein wenig mulmig zumute.

Beschützt von Makis, bahne ich mir einen Weg durch die mich neugierig anstarrenden Rinderaugenpaare. Riesige Nüstern, aus denen heißer Bullenatem dampfend austritt. Einen Fremden haben sie hier wohl noch nie gesehen. Eigentlich ein Spießrutenlauf zwischen den zahlreichen, starken Hörnerpaaren hindurch, aber die Tierchen sind zahm und scheinen ebenso ausgeglichen zu sein wie Makis selbst. Schnell habe ich mich an das liebe Vieh gewöhnt, und während wir zum abgelegenen Ende der Weide schlendern, streichele ich hier eine Stirn, dort einen Nacken und prüfe außerdem die Hörner des einen oder anderen kräftigen Bullen.

»Da, schau dir das an!«, sagt Makis, als wir einmal quer über die Wiese spaziert sind und bei einem winzigen Kälbchen ankommen. »Das hier ist erst vor wenigen Tagen geboren. Mein Nesthäkchen«, sagt er, und blickt verträumt über das weite grüne Tal im Hintergrund der Weide. Die Aussicht hier oben ist ebenso beeindruckend, wie die fürsorgliche Hingabe mit der sich Makis um seine Tiere kümmert. Wir blicken auf eine Rinderherde und auf die Dächer von Sidirokastro und Kato Ampelia, die im weichenden Frühnebel der Sonne eine passende Reflexionsfläche bieten.

»Und dort drüben war einst Ano Ampelia. Das Heimatdorf von Kostas' und meinen Eltern. Die sind noch hier geboren worden«, sagt Makis und deutet auf eine nahegelegene Hochebene.

Nach der Zerstörung Ano Ampelias im Zweiten Weltkrieg wurde es nicht wieder aufgebaut. Heute ist Makis fast der Einzige weit und breit, der die üppig vorhandene Landschaft bewirtschaftet. Während wir wieder zur Farm zurücklaufen, erzählt er, dass er expandieren möchte. Eine Farm mit 500 Rindern schwebt ihm vor. Weit mehr als das Doppelte des bisherigen Viehbestandes. Die nötige Kraft hat Makis.

Ganz plötzlich sitzt der Cowboy auf einem Pferd ohne Sattel, und das Tier baut sich imposant vor mir auf. Wieselflink hat sich Makis hinter mir auf den Rücken des Tieres geschwungen. Von dort oben ruft er mir zu: »Das ist mein treuer Begleiter hier unten. Wenn ich allerdings oben in den Bergen unterwegs bin, dann nehme ich das andere Pferd, das dort drüben. Das ist geländegängiger.« Er deutet auf ein kleines, kompakteres Exemplar, das etwas abseits zufrieden auf der Weide steht und Gras kaut.

Ich frage Makis, ob er tatsächlich alles alleine bewirtschafte. Alleine mit seinen Pferden?

»Natürlich. Ich zeige dir auch gleich noch den Futtervorrat, meinen Trecker und den Bobcat. Damit erledige ich meine komplette Arbeit«, sagt Makis und deutet zum Weitergehen.

Seit Anfang 1999 ist er bereits mit seinen Tieren auf dem Berg. Im Sommer treibt er das Vieh auf die saftigen Wiesen der Gipfel und im Winter bleiben sie gemeinsam hier unten auf dem weitläufigen Gelände rund um die Farm.

»Als ich damals hier anfing, hatte ich noch regelmäßig zwei, drei bulgarische Helfer auf dem Hof. Doch später habe ich mir meinen Trecker und die anderen Maschinen angeschafft. Seitdem geht's besser. Die Menschen sind doch Faulpelze. Das Beste ist, man verlässt sich nicht auf Andere, sondern macht alles selbst.«

Makis geht zielstrebig weiter. Er will mir jetzt zeigen, wie man Rinder füttert. Etwas abseits des Hofes hat er in einer kleinen Mulde eine Miete mit Winterfutter errichtet. Hier treffen wir drei seiner besonders zahmen Rinder, die sich auch außerhalb der Weide frei bewegen dürfen. Makis steigt in seinen Trecker und kuppelt einen Futterhänger an, der mit einem integrierten Rührwerk ausgestattet ist. Dann steigt er in seinen Minibagger, mit dem er einige Strohballen auf den Anhänger stapelt und einige Schaufeln des Makis'schen Bio-Mieten-Rinderfutters nachlegt. Das Rührwerk vermischt nun zunächst alles ordentlich, bevor Makis an einer blechernen Futterrinne entlangfährt. Über ein kleines Förderband am Hänger wird das lecker vermengte Essen auf die Rinne befördert. Fertig. Die Rinder laben sich an ihrem zweiten Frühstück. Einfach die Fütterung! Das Ganze dauert nicht länger als eine halbe Stunde, dann sind die 200 Rinder fürs erste versorgt.

»Komm!«, ruft mir Makis vom Trecker aus zu. »Wir machen uns erstmal einen Kaffee.«

Durch die von der Sonne gut erwärmte Hoflandschaft schlendern wir zum »Bauernhaus«. Die Wohnung entspricht zwar nicht dem, was man sich landläufig unter einem Gehöft vorstellt, dafür aber hat die circa 20 Quadratmeter große Hütte eine riesige Sonnenterrasse. Auch drinnen findet sich alles, was man hier so braucht: Tisch, Bett, Stuhl, Küchenzeile, Kühlschrank und ein Fernseher. Außerdem jede Menge Bücher und Zeitschriften. Einen elektrischen Frappémixer hat Makis hingegen nicht. Er schüttelt uns in seiner Küche mit einem Mixbecher per Hand zwei leckere Eiskaffees. Mit diesen genießen wir anschließend die warme Vormittagssonne auf der großen Terrasse. Neben der Eingangstür steht ein Plastiktisch. Auf ihm liegt ein abgegriffenes Buch: »Rinderzucht für Anfänger«. So oder so ähnlich würde ich den Titel übersetzen. Aus diesem und aus vielen anderen Büchern hat Autodidakt Makis sein Rinderzüchterwissen. Mit ein bisschen Interesse und Liebe zu den Tieren, ist er sich sicher, kann sich jeder die grundlegenden Regeln erarbeiten. Wenn man denn will. Denn das Leben auf dem Bauernhof ist auch hier nicht immer eitel Sonnenschein. Der sympathische Single Makis weiß davon ein Lied zu singen. Eine Frau zum Beispiel hätte er eigentlich auch ganz gerne, aber eine zu finden, die sich für Landwirtschaft interessiert, ist nicht ganz einfach. Auch, oder gerade in Griechenland nicht.

»Frauen gibt's genug hier, besonders Bulgarinnen«, erzählt Makis, während wir auf sein am Terrassengeländer angelehntes Cross-Motorrad schauen. »Allerdings hält es keine länger als ein oder zwei Nächte hier oben aus.«

Makis hat sich entschieden. Für ein Leben ohne Stress und Hektik, mit all den Nachteilen, die ein solches Leben mit sich bringt. Er denkt positiv. Genießt die schönen Seiten des Lebens. Über dem Terrassengeländer hängt ein Sattel. Makis liebt es, entspannt durch die weiten Berge zu reiten und die Freiheit zu spüren. Aber wozu dann das Motorrad?

»Man will ja auch mal ein bisschen Spaß haben, wenn es schon keine Frauen hier oben gibt«, sagt Makis mit einem lieben Lausebengelgrinsen.

Er ist jung geblieben. Hier in den Bergen kann er tun und lassen, was er will. Einfach so. Niemand stört.

»Ich mache das, wozu ich gerade Lust habe«, sagt er. Er habe auch schon einmal bei -15 Grad im Schlafsack ganz oben auf dem Berggipfel geschlafen. Einfach nur so, weil es ihm gerade in den Sinn kam.

»Komm mit, wir gehen auf den Berg. Ich will dir was zeigen«, sagt Makis und läuft zum Jeep.

Mir beginnt es in der Einsamkeit zu gefallen. Ich frage ihn noch, woher er eigentlich Strom und Wasser bezieht.

»Guck! Ich habe dort oben eine Photovoltaikanlage auf dem Dach. Die reicht aus, um immer genügend Strom zu haben. Und wenn ich mal etwas mehr brauche, habe ich für meine Maschinen und Werkzeuge noch ein Stromaggregat im Schuppen. Wasser hole ich mir mit dem Trecker.«

Makis sitzt inzwischen im Jeep. Er will mir oben auf den Bergen die Sommerweiden seiner Rinder zeigen.

Der Weg hinauf ist holprig. Die Aussicht wird, je höher wir kommen, immer faszinierender. Unten im Tal sind noch die letzten Mauern des im Krieg zerbombten Ano Ampelias zu erkennen. Brachliegende Viehtränken, die von Gebirgsbächen und -quellen gespeist werden, Ruinen ehemaliger Schafs- und Ziegenställe und verfallene Weidezäune zeugen von einer Zeit, in der es hier noch weit mehr Bewohner gab. Wir parken den

Jeep auf einer Hochebene. Hier schlängeln sich klare Gebirgsbäche durch saftig grüne Wiesen, vorbei an zerklüfteten Felsspalten. In dieses Idyll bringt Makis in den Sommermonaten also seine Rinder. Dann grasen sie hier und der Cowboy zieht seinen alten, kleinen Wohnwagen mit dem Trecker den Berg hinauf. Makis verbringt dann mit seiner Viehherde die Tage hier oben. Zwei oder drei Monate lang genügt das natürliche Futter, dann geht es wieder den Berg hinab zur Farm. Während dieser Zeit ist die Entspannung total. Auch in den restlichen Monaten des Jahres kommt Makis hier hinauf. Immer dann, wenn er Ruhe sucht. Wenn er Kopfschmerzen hat, legt er sich hier für ein Stündchen auf die Wiese und schläft. Danach ist alles gut. Schmerzmittel und Tabletten braucht er nicht. Makis sagt: »Hier sitzen, ein bisschen Brot und Oliven dabei, mehr braucht es nicht, um glücklich zu sein.«

Makis ist allerdings doch nicht ganz für sich allein. Am Horizont grast eine Schafherde. Nur wenige Schäfer treiben immer noch ihre Herden über die weiten Bergwiesen. Und Makis' »Nachbar« hat einige Kilometer entfernt eine Wildschweinzucht. Doch auch mit ihm bleibt die Bevölkerungsdichte nahe derjenigen der Sahara. Der Vorteil der hiesigen Bergwelt ist jedoch, dass man relativ schnell ins beschauliche Städtchen Sidirokastro oder in die Kreisstadt Serres gelangt. Von dort, und aus den umliegenden Städten und Dörfern, kommen umgekehrt regelmäßig Hobbyjäger hier herauf. Makis zeigt mir während unseres Spaziergangs die Holzhütte des Jagdvereins. Die einzige Straße hinauf auf die bewaldeten Berghänge führt an ihr vorüber. Registrierte Jäger können in der Gegend an drei Tagen in der Woche jagen und müssen dann auf dem Rückweg hier eine Abschussprämie entrichten. Die Hauptjagdbeute: Wildschweine und Steinböcke.

»Wildschweine gibt es hier sehr viele«, sagt Makis. »Dort drüben im Flusstal trinken sie oft. Ich habe früher auch mal welche gezüchtet, aber die Wildschweinzucht macht viel Arbeit. Meine Rinder sind mir da lieber.« Wir umrunden die Jagdhütte, genießen die warmen Sonnenstrahlen und lassen die Blicke in die Landschaft streifen. Am Horizont ist wieder die Schafherde zu sehen, als Makis ergänzt: »Ach ja, und dann gibts hier noch Wölfe. Immer wieder werden Lämmer gerissen, die Hirten müssen höllisch aufpassen.«

Wir folgen dem Verlauf der holprigen Schotterpiste den Berg hinauf. Hier und da liegen leere Schrotpatronenhülsen auf dem Boden. Tatsächlich: Hier wird scharf geschossen. Als wir auf einem der höchsten Gipfel ankommen, holt Makis sein Fernglas aus der Tasche und blickt auf den gegenüberliegenden Gipfel.

»Da sind sie!« Makis' Augen leuchten.

Er eilt zurück zum Jeep. Ich springe auf. Die Bremsen quietschen beängstigend, als sich der Wagen abseits aller Pfade durch das Gestrüpp steil bergab seinen Weg sucht. Irgendwann erreichen wir so wieder die Schotterpiste und Makis gibt richtig Gas. Staubwolken hinter uns herziehend, jagen wir den Berg auf der anderen Seite des Tals wieder herauf. Auf der nächsten Hochebene angekommen, drosselt der Cowboy das Tempo und zeigt nach vorne: »Siehst du sie? Da hinten, hinter der Kurve zwischen den Sträuchern grasen sie.«

Jetzt entdecken auch meine ungeschulten Augen die Herde. Es sind gut und gerne 15 bis 20 Wildpferde. Als sie uns bemerken, rasen sie wild wiehernd davon. Es staubt. Die Pferde zeigen sich von ihrer besten Seite. Nur mein Freund Makis schwächelt als Cowboy. Er hat sein Lasso vergessen und so muss er sein Vorhaben, noch ein Wildpferd zu fangen, verschieben. Bereits auf dem Weg hierher hatte er mir erzählt, dass er gerne noch zwei Exemplare aus der wilden Horde hätte. Das dunkelgraue und das mit der weißen Mähne. Diese beiden waren ihm schon in den letzten Tagen aufgefallen. Zwei Prachtexemplare. Heute jedoch begnügen wir uns damit, uns zu Fuß und ohne Lasso in ihre Richtung anzuschleichen. Als die Tiere sich, nach ihrer Flucht vor dem Jeep, an einer der alten Viehtränken erfrischen, gelingt es uns sehr dicht heranzukommen. Ein einzigartiges Erlebnis, inmitten einer Horde Wildpferde zu stehen. Sie sind misstrauisch, haben aber offenbar erkannt, dass wir in guter Absicht kommen. Ich schieße – eine riesige Anzahl Fotos. Dann verabschieden wir uns von den Pferden. »Cowboy Makis« wird nicht das letzte Mal hier oben gewesen sein.

Inzwischen sind wir fast sechs Stunden in den Bergen unterwegs. Eigentlich Zeit umzukehren. Makis hatte seinem Onkel versprochen, nachmittags einen gemeinsamen Kaffee zu trinken. Doch Makis fragt mich, ob ich noch Zeit für einen letzten, kurzen Abstecher habe. Nach den eindrucksvollen Erlebnissen bin ich neugierig und so geht es hinunter ins Tal. Wir nehmen die Schotterpiste, die an seiner Farm vorbei in Richtung Kato Ampelia führt und biegen nach links in ein Seitental ab. Hinter einer Biegung stockt mir der Atem. Eine wilde Müllhalde gigantischen Ausmaßes breitet sich neben dem Weg in einer Mulde aus. Sämtliche überregionale Politiker und Bürgermeister der angrenzenden Gemeinden seien erst vor kurzem zu einem Ortstermin hier gewesen. Die Europäische Kommission drohe mit empfindlichen Strafzahlungen, wenn diese wilde Müllkippe nicht endlich beseitigt würde, erzählt mir Makis. Er ist sichtlich entsetzt über das Ausmaß der Verschmutzung. Als wir an dem halb zerfallenen Maschendrahtzaun entlang gehen, der davor schützen soll, dass hier nicht noch mehr Müll abgekippt wird, sehen wir eine ganze Reihe Menschen in zerrissener Kleidung. Sie graben tief unten mit den Händen im Müll.

»Bulgaren«, sagt Makis. »Sie sammeln Eisen und Metallteile.«

Ab dem nächsten Monatsersten soll angeblich Schluss sein mit der Müllhalde. Dann soll das Ultimatum der EU ablaufen.

Negativ beeindruckt von den Müllbergen entfernen wir uns langsam, um wieder in unberührte Natur einzutauchen.

»Die Leute sind unglaublich. Sie lernen einfach nichts dazu. Bei euch in Deutschland ist es besser«, sagt Makis und deutet, noch mehrere hundert Meter abseits der Müllhalde, auf rechts und links am Wegesrand verstreute Mülltüten, Papierbecher und Plastikkanister. »Auch bei euch gibt's Umweltsünder, aber insgesamt ist das Bewusstsein für die Natur in Deutschland ausgeprägter. Wir haben noch viel zu lernen.«

Auch noch einige Straßenbiegungen weiter zeigt sich uns ein düsteres Bild. Sträucher und Bäume hängen voll mit Plastikfetzen. Ein jämmerliches Szenario inmitten dieser nahezu unberührten und kostbaren Natur, in der uns innerhalb der letzten Stunden außer den Müll sammelnden Bulgaren nur ein Hirte über den Weg gelaufen ist.

»Der Wind bläst den Müll von der Müllhalde überall hin. Es ist schlimm!«, sagt Makis und blickt sich fast entschuldigend zu mir um: »Sollen sie den Müllhaufen wenigstens überdachen.«

Endlich wird das Landschaftsbild wieder natürlich. In einem kleinen, fichtengesäumten Tal spazieren wir an einem fast ausgetrockneten Bachlauf entlang. Nur ein winziges Rinnsal ist in dem Bachlauf zu erkennen. Eine kleine Kirche liegt vor uns. Je näher wir der Kapelle »Zur Leben spendenden Quelle« kommen, desto mehr Wasser führt der schmale Bach. Auch hier in der Abgeschiedenheit feiert die Kirche an Ostern ein großes Fest. Dann wird gegrillt und gesungen, und das kleine Tal und die winzige Kapelle sind zwei Tage lang Gastgeber für ein ausgelassenes Fest. Makis zeigt auf einen kleinen Schuppen: »Wer dann zu viel getrunken hat, kann hier schlafen. Man legt sich mit seinem Schlafsack oder einer Decke in den Schlafraum und am nächsten Morgen erwacht man in der herrlich frischen Bergluft.«

Christus' Auferstehung feiern die Griechen ausgelassen.

Als wir dem halbtrockenen Bachlauf weiter bis zur nahegelegenen Quelle folgen, wirkt Makis hingegen etwas betrübt. Etwa acht, neun Meter über unseren Köpfen erhebt sich ein Felsvorsprung. Über eine erst vor wenigen Jahren errichtete Treppe gelangen wir problemlos hinauf. In einem Hohlraum des ausgewaschenen Felsens befindet sich ein kleines Becken. Die Öffnung nach außen ist hinter einer Miniaturkapelle versteckt. Von dort fließt langsam das taufrische Quellwasser aus dem Gestein. Makis öffnet auf Kniehöhe eine kleine Metallklappe und blickt in das dunkle Innere des Felsens. An der Miniaturkapelle lehnt ein original Briki, der metallene Kaffeetopf für griechischen Mokka. An dem ohnehin langen Griff des Briki ist eine Verlängerung festgebunden, so dass wir mit dem Töpfchen weit genug hineinlangen können, um das kühle Quellwasser aus der Tiefe zu schöpfen. Wir trinken das eiskalte Wasser aus dem Kaffeetöpfchen.

»Früher hat es hier einen richtigen Wasserfall gegeben«, berichtet Makis. Doch in den letzten Jahren tröpfelt es nur noch gemächlich den

Stein herunter. Makis deutet von dem erhöhten Felsvorsprung auf ein ausgetrocknetes Flussbett: »Die Bachläufe hier waren immer voll mit Wasser. Und jetzt?« Heute reicht der Regen kaum aus, um die Bäche hin und wieder zum Leben zu erwecken. »Nicht mal jetzt im Winter fließt hier ein Bächlein. Aber wer kann leben ohne Wasser?«

Auf dem Rückweg nach Ano Ampelia treffen wir auf die Herde eines einsamen Schäfers. Seine offenbar auf die Abwehr von Wölfen spezialisierten, wild bellenden Hunde greifen unseren fahrenden Jeep an. Sie rammen ihn immer wieder aus vollem Lauf. Irre! Aber nach wenigen Kurven haben wir sie bereits abgehängt und wir sind wieder allein in der Einsamkeit der Berglandschaft. Noch in den 50er-Jahren wurden zahlreiche Viehtränken errichtet. Weite Flächen wurden damals noch landwirtschaftlich genutzt. »Heute will hier niemand mehr arbeiten«, sagt Makis.

Ihn jedoch beneiden die Leute aus dem Umland. Er hat es zu etwas gebracht. Mit der Rinderzucht hat er nicht nur für sich selbst viel Gutes getan. Auch sein Bruder Savvas profitiert von den Hochlandrindern.

»Savvas ist ein Künstler am Kochtopf. Aber auch er hat es schwer. Die Leute geben nicht mehr so viel aus und gehen seltener essen«, sagt Makis.

Vielleicht kann ich Kostas und Elpida überreden, heute Abend wieder in die Taverne Kosmidis zu gehen, überlege ich mir, als wir gerade mit dem Jeep an deren Haus ankommen. Sie sind noch dabei die letzten Oliven im Garten zu ernten. Nach einem langen Spaziergang und einem arbeitsreichen Erntetag wäre ein saftiges Rindersteak von glücklich gezüchteten und natürlich aufgewachsenen Hochlandtieren doch genau das Richtige! Und Makis ist schon wieder auf dem Weg in die Berge. Er ist froh, dass er seine Ruhe hat.

Freiheit oder Tod!

Wer nach all den Kuhgeschichten nun keine Lust mehr auf Rindfleisch hat, der findet hier Makis' leckeres »Ausweichgericht«:

›Wildschweinkeule im Römertopf‹

Agriogúruno sti gástra – Αγριογούρουνο στη γάστρα

Zutaten:

1 ganze Wildschweinkeule.

Für die Marinade: 1 Flasche süßen Rotweins (z.B. Mavrodafni aus Patras), 6-7 Wacholderbeeren, 8-10 bunte Pfefferkörner, 6-8 Pimentkörner, 4-5 Lorbeerblätter, 5-6 Gewürznelken, 1-2 Sternanis.

Für den Römertopf: 3 Zwiebeln, 2-3 Karotten, 1 Lauchstange, ½ Selleriewurzel, 1/2 Fenchelkopf, ½ Tasse Olivenöl, ¼ Tasse Sonnenblumenöl, 2 EL Butter, 1 Tasse vom Rotwein, 2 EL Honig, Salz, Schale einer Orange, 2 Lorbeerblätter, 5 Wacholderbeeren, 10 schwarze Pfefferkörner, 5 Pimentkörner, 3 Gewürznelken, 1 Sternanis, 3-4 Thymianzweige.

Vorbereitung: Römertopf über Nacht wässern.

Zubereitung:

In ein tiefes Gefäß die Keule in Wein und Gewürze einlegen und im Kühlschank oder an einem kühlen Ort 24 bis 48 Stunden marinieren lassen. Keule aus dem Sud entfernen und mit Küchenpapier gut abtrocknen.

In einen großen Bräter Olivenöl, Sonnenblumenöl und Butter erhitzen, die Keule von allen Seiten scharf anbraten und beiseite legen. Gemüse grob schneiden, im Fett kurz anschwitzen, sofort rausnehmen und in den Römertopf geben. Die Keule auf das Gemüse legen und leicht andrücken. In den Bräter nun noch die Gewürze geben, ca. 1 Minute anrösten, mit Wein ablöschen und kurz aufkochen lassen. Honig und Orangenschale zufügen. Die Gewürz-Flüssigkeit über die Keule und das Gemüse gießen. Römertopf zudecken und bei 200° C für ca. 3 Stunden fertig backen. Das Fleisch ist gar, wenn es sich leicht vom Knochen lösen lässt. Das Fleisch aus dem Römertopf herausnehmen und die Knochen entfernen. Das weiche Gemüse vorsichtig aus dem Sud entfernen und ohne die Gewürzkörner und -blätter in die Mitte des Fleisches legen. Fleisch gut zusammen drücken. Der Hohlraum, wo vorher der Knochen der Keule war, sollte komplett mit den Gemüsen ausgefüllt sein und rollenförmig den Knochen ersetzen. Jetzt den Braten mit Alufolie abdecken und im warmen, nicht mehr geheizten Ofen ruhen lassen. Vor dem Servieren die Alufolie entfernen. Anschließend das Fleisch in dicke Scheiben schneiden und auf eine warme Servierplatte legen oder gleich auf Tellern anrichten.

Tipp:
Die Griechen kennen keine Soßen. Sie servieren einen Braten meist so, wie er aus dem Ofen kommt. Dazu gibt es Kartoffeln aus dem Backofen, Gemüse oder auch nur Salat. Der Sud aus dem Römertopf wird dazu gereicht und dient so als »Soßen-Ersatz«.

ARCHÄOLOGISCHER STREIFZUG ENTLANG DER DEFFNERSTRASSE
Auf der Suche nach den Vorfahren

Freitagnachmittag, Anfang Februar in Athen: Der angesagte Sturm deutet sich langsam an, und es ist spürbar kühl, als ich am zentralen Syntagma-Platz aus der Metro an die frische Winterluft steige. Auf dem Weg nach oben komme ich an zahlreichen archäologischen Funden vorbei, die beim Bau der neuen Metrolinie entdeckt und ausgegraben wurden. Hier in den U-Bahngängen sind sie in Glasvitrinen museal ausgestellt. Eine sehr angenehme Abwechslung zu den oft kargen U-Bahnhöfen anderer Metropolen. So wie hier am Syntagma-Platz gibt es in einer Reihe weiterer Metrostationen sehenswerte Ausgrabungsfunde zu bewundern. So wird für den Athener der alltägliche Weg zur Arbeit mit der Metro auch immer ein Streifzug durch die Archäologie. Das ist sinnbildlich für Griechenland, denn die Antike ist nahezu allgegenwärtig. Die Akropolis, auf der höchsten Erhebung der Stadt errichtet, ist in Athen von fast überall aus zu erblicken, und zahlreiche Museen machen die Hauptstadt zu einem kulturellen Paradies. Wer durch die Plaka, die Altstadt, bummelt, kommt nicht umhin, an der Agora vorüber zu schlendern. Sie war das Zentrum des antiken Athener Lebens. So erleben es viele Griechen dann auch als normal, dass Archäologisches zum festen Bestandteil des Alltags gehört.

Gerne würde ich mir die in der U-Bahn ausgestellten Funde in aller Ruhe ansehen, dabei das Drumherum des Getümmels auf mich wirken lassen, das eine seltsame Symbiose eingeht: Museumsruhe gepaart mit Hektik. Aber auch ich bin in Eile und begebe mich schnurstracks nach oben auf den Syntagma-Platz. Im alltäglichen Straßenverkehrsgewirr des Stadtzentrums halte ich mir ein Taxi an, das mich zum Próto Nekrotafeio, dem Hauptfriedhof, bringt. Dieser wurde 1834 als erste Beerdigungsstätte Athens angelegt, weshalb er »Próto«, also »Erster« Friedhof genannt wurde. Und natürlich war er für den jungen Staat von besonderer Bedeutung. Hier werden noch heute die bedeutendsten Griechen und wichtige Ausländer bestattet. Eine kleine Straße in unmittelbarer Nähe ist zunächst mein Ziel, denn hier bin ich mit Jutta Stroszeck verabredet. Sie ist Archäologin und arbeitet am Deutschen Archäologischen Institut in Athen.

Die Archäologie hat in Griechenland einen hohen Stellenwert. Überall findet man Ausgrabungen, Statuen und Überreste der Jahrtausende alten, ruhmreichen Historie, die jährlich unzählige Touristen anlocken. Gerade die deutschen Archäologen sind es, die seit langer Zeit besondere Beziehungen zu Griechenland pflegen und vieles hier entdeckten. Vielleicht auch deshalb, weil ab 1833 ein bayerischer König das Land regierte, nachdem 1830 die Unabhängigkeit vollzogen worden war. Der Befreiungskampf gegen die seit Jahrhunderten bestehende Fremdherrschaft durch die osmanischen Türken wurde bei der Seeschlacht von Navarino im Oktober 1827 entschieden. Mit Unterstützung der drei Großmächte Großbritannien, Frankreich und Russland wurde die türkisch-ägyptische Flotte vernichtend geschlagen. Die drei Unterstützermächte verlangten als Gegenleistung für die zugesicherte Unabhängigkeit Griechenlands, dass der neue Staat die erbliche Monarchie einführen sollte. So fiel die Wahl schließlich auf Prinz Otto, den Sohn König Ludwigs von Bayern. Am 7. Mai 1832 unterschrieb der Vater für den damals noch minderjährigen Sohn das 2. Londoner Protokoll, das den bayerischen Prinzen zum König von Griechenland ernannte. Im Februar 1833 kam der Monarch in der ersten Hauptstadt Griechenlands – in Nafplion – an. Ein Jahr später wurde schließlich die Hauptstadt nach Athen verlegt und brauchte dringend einen Zentralfriedhof. Schon damals erkannten die Verantwortlichen, dass der neuen Hauptstadt ein deutlicher Bevölkerungszuwachs bevorstünde. In Athen lebten zu dieser Zeit gerade einmal rund 4.000 Menschen.

Im Laufe der Jahrzehnte hat sich der Próto Nekrotafeio mit Gräbern vieler berühmter Persönlichkeiten gefüllt. Der Friedhof ist für die Griechen ähnlich wichtig, wie für die Touristen die griechische Antike. Deutsche Archäologen gehörten zu den Pionieren in Griechenland, insbesondere nach der Unabhängigkeit des Staates. Im Jahr 1832 machte sich Ludwig Ross nach Griechenland auf. Er war einer der ersten Archäologen in Hellas, und ihm sind die ersten wegweisenden Ausgrabungen auf der Akropolis zu verdanken. Der weltberühmte Heinrich Schliemann kam 1868 nach Griechenland. Er entdeckte in Troja den Schatz des Priamos, in Mykene die Goldmaske des Agamemnon. Nach seinem Tod wurde eigens für ihn ein Mausoleum auf dem Próto Nekrotafeio errichtet. In die Riege der weltberühmten Archäologen reiht sich auch ein kaum bekannter Name: Michael Deffner.

Der Taxifahrer, der mich zum verabredeten Treffpunkt bringen soll, kennt die kleine Straße nicht. So steige ich am Friedhofsvorplatz aus und frage am Periptero, einem der kleinen, typischen Kioske, wie es sie in ganz Griechenland gibt, und an denen man alles Lebensnotwendige und - unnötige findet, nach dem Weg. Keine 50 Meter entfernt finde ich so das kleine, verblasste Straßenschild: »ΟΔΟΣ ΔΕΦΝΕΡ« – Deffnerstraße! Benannt nach dem deutschen Archäologen und Sprachforscher Michael Deffner. Den genauen Verwandtschaftsgrad zu meinem »Vorfahren« kenne ich nicht, aber wir entstammen beide dem bayerischen Ursprung der Familie Deffner.

Tobias Schorr, der Vulkanexperte von Methana, hatte mich auf Frau Stroszeck aufmerksam gemacht. Die Expertin für griechische Archäologie hat sich auch mit den Aktivitäten von Michael Deffner in Griechenland beschäftigt und kann mir sicher einige interessante Dinge während unseres Spaziergangs erzählen. Ich treffe sie am Ende der kurzen Deffnerstraße, von wo aus wir einen spannenden, informativen und sehr anregenden Spaziergang starten, der wahrlich Lust auf mehr Archäologisches macht. Michael Deffner hat als einer der wenigen Ausländer einen der Ehrenplätze auf dem Próto Nekrotafeio erhalten. Dorthin führt mich Frau Stroszeck. Sie zeigt über den Friedhofsvorplatz: »Hier geht's lang. Dort drüben geht es rein!«

Schräg gegenüber der Deffnerstraße befindet sich der Haupteingang. Ein beeindruckendes Portal. Frau Stroszeck verrät mir, dass auf dem Friedhof auch heute noch wichtige Staatsbegräbnisse stattfinden. Viele prominente und einflussreiche Griechen, und mit Ausnahmen gelegentlich auch Ausländer, wurden und werden hier beigesetzt. Ein eindrucksvolles Beispiel ist die wenige Tage zuvor erfolgte Bestattung des obersten griechischen Kirchenoberhaupts, des Erzbischofs von Athen und ganz Griechenland, Christodoulos. Das ehemalige Oberhaupt der griechisch-orthodoxen Kirche hat sein Grab kurz hinter dem Eingang an herausgehobener Stelle. Die unzähligen frischen Blumen zeigen, dass der Friedhof rege besucht wird. Er hat Tradition und das liegt nicht nur an seiner Geschichte, sondern auch an seiner exponierten Lage südöstlich der Akropolis. Zwischen der Iliupoleos-Straße und der Imittou-Straße erstreckt sich das grüne Areal, bis es nordöstlich fast direkt an das antike Olympiastadion angrenzt. Der Friedhof ist eine der wenigen grünen Lungen der Stadt. Im europäischen Vergleich der Metropolen besitzt Athen die wenigsten Grünflächen und die Hauptstadt wirkt ständig rastlos-hektisch auf ihre Besucher. Hier auf dem Friedhof breitet sich jedoch eine angenehme Ruhe aus, und das Grün der vielen Bäume und Sträucher und die bunten Blumen auf den Gräbern laden zum entspannten Verweilen ein.

Eine Gruppe eindrucksvoll geschmückter Kranzträger wartet auf eine weitere, vermutlich ebenfalls prominente Bestattung. Die zugehörige Trauergesellschaft sammelt sich allmählich in unserem Rücken. Wir entfernen uns pietätvoll und wenden uns dem eigentlichen Ziel unseres Rundgangs zu – dem Grab von Michael Deffner. Frau Stroszeck berichtet mir von den vielfältigen Aktivitäten des Wahlgriechens, der nicht nur Archäologe und Sprachwissenschaftler, sondern unter anderem auch Deutschlehrer des ersten griechischen Staatspräsidenten Eleftherios Venizelos war. Das war vermutlich auch ein Grund dafür, dass Michael Deffner als einer der ganz wenigen Ausländer auf dem orthodoxen Teil des Friedhofs beigesetzt wurde. Eine absolute Ausnahme. Seine Arbeit war den Griechen sicher sehr wichtig, aber gleichzeitig pflegte er eben auch gute Beziehungen zur politischen Führung des Landes. Auf seinem Grab steht erhaben ein hoher, freistehender Pfeiler – eine Grabstele. Sie ist den antiken Vorbildern nachempfunden: ganz typisch für Archäologengräber dieser Zeit. Die beigefarbene Natursteinstele trägt auf der Frontseite die Namen der Verstorbenen Deffners. Ein Familiengrab. Michael Deffners Inschrift lautet: »16. September 1848 – 15. Oktober 1934«.

Wir verlassen den orthodoxen Teil des Friedhofs und wenden uns dem Abschnitt für andere christliche Konfessionen zu. Auf diesem »nicht-orthodoxen« Teil wurden die meisten der ausländischen Berühmtheiten beigesetzt. Es ist ein besonderes Erlebnis auf einem Rundgang die Grabinschriften zu lesen und die dazugehörige, bewegende Geschichte Griechenlands zu entdecken. Vor dem Grab von Hans von Prott machen wir Halt. Der Archäologe war ein Zeitgenosse von Michael Deffner und Wilhelm Dörpfeld, von denen Letzterer sogar gemeinsam mit Heinrich Schliemann in Tiryns gegraben hatte. Hans von Prott wurde nur 34 Jahre alt. Ebenso wie meine Begleiterin Frau Stroszeck arbeitete er für das Deutsche Archäologische Institut in Athen. Und noch etwas haben bzw. hatten die beiden gemein: ihr Büro. Frau Stroszecks Dienstzimmer im Institut war zu Hans von Protts Zeiten dessen Schlafzimmer. Die Archäologin erzählt mir die grausige Geschichte ihres Zimmer-Vorbenutzers. Dieser hatte sich nämlich exakt in jenem Raum das Leben genommen. Angeblich, weil er befürchtete, dass ihn eine Erkenntnis zur griechischen Religion, die ihm, gleich einer Offenbarung, bei einem Ausflug zum Eleusinion von Sparta zuteil wurde, in den Wahnsinn treiben könnte. Um was genau es sich dabei gehandelt haben könnte, bleibt im Nebulösen. Und ob es letztendlich seine Profession oder etwas anderes war, was ihn zu diesem schrecklichen Schritt bewegt haben mochte, lassen wir mal dahingestellt. Jedoch scheint mir Griechenland ein wenig Einfluss genommen zu haben auf die Art und Weise seines Freitods. Das Land der Extreme hat keinen »normalen« Selbstmord verdient. Und so hat von Prott gleich zu zwei Pistolen gegriffen, um auf Nummer sicher zu gehen.

Nach dieser tragischen Geschichte über den Tod treten wir langsam den Rückweg über die Kieswege des Próto Nekrotafeio an. Wir plaudern über Archäologie und die Arbeit von Frau Stroszeck. Nach Einschätzung der Expertin, die inzwischen seit 14 Jahren und mit wachsender Begeisterung in Athen zu Hause ist, gehen die Griechen sehr differenziert mit der Archäologie und ihrer archäologischen Vergangenheit um. Auf der einen Seite der griechische Staat, der sich der besonderen Bedeutung der Archäologie für das gesamte Land und seiner Kultur bewusst ist. Auf der anderen Seite eine breite Mehrheit in der Bevölkerung, die sich zum Teil bewusst mit der historischen Vergangenheit identifiziert. Daneben gibt es aber leider auch solche Personen, die sich durch die gerade in Athen allgegenwärtige Archäologie in ihrer persönlichen Freiheit eingeschränkt fühlen. So wird beispielsweise in der Baubranche immer wieder Kritik daran geübt, dass man, da eigentlich überall irgendetwas Antikes im Boden versteckt sei, gar nicht erst anfangen bräuchte, etwas zu bauen. Ganz so schlimm dürfte die Situation allerdings selbst aus der ehrlichen Sicht eines Baulöwen nicht sein. Die Wahrheit liegt vermutlich wie so oft in der Mitte. Mir scheint, Griechenland kann manchmal nicht mit seinem reichhaltigen archäologischen Erbe leben. Aber schon gar nicht ohne es!

Irgendwie will mir an dieser Stelle ein Satz nicht aus dem Kopf, den ein Bekannter einmal sehr selbstkritisch zu mir gesagt hatte: »Wir Griechen würden sogar die Akropolis zum Abriss freigeben, wenn man uns nur genug Schmiergeld zahlen würde.« Doch als später, während der Finanzkrise, die BILD-Zeitung titelte: »Verkauft doch eure Inseln, ihr Pleite-Griechen ... und die Akropolis gleich mit!«, war die Aufregung – zu Recht – enorm.

Das archäologische Kerngeschäft, die eigentlichen Ausgrabungen, sind in Griechenland sehr stark gesetzlich reglementiert und im Vergleich zu anderen Staaten stark limitiert. Durch Frau Stroszeck, deren Hauptausgrabungsgebiet sich im Athener Stadtzentrum im Kerameikos befindet, erfahre ich, dass die Grabungszeit für ein systematisch geplantes Projekt auf maximal sechs Wochen im Jahr begrenzt ist. Die restliche Zeit des Jahres wird daher mit der Vor- und Nachbereitung der Grabungen und mit anderen Aufgaben zugebracht. Zum Vergleich Deutschland: Hier dürfen Archäologen im Grunde genommen das ganze Jahr über unbegrenzt Ausgrabungen durchführen. Trotz der strengen Reglementierung ist das Interesse an neuen Ausgrabungen ungebremst. Die Bedeutung der Archäologie für Griechenland zeigt sich auch an der beachtlichen Zahl ausländischer archäologischer Institute im Land. 16 sind es, zuzüglich der einheimischen. Das lässt erahnen, welche Menge historischer Fundsachen noch in den Böden schlummert, über die einst Homer und Aristophanes wandelten. Vielleicht bin ich ja eines Tages live dabei, wenn Frau

Stroszeck etwas Antikes freilegt. Sie stellt mir in Aussicht, dass ich sie im Mai oder Juni auf dem Ausgrabungsfeld besuchen könnte.

»Stimmt mein Eindruck eigentlich, dass die griechischen Kinder in der Schule sehr viel mehr über die Geschichte ihres eigenen Landes erfahren, als die Kinder in Deutschland?«, frage ich Frau Stroszeck.

»Nein, eher im Gegenteil«, sagt sie.

Nach ihrer Einschätzung entwickelt sich erst in den letzten Jahren ein Umdenken an griechischen Schulen, weg vom reinen, theoretischen Auswendiglernen, hin zu pädagogisch zielführenderen Ansätzen. So werden inzwischen auch gezielter Ausgrabungen und Museen besucht, was früher nicht so sehr verbreitet gewesen sei. Aber die Bildungspolitik ist nicht nur in Griechenland ein weites Feld, für das dieser kleine Spaziergang sicher nicht ausreichend lang wäre. Ein Trauerspiel ist das staatliche Schulwesen allemal, und die Finanzkrise des Landes wird sicher nicht gerade dazu beitragen, dass sich absehbar etwas am vergleichsweise schlechten staatlichen Bildungssystem ändern wird.

Wir sind bereits auf dem Rückweg zum Ausgang des ersten Athener Friedhofs, als wir an einer kleinen Trauergesellschaft vorbeikommen. Eine Hand voll Menschen steht um einen Priester versammelt an einem Grab. Sie haben sich zu dem traditionellen Neun-Tages-Gottesdienst zusammengefunden, zum so genannten »Mnimósyno«. Nach der griechisch-orthodoxen Tradition trifft sich die Trauergemeinschaft neun Tage nach dem Tod das erste Mal wieder am Grab. Anschließend erneut nach 40 Tagen und danach zum einjährigen Todestag. Stets dabei, ein Priester. Einen solchen findet man nach den Aussagen von Frau Stroszeck hier in Griechenland immer. Natürlich müsse man Termine vereinbaren, aber es sei immer jemand sofort zur Stelle. Auch sei der Umgang der Griechen mit dem Tod im Allgemeinen anders als bei uns in Deutschland. Der Tod wird »als zum Leben dazugehörig« angesehen. Dennoch geht man alles andere als oberflächlich mit ihm um, im Gegenteil. Die Angehörigen trauern in Griechenland in aller Regel sehr extrem und aus deutscher Sicht viel exzentrischer. Da der Tod sehr viel mehr als Bestandteil des Lebens gilt, drückt sich die Trauer anders aus. Aus deutscher Sicht vielleicht lebendiger, gefühlt weniger pietätvoll.

»Man kann das auch sehen!«, sagt Frau Stroszeck. Die Trauernden beträten den Friedhof mit sehr ernstem Blick. Aber wenn sie ihn dann wieder verlassen, tun sie dies oft erleichtert, das Notwendige getan zu haben und nicht selten mit einem Lächeln auf dem Gesicht. Die sehr intensive, ehrliche Trauer drückt sich eben anders aus.

Am Ausgang des Próto Nekrotafeio angekommen, treffen wir noch einmal auf die Trauergemeinschaft, die wir während ihres Neun-Tages-Gottesdienstes gesehen hatten. Wir stehen am Exodos, wie Ausgang auf Griechisch heißt. Die vor wenigen Minuten noch betrübt trauernden Angehörigen steuern ausgelassen und gut gelaunt an uns vorüber auf diesen zu. Ein sehr anschauliches Beispiel für den Umgang der Griechen mit Trauer. Und so verlassen auch wir nach einem wunderbaren Spaziergang den geschichtsbeladenen ersten Friedhof von Athen in bester Stimmung, und ich mit der Erkenntnis, dass es sich hier wirklich lohnt, öfter mal vorbeizukommen. Ganz gewiss nicht zu Ausgrabungszwecken, aber aus vielerlei anderen Gründen. Und sei es auch nur, um in hektischen Athen-Zeiten einfach mal in besinnlicher Ruhe zu entspannen.

Einige Monate später treffe ich Frau Stroszeck wieder. Wieder in Athen. Diesmal während ihrer eigentlichen Arbeit. Doch mit Tod und Beerdigung hat ihre diesjährige, archäologische Grabung wahrlich auch zu tun. Vier Wochen lang arbeitet sie mit ihrem Team auf dem Grabungsgelände des Kerameikos. Ein Spartanergrab wird erneut freigelegt. Und ich komme so in den Genuss eines sehenswerten und höchst interessanten Spaziergangs. Denn mir ist bis dahin nicht ganz klar, was ein Spartanergrab hier zu suchen hat. Der Kerameikos war in der Antike das Zuhause des Töpferhandwerks. Ich hatte zwar bereits davon gehört, dass sich hier auch die Grabanlagen der damals führenden Athener Familien befinden, außerhalb der damaligen Stadtmauern versteht sich, aber Spartaner kann ich hier noch nicht so richtig einordnen. Ich gehe also hin, um dieses kleine Rätsel zu lüften.

Es ist noch recht früh am Morgen, als ich von der Metrostation »Thisseio« über die Ermou-Straße in Richtung des Kerameikosmuseums schlendere. In der Nacht zuvor hatte es noch ein heftiges Gewitter gegeben, nun verdampft die angenehm warme, morgendliche Junisonne die restlichen Pfützen auf den Straßen der Hauptstadt. Die ganz große Sommerhitze hat noch nicht eingesetzt und so ist es ein ausgezeichneter Tag für einen Athenbesuch. So früh am Morgen ist es sehr ruhig am Thisseio. Abends und nachts tummeln sich jedoch Touristen und Einheimische in den unzähligen Tavernen, Cafés oder Cocktailbars. Jetzt herrscht Leere. Ein Straßenkehrer, ein Busfahrer, der einsam wartend an seinem Omnibus gelehnt eine Zigarette raucht, ein, zwei Angestellte in Anzügen auf dem Weg ins Büro, das war's. Es lohnt sich also, auch mal früh morgens durch Athens archäologisches Zentrum zu bummeln, denke ich noch bei mir, als ich schon zu meiner Rechten den Kerameikos, etwas unterhalb der fast 2500 Jahre später errichteten Fußgängerzone, liegen sehe.

Die heutige Straßenführung ist einige Meter höher als zu Zeiten von Perikles und Aristophanes. Von hier oben hat man einen guten Überblick über das gesamte Areal des ordentlich umzäunten archäologisch bedeutenden Kerameikos. Menschenleer liegt er vor mir. Am Eingang zum Museum frage ich die Pförtnerin, wo ich Frau Stroszeck finden kann. Eine nette, ältere Dame weist mir den Weg zu den deutschen Grabungen: »Ganz dort hinten. Der Wellblechschuppen ist es.«

Einmal quer über das fast vollständig in der Sonne liegende Gelände geht es nun. Ohne es zu ahnen überquere ich dabei zunächst die antike Heilige Straße und kurz darauf auch die so genannte Kerameikosstraße, die Staatsgräberstraße der Athener. Das Grabungshaus der deutschen Archäologen liegt in einer der wenigen halbschattigen Ecken im Osten des Kerameikos. Ich klopfe an die Wellblechtür und es öffnet mir eine liebenswürdig lächelnde Frau mittleren Alters. Sie stellt sich mir als Elli Foto vor. So lerne ich also auch die »gute Seele« der Grabung kennen, die mir die Archäologin bereits angekündigt hatte. Auch Frau Foto weiß über mich Bescheid, denn Frau Stroszeck hatte ihr mein Kommen bereits angekündigt. So zeigt sie mir nun sofort den Weg zur Ausgrabung, wo sich die deutschen Archäologen gerade befinden. Auf einer etwa mannshohen Mauer aus antiken Steinquadern entdecke ich bereits von weitem einen griechischen Grabungshelfer. Er befördert gerade einen Eimer mit Erde, Scherben und Knochen aus der Tiefe des Grabes. Auf der Rückseite der rechteckigen Grabanlage finde ich Frau Stroszeck. Nach einer herzlichen Begrüßung stellt sie mir ihr Team vor. Die eifrigen Helfer, unter ihnen auch drei studentische Hilfskräfte aus Deutschland, sind damit beschäftigt, den Grabaushub durch feine Siebe zu schütten, um die wichtigen Bestandteile herauszufiltern. Seit sieben Uhr in der Früh wird hier gearbeitet. Frau Stroszeck hat ganz offensichtlich einen tollen Job in der frischen Morgenluft, unter freiem Himmel, mit herrlich warmer Sonne im Nacken.

Wir stehen auf der breiten, antiken Prachtstraße des Kerameikos. Auf ihr fanden feierliche Prozessionen und kultische Wettläufe statt, die von hier bis zur Akropolis den Berg hinauf führten. Der Kerameikos im antiken Sinne, d.h. die Straße, war von seinen Ausmaßen her enorm.

»Eine Breite von 40 Metern!«, sagt Frau Stroszeck. »Im Vergleich dazu waren die übrigen Landstraßen mit einer Breite von rund fünf bis acht Metern bereits rein äußerlich wesentlich unbedeutender.«

Unter den Straßen wurde – damals wie heute – das städtische Abwassernetz geführt, das teilweise noch erhalten und zur Ansicht freigelegt ist. Hier, außerhalb der früheren Stadtmauer, lag, am Rand des Kerameikos, die öffentliche Begräbnisstätte für die im Kampf gefallenen Athener. Ein antikes Staatsgrab also. 431 v. Chr. hörten hier die Athener die berühmte Grabrede des Perikles: zu Ehren und über die ersten Gefallenen des Peloponnesischen Krieges. Auch heute noch wird aus dieser Rede gerne ausschnittsweise zitiert. Sehr beliebt ist dabei die Passage, in der Perikles erklärt, dass die athenischen Kämpfer für die Demokratie gefallen seien, in der sie untereinander als Gleiche den Staat führten und nicht für irgendeinen Tyrannen, der sie, sobald Frieden herrscht, wieder unterdrückt.

Genau in diesem Areal, am südwestlichen Rand der Kerameikosstraße, befindet sich auch der Grabbau, von dessen Mauern das Archäologenteam heute die Scherben und Knochen in die Siebe schüttet. Frau Stroszeck zeigt mir zunächst an der Fassade des rechteckigen Grabbaus einen der antiken Grenzsteine, die den Kerameikos markierten.

Nach dem Ende des Peloponnesischen Krieges zwischen Athen und Sparta (404 v. Chr.) geriet Athen unter eine Tyrannenherrschaft. In der

Folge entzweite ein Bürgerkrieg die Athener, nämlich die Anhänger der Tyrannis und die Befürworter der Demokratie. Erst im September 403 v. Chr. wurde der Konflikt beigelegt und die athenische Demokratie wiederhergestellt. Das Jahr stellt einen Meilenstein in der Geschichte der Stadt und der Demokratie dar. Von besonderer Bedeutung war die Beteiligung der Spartaner an den kriegerischen Auseinandersetzungen. Sie waren auf Seiten der Tyrannen gegen die demokratischen Truppen ins Feld gezogen. Als Verbündete der Athener – wenngleich der Anhänger der Tyrannen – stand den in diesen Kämpfen gefallenen Spartanern ein Staatsbegräbnis an herausragender Stelle zu. Sie erhielten es hier auf dem Kerameikos, direkt vor dem Stadttor, an der wichtigsten Prozessionsstraße des antiken Athens. Neben den gefallenen Athener Kämpfern wurden auch dreiundzwanzig spartanische Krieger, darunter zwei Generäle (Polemarchen) und ein Olympiasieger hochoffiziell zu Grabe getragen. Sie erhielten einen separaten Grabbau, ganz in der Nähe der Gräber führender Athener Familien der damaligen Demokratie. Die dortige Beisetzung dieser herausragenden Kämpfer, unter denen sich immerhin zwei der insgesamt sechs Oberbefehlshaber des spartanischen Heeres befanden, sollte die Überlegenheit der demokratischen Kämpfer Athens unterstreichen.

Die Beteiligung eines Olympiasiegers an diesem Gruppengrab überrascht mich jedoch. Frau Stroszeck erläutert mir daraufhin, dass zur damaligen Zeit die spartanischen Olympiasieger im Kampf als eine Art Leibgarde des spartanischen Königs eingesetzt wurden. Daraus folgern die Historiker, dass der König persönlich bei den Gefechten von den Demokraten in Bedrängnis gebracht worden sein musste. Aus Sicht der siegreichen Athener Demokraten war dieses Grab daher ein Symbol für einen gleich doppelt bedeutenden Schlag: gegen die Anhänger der Tyrannen und gegen die antidemokratischen Spartaner.

Gemeinsam mit Frau Stroszeck inspiziere ich die Ausgrabung interessiert von allen Seiten. Die Archäologin macht mich allerdings darauf aufmerksam, dass es sich nicht um eine Ausgrabung im eigentlichen Sinne, sondern um eine Wiederausgrabung handelt. Schon einmal wurde das Spartanergrab freigelegt. Das war in den Jahren 1914 bis 1916. Auch damals war ein deutscher Archäologe verantwortlich: Alfred Brückner, der im Übrigen gut mit Michael Deffner befreundet war. Die heute grabenden Archäologen erhoffen sich von der Wiederausgrabung neue Erkenntnisse über den Vorgang der Bestattung und die erste Kennzeichnung der Gräber vor dem Errichten der steinernen Grabanlage. Außerdem soll die Dokumentation zu dem Monument vervollständigt werden. Bis dahin müssen sie sich jedoch durch eine große Menge Verfüllmaterial graben, mit dem nach der Erstausgrabung die Grabstätte wieder zugedeckt worden war.

Die Hitze nimmt zum späteren Vormittag hin langsam aber beständig zu. Ich relativiere meine Einschätzung über den tollen Job der Archäologen unter freiem, griechischem Himmel ein ganz kleines bisschen. Die Sonne brennt, daher bin ich froh, dass Frau Stroszeck mir noch einen kurzen Einblick in das Grabungshaus des Deutschen Archäologischen Instituts gewähren will. Dort, wo ich zu Beginn meines Besuchs an die Wellblechtür klopfte, eröffnet sich hinter eben dieser ein schattiger, kleiner Innenhof mit liebevoll arrangierten Weinreben, die von einer Pergola hinabhängen. Auch Frau Foto begegnet mir lächelnd wieder. Ringsherum stehen Ausgrabungsfunde und in einem angrenzenden schmalen Gang sind die erforderlichen Gerätschaften untergebracht, um die ausgegrabenen Artefakte sorgfältig zu reinigen und zu präparieren. Wir gehen an den vielfältigen und wunderschönen antiken Tonscherben und -gefäßen vorüber, und ich bestaune die filigrane Technik der Handwerker des antiken Kerameikos.

Frau Stroszeck reißt mich aus diesen Gedanken: »Hier im Innenhof essen wir dann bald alle gemeinsam zu Mittag!« Dann, so scheint mir, geht ein anstrengender Ausgrabungstag in der letztlich doch prallen Athener Sommersonne zu Ende. Doch die Archäologin schränkt meinen Gedanken ein: »Am Nachmittag arbeitet mein Team dann weiter.«

Immerhin bis ca. 18:00 Uhr. Also doch nicht der locker leichte Job unter freiem Himmel, dafür allerdings hoch spannend. Für die griechische Geschichte und das aktuelle Leben ist die Archäologie fester Bestandteil und nicht wegzudenken. Schön, dass sich Frau Stroszeck Zeit für diesen weiteren tollen Spaziergang genommen hat.

Eine uralte traditionelle Speise, die zu Beerdigungen angefertigt wird, ist die »Kóliva«. Selbst die äußere Form dieser Weizenspeise ähnelt manchmal einem antiken Hügelgrab. Und oftmals wird auch eine Kerze in der Mitte platziert. Wie die Stele auf dem Grab berühmter Archäologen.

›Kóliva‹
Κόλλυβα

Zutaten:
500 g Weizenkörner, 2 Tassen Mehl, 1 Tasse Sultaninen, 1 Tasse Korinthen, 1 Tasse Mandeln, 1 Tasse gemahlener Zwieback, 2 TL Zimtpulver, 2 TL Nelkenpulver, 2 Tassen Puderzucker.

Zubereitung:
Weizenkörner in einen Topf geben, mit Wasser bedecken und ca. 24 Stunden quellen lassen. Anschließend Wasser abgießen und mit frischem Wasser zum Kochen bringen. Die Weizenkörner sind gar, wenn sie weich und bissfest sind. Die Körner durch ein Sieb abtropfen lassen und auf einem Tuch zum Trocknen verteilen. Die Weizenkörner sollten gut abtrocknen.
Die Mandeln in einer Pfanne rösten und grob hacken. Das Mehl in die Pfanne geben und unter ständigem Rühren ebenfalls rösten, bis es eine bräunliche Farbe annimmt. Beiseite stellen und abkühlen lassen.
In einer Schüssel die Hälfte des Mehls mit Sultaninen, Korinthen, Mandeln, Zwieback, Zimtpulver, Nelkenpulver und den gut getrockneten Weizenkörnern ordentlich mischen. Die Masse auf eine Platte geben und mit Hilfe eines Tuches einen kleinen Haufen formen und gut festdrücken. Dann den Rest des Mehls darauf verteilen und ebenfalls mit Hilfe des Tuches glattdrücken. Zum Schluss den Puderzucker darauf verteilen und ebenfalls die Oberfläche glattdrücken. Die Koliva-Platte oder der Koliva-Hügel ist nun fertig zum Verzieren. Mit Silberbonbons und weißen karamellisierten Mandelbonbons (alles im griechischen Feinkostladen zu beziehen) werden ein Kreuz, Blumenmotive und Buchstaben geformt.

Info:
Die Kóliva wird in die Kirche gebracht, um das Gedenken eines Verstorbenen zu ehren. Daher werden die Anfangsbuchstaben des Toten auf der Oberfläche aufgebracht. Nachdem der Priester die entsprechenden Gebete für das »Mnimosino« – die Gedenkfeier – gehalten hat, wird die Kóliva löffelweise an alle Kirchenbesucher verteilt. Dazu gibt es ein Gläschen Likör, Cognac, oder einen Schluck süßen Rotweins. Die versammelte Gemeinde nimmt so Anteil am Abschied: durch das Essen – der Weizen in seiner ursprünglichsten Form – und das Trinken – etwas Hochprozentiges zum Stärken der Nerven. Der Weizen symbolisiert gleichzeitig das wiederkehrende Leben. Aus einem Korn wächst eine neue Frucht.

DER TANZ DER TRITONENJÄGER
Die singenden Bergsteiger des Epirus

7:30 Uhr – Sonntagmorgen. Kein Verkehr in Ioannina, der Hauptstadt der gleichnamigen Präfektur in der Verwaltungsregion Epirus, ganz im Nordwesten Griechenlands. In der Pita-Bäckerei sitzt, wie jeden Morgen seit Jahrzehnten, die alte Bäckerin vor zwei riesigen, kreisrunden Backblechen: Blätterteigtaschen. Einmal Tyropita, also mit Schafskäse gefüllt, das andere Spanakopita, mit Spinat. Beides eine gute Grundlage für ein späteres Frühstück, denke ich mir, und entscheide mich für die Käsevariante. Schön fettig sieht es aus, genau so muss es sein! Von der Bäckerin gut verpackt, wandert die Teigtasche in meinen Rucksack. Ich mache mich auf den kurzen Weg zum Treffpunkt.

So früh am Morgen ist nichts los. Keine Menschen auf der Straße und noch absolute Ruhe. Das ändert sich, je näher ich dem Gebäude der Kreisverwaltung komme. Bereits von weitem höre ich fröhlichen Gesang. Das kann nur Georgios Makridis sein. Am Straßenrand parken zwei Reisebusse, vor denen bereits rund drei Dutzend Wanderer aller Altersgruppen warten, und es kommen immer mehr Menschen mit Rucksäcken hinzu. Im Kreise seiner Vereinsmitglieder steht Georgios Makridis, der 70-jährige Präsident des Bergsteigervereins Ioannina, singend und in bester Laune. Jeden Sonntagmorgen ist der Vorplatz der Kreisverwaltung Treffpunkt für die Wanderausflüge des 1936 gegründeten Vereins. Wöchentlich wechselnde Touren werden angeboten, von der einfachen Wanderung, von rund sechs Stunden (Level A), bis zum schwierigen Bergsteigen im Hochgebirge (Level D). Ich habe mir für meinen Spaziergang mit Georgios Makridis eine Wanderung der einfachsten Stufe ausgesucht. Es ist Mitte Mai. Heute geht es zum Arvanitas-See, in der Region Zagori, im nördlichen Epirusgebirge. Da ich den See auf der Karte nicht finden konnte, und auch Bekannten aus der Umgebung der Ort nichts sagte, lasse ich mich überraschen.

Eine erste, kurze Begrüßung mit dem bestens gelaunten Georgios Makridis beim Einsteigen in den Bus. Es ist inzwischen richtig voll geworden, die beiden Busse sind fast bis auf den letzten Platz gefüllt. Etwa 80 Personen zählt die Wandergruppe heute. Unter ihnen einige Vereinsmitglieder, die als geschulte Bergführer Georgios Makridis unterstützen. So viele Teilnehmer hätte sie bei einem Ausflug noch nie erlebt, erzählt mir Eva, die seit gut einem Jahr Mitglied des Vereins ist und seitdem fast keine Wanderung ausgelassen hat. Sie freut sich auch heute wieder auf den Ausflug, der, wie sie mir versichert, schon alleine deshalb einzigartig werden wird, weil Georgios Makridis ein ausgesprochener Spaßvogel sei und trotz seines Alters nie außer Atem geraten würde. Ein positiv Verrückter eben. Zustimmendes Nicken von allen Seiten.

Als der Bus kurz darauf durch die leeren Straßen Ioanninas fährt, geht eines der Vereinsmitglieder durch den Gang und kündigt das wöchentliche Rätsel an. Zettel und Stifte werden verteilt. Prüfungsatmosphäre. Dann stellt er die Frage: »Was macht der Bergsteiger mit seinem letzten Schluck Wasser?«

Überlegen und Schreiben wechseln sich ab. Jeder versucht etwas zu Papier zu bringen. Dann werden die Zettel eingesammelt und die Antworten nacheinander vorgelesen. Spätestens nach derjenigen Antwort, die bei den älteren Wanderern für das lauteste Gelächter sorgt, ist klar, dass es auch heute wieder ein lustiger Ausflug werden wird.

Das Vorgelesene, »Er schluckt damit sein Viagra runter.«, sorgt für den ersten großen Lacher des Tages.

Die jüngeren Insassen des Busses sind begeistert von: »Er macht sich damit einen Schluck Frappé.«

Mit jeder weiteren vorgelesenen Antwort steigt die Stimmung. Bei einer jedoch stutze ich. Ich verstehe sie nicht, wie offenbar viele andere auch, dafür aber lachen ein paar Wenige umso ausgelassener:

»Er gibt ihn dem Bären, damit er sich beim nächsten Mal wieder die Hände am Bären wärmen kann.«

Eva beugt sich zu mir und erklärt: »Das ist ein Insider-Witz. Es bezieht sich auf die Frage der letzten Woche.« Ich sollte öfter mitfahren, denke ich noch bei mir, als auch schon die letzte Antwort vorgelesen wird: »Kommt darauf an ...!«

Gelächter brandet auf. Der spindeldürre Georgios Makridis springt fröhlich auf. Er geht nun von einem Sitz zum anderen und begrüßt dabei jeden einzelnen Anwesenden, während der Bus bereits die Ebene von Ioannina verlassen hat und ins Gebirge hinauf fährt. Der Mathematiklehrer im Ruhestand liebt den Kontakt zu den Menschen und insbesondere zu »seinen« Vereinsmitgliedern. Die Straße wird kurvenreich, meine Sitznachbarin kreidebleich. Öfter mitfahren? Kommt darauf an! Darauf, wie der Tag werden wird.

Der Vereinspräsident, der auch als Rentner nicht vom Unterricht lassen kann, betreibt in Ioannina ein »Frontistirio«. Diese Paukschulen sind in Griechenland eine Institution. Unzählige davon gibt es im ganzen Land. Eltern, die den staatlichen Schulen eine ordentliche Bildungsvermittlung nicht zutrauen, schicken ihre Kinder in diese landestypischen Nachhilfeschulen, die die Kinder von der Grundschule bis zu den landesweit einheitlichen Universitäts-Eingangsprüfungen, den »Panellines«, begleiten. Jeder, der es sich leisten kann, schickt sein Kind auf eine dieser privaten Nachhilfeschulen. So gehört ein Frontistirio für fast jedes griechische Kind zum Alltag, wie für Georgios Makridis das Wandern. Auch seiner Wandergruppe erläutert der Frontistiriobetreiber schulmäßig den Tagesausflug, während der Bus von einer Kurve in die nächste wankt.

Dass es zum Arvanitas-See geht, wussten zwar bereits alle, aber was uns dort erwarten könnte, ist fast ebenso vielen völlig unbekannt. Fragende, neugierige, überraschte Blicke sind zu sehen, und dazu ein vielstimmiges »ti? – Was?« zu hören, als Georgios Makridis erläutert, dass wir heute mit etwas Geschick Tritonen zu Gesicht bekommen könnten. Auch die weiterführenden Erläuterungen bringen kein Licht ins Dunkel. Kaum jemand kann damit etwas anfangen. Vielmehr vermuten viele, dass es sich wieder um einen von Georgios Makridis' Späßen handeln dürfte.

Nach den seltsamen Tritonen-Geschichten ist der vereinsvorsitzende Spaßvogel inzwischen wieder anderweitig aktiv. Er hält eine große Tüte in der Hand und verkauft T-Shirts im Bus. Rote und blaue gibt es, mit jeweils weißer Aufschrift. Auf dem Rücken der Vereinsname, auf der Brust das Club-Wappen mit Adler. Georgios Makridis selbst trägt ein rotes Shirt, dazu eine rote Jogginghose und eine rosafarbene Baseballkappe. Noch bevor ich ihm ein T-Shirt abkaufen kann, hat er mir je eines beider Farben als Geschenk in die Hand gedrückt.

»Wir freuen uns, dass du dabei bist«, sagt er, und im nächsten Satz: »Komm, wir tauschen noch unsere Kopfbedeckungen!«

Ich verstehe nicht, denn ich trage weder Mütze noch Hut. Er jedoch zieht bereits seine Kappe ab, darunter leuchtet die in der Mitte bereits blanke Kopfhaut. Lachend ruft er mir zu: »Du bekommst meine Kappe und ich deine Haare!«

Und wieder dieses hohe, ansteckende Lachen. Irre im positiven Sinne, so herzlich fröhlich. Dann beginnt Georgios Makridis seinen Gesang. Er trägt seine kleine, blecherne Trommel bei sich, singt und lacht und trommelt, während der Bus den Berg erklimmt. »Wenn wir doch Gemüse hätten, einen Garten voller Gemüse hätten ...«

Immer weiter geht es den Berg hinauf, immer weiter singt der Vereinspräsident mit der Ausdauer eines Marathonläufers und immer munterer werden daraufhin seine Clubmitglieder. Es ist ein lustiges Lied, dass immer weiter improvisiert wird: »Wenn wir doch auch noch einen Hund hätten ... Wenn wir doch einen alten Mann hätten, der auch noch einen Hund hätte ... Wenn der dann auch noch einen Gemüsegarten hätte ...«

Gegen halb zehn erreichen wir unser Ausstiegsziel. Wir befinden uns unterhalb des Tsouka-Gebirgszuges. Die Straße, die die Bergdörfer Skamneli, Iliochori und Vrisochori miteinander verbindet, liegt in einer Höhe von rund 1.000 Metern. Waghalsig parken die Busse am Straßenrand und spucken die Wanderer aus. Ein stattliches Grüppchen in jetzt aufgeweckter, bester Laune macht sich auf zum Arvanitas-See. Kinder, Jugendliche, Studenten, Erwachsene und Rentner. Das Spektrum ist so breit, wie die Gruppe fröhlich. Mitten unter ihnen: Georgios Makridis, mit seiner Trommel unter dem Arm. Über einen Schotterpfad geht es durch dichten Wald nun stetig bergan. Immer im Blick, der schneebedeckte Gipfel des Tsouka, der sich auf 2.466 Metern in den Himmel erstreckt.

Wir gerieten schnell ins Schwitzen, denn über die Gipfel der umliegenden Berge scheint bereits die warme Mai-Sonne, die die Wälder in ein brillant schimmerndes Dunkelgrün taucht. Vorbei an üppigen Laubbäumen, in tieferen Regionen auch noch an Kornelkirschen und Walnussbäumen, zieht die Karawane den Berg hinauf. Allmählich verändert sich die Vegetation. Weiter oben recken sich Kiefern, Edeltannen und Schwarzkiefern, und auch der Berg-Ahorn wächst hier bis zur Baumgrenze. Georgios Makridis ist mal vorne, mal hinten, mal in der Mitte der Gruppe. Er singt, erzählt Witze und unterhält sich mit einer Handvoll Stipendiaten aus halb Europa, die seit fast einem Jahr am Zentrum für griechische Sprache und Kultur in Ioannina Griechisch lernen, und die sich seit Monaten immer wieder gerne den Ausflügen des Wandervereins anschließen. Der Vereinspräsident zieht sie alle in seinen Bann, und er führt die Gruppe bis zur Schneegrenze.

Nach etwa zwei Stunden erreichen wir das Ende des Grüns und machen dort Halt. Die erste Etappe des Tages ist geschafft. Die Wanderer setzen sich erschöpft in das saftige Gras oder auf gemütlich geformte Felsen, während nur noch wenige Meter weiter der glitzernd weiße Schnee sich nach einem langen Winter allmählich vom Grün zurückzieht. Jetzt entdecke ich auch wieder einen besonderen Wanderer, der mir schon beim Aussteigen aus dem Bus aufgefallen war. Strammen Schrittes zog er von Beginn der Wanderung an vorne weg, und rasch hatte er sich vom Hauptteil der Gruppe abgesetzt. Erst hier oben sehe ich ihn wieder. Er lächelt zufrieden, liegt dabei mit geschlossenen Augen auf dem Rasen und streckt alle Viere von sich. Ein knallorangefarbenes T-Shirt im grünen Gras und dazu rote Socken. Das setzt farbliche Akzente zum blauen Himmel und den Schneeresten. Dieses Bild lasse ich mir nicht entgehen und mache einige Fotos von dem ausgestreckt daliegenden Wanderer. Aus seinen nun plötzlich offenen Augen blickt er mich verdutzt an.

»Du hast doch nichts dagegen, dass ich ein paar Fotos mache?«, frage ich ihn.

»Nein, nein, keineswegs«, antwortet er. Aber ich müsse wissen, dass er der mit Abstand älteste Wanderer der Gruppe sei, und mit seinen immerhin 80 Jahren habe er sich diese kleine Pause verdient.

Wie wahr, denke ich neidvoll, während ich mich meines hungrigen Magens und der noch im Rucksack schlummernden Tyropita erinnere. Zeit also, dass auch ich es mir gemütlich mache. So setze ich mich mit meinem Schafskäsetäschchen zum Stipendiatengrüppchen auf den Rasen und frühstücke die Blätterteigtasche der alten Bäckerin. Kaum aufgegessen geht es auch schon weiter. Einer der Wanderführer erinnert uns an die Zeit. »Wir müssen weiter!« Je näher die Gruppe dem vermeintlichen Versteck der Tritonen kommt, desto unruhiger wird es.

Die nächste Etappe zum Arvanitas-See ist überschaubar. Dafür ist der Weg abseits der Schotterpiste bergab nicht ganz einfach. Über Felsen und umgestürzte Bäume erreichen aber dann doch alle nach kurzer Zeit sicher wieder ebenes Waldgebiet, und kurz darauf öffnet sich vor uns ein Talkessel. In seinem Zentrum der Arvanitas-See, dessen sonnenabgewandtes Ufer noch bis ans Wasser mit einer leichten Restschneedecke überzogen ist. Hier also sollen sie leben, die unbekannten Tritonen. Georgios Makridis hatte schon im Bus dazu geraten sehr vorsichtig zu sein. Nur hier oben, in den klaren Bergseen, würden die Tritonen vorkommen. Die meisten Wanderer unserer Gruppe halten ordentlich Abstand zum Ufer, legen sich ins Gras, wie auch wieder das älteste Gruppenmitglied, oder sie essen eine Kleinigkeit und genießen die Sonne. Mich hingegen packt die Neugier.

Vorsichtig schleiche ich mich an das flache Ufer heran. Auf allen Vieren und ganz umsichtig, immer näher. Mit der linken Hand kann ich mich auf einem Stein aufstützen, der einen halben Meter vom Ufer entfernt, flach aus dem Wasser ragt. Reichhaltiges Algenwachstum kann ich erkennen, und die Wasseroberfläche ist an dieser Stelle großflächig mit Kleinstlaub bedeckt. Ich bin nur noch zehn, vielleicht zwanzig Zentimeter mit dem Gesicht über dem Wasser, als ich Bewegung zwischen den Algen bemerke. Mein Pulsschlag beschleunigt sich, als ich ganz vorsichtig mit der Kuppe meines rechten Zeigefingers in das eiskalte Wasser eintauche. Sachte schiebe ich das auf der Oberfläche treibende Laub zur Seite, um einen Blick darunter und bis zum Grund werfen zu können.

Nichts Besonderes. Steinig, sandiger Grund mit Wasserpflanzen. Plötzlich wieder diese ruckartigen Bewegungen zwischen den Algen. Reflexartig ziehe ich meinen Finger aus der Gefahrenzone, um ihn neugierig sofort wieder eintauchen zu lassen. Und dann: Atem anhalten. Allen Mut zusammennehmen. Platsch! Eine Katze hätte es nicht besser gemacht. Blitzartig schießt meine rechte Hand in ein besonders veralgtes Fleckchen der Uferzone und greift zu. Was jetzt passiert, ist sensationell.

Währenddessen trommelt Georgios Makridis, auf einem großen Stein sitzend, gemütlich vor sich hin. Die Sonne scheint ihm auf den roten Jogginganzug. Nicht weit entfernt liegt der 80-Jährige, den orangefarbenen T-Shirt-Bauch der Sonne entgegengestreckt, im Gras und lauscht den fröhlichen Klängen. In meinem näheren Umkreis höre ich nun zusätzlich hektisches Rufen, und eine kleine Schar Neugieriger sammelt sich hinter mir. Mein rechter Arm ist vom Ellenbogen bis zum Handgelenk verschmiert. Tritonenblut, geht es mir durch den Kopf, wäre eine schöne Bezeichnung für diese feinen, rötlichbraunen Algen, die sich an meine Haut schmiegen. Für den kleinen, neugierigen Jungen neben mir ist jedoch der Anblick meiner Hand viel erschreckender.

»Ti íne avtó? – Was ist das?«, ruft er.

»Das ist ein Tritone«, sage ich. Stolz wie ein Geisterjäger zeige ich meinen Fang. In meiner Hand krabbelt aufgeregt ein wunderschönes Exemplar. Dunkelblau die Oberseite, die Bauchseite hingegen orangefarben, wie das T-Shirt des 80-Jährigen. Auch der Tritone streckt alle Viere von sich. Vier Beinchen mit fünf winzigen Zehen, ein niedlicher, kleiner Kopf, aus dem mich staunende Äuglein neugierig anschauen, und ein kleiner Schwanz. Nach seiner Anfangsnervosität scheint der Tritone nun zutraulich zu werden. Etwa die Größe meiner Handfläche haben sie alle, diese kleinen Tierchen, die wie Eidechsen aussehen, aber ausschließlich im Wasser leben. Eine seltene Molchart. Schnell machen wir einige Fotos von dem Tritonen auf meiner Hand, dann setze ich ihn schonend in sein Biotop zurück. Das sind sie also. Und ich war unsicher, als Georgios Makridis im Bus von diesen sagenhaften Tritonen erzählte, ob es sie tatsächlich gibt. Jetzt bin ich begeistert.

Während sich der Großteil der Gruppe noch eine Weile erholt, toben einige Kinder in den verbliebenen Schneeresten. Auch ich stapfe durch den Schnee. Ich bin im Tritonenfieber. Jetzt will ich mir noch die gegenüberliegende Uferseite anschauen. Hier ist die Wasseroberfläche nicht mit Laub bedeckt, so dass ich ungestört zum flachen, feinsandigen Grund schauen kann. Was ich sehe, ist verblüffend. Im Wasser wimmelt es nur so von Tritonen. Hunderte, Tausende tummeln sich hier. Unter ihnen sitzt zudem eine dicke Kröte, mit einer ebenso dicken zweiten Kröte Huckepack auf dem Rücken. Beide haben die Köpfe über die Wasseroberfläche hinausgestreckt. Es scheint, als würden sie die warmen Maisonnenstrahlen genießen und ein Sonnenbad nehmen. Ich greife noch einmal nach einigen Tritonen, um mir diese hübschen Tierchen genauer anzusehen. Dabei stelle ich fest, dass es auch viele unter ihnen gibt, die statt der dunkelblauen Rückenfärbung bräunlich sind. Die Bauchseite ist hingegen auch bei diesen Tritonen orange gefärbt. Männlein, Weiblein denke ich und sehe wieder den 80-Jährigen mit dem orangefarbenen T-Shirt. Neben ihm steht Georgios Makridis, auffallend rot gekleidet und mit seiner pinkfarbenen Kappe mit dem Schriftzug »Hellas«. Er schnappt sich seine Trommel und schreitet voran. Der 70-Jährige gibt das Zeichen zum Weitermarschieren, und die Gruppe setzt sich behäbig wieder in Gang.

Hinter dem Hügel des Talkessels, welcher den Arvanitas-See eingrenzt, öffnet sich eine flache, feuchte Ebene. Von oben könnte man es glatt für ein Reisfeld halten. Unzählige kleine Rinnsale durchziehen das natürliche Feld und formen einen schlammigen Grund. Eine Gruppe von Frauen verteilt sich rasch auf einem Teil des Feldes. Messer werden gezückt, Tüten aus den Rucksäcken geholt. Dann geht alles ganz schnell. Rasant wird geerntet. Ein Chorta-Paradies. Die Feinschmecker des Wandervereins decken sich rasch mit unterschiedlichen Sorten dieses schmackhaften Wildgemüses ein. Georgios Makridis' Gesang hallt derweil über die Ebene: »Wenn wir doch Gemüse hätten, einen Garten voll Gemüse hätten ...«

Einige Schritte weiter ist vom Chorta nichts mehr zu sehen. Stattdessen etwa kniehohe Pflanzen mit großen, länglichen Blättern. Irgendeine Tabakart? Einer der Bergführer kniet zwischen den Pflanzen und riecht genüsslich an den Blättern wie ein Genießer an seiner Zigarre. Georgios Makridis fragt ihn, um was für Pflanzen es sich handele. »Wilde Tulpen«, ist die Antwort. Es muss herrlich sein, wenn diese Ebene erblüht. Der

Vereinspräsident stimmt mir zu. Er kennt den Anblick von unzähligen Wanderungen.

Bunt geht es auch die nächsten Stunden weiter. Die Wanderung führt über Schotterpisten und durch Wälder. Mal bergauf, dann wieder bergab. Wir springen über kleine, eiskalte Gebirgsbäche, krabbeln unter umgestürzten, moosbesetzten Bäumen hindurch und füllen an kleinen, silbrig glänzenden Wasserfällen unsere Trinkwasservorräte auf. Die vorauseilenden, sportlichen Bergführer des Vereins bauen kunstvoll an Weggabelungen aus Ästen und Zweigen, die sie in Pfeilform auf den richtigen Weg ausrichten, Hinweise für die nachfolgenden Wanderer. Die große Gruppe ist längst nicht mehr zusammenhängend unterwegs, doch auch die, die bereits vom Hauptfeld abgehängt wurden, sollen sich nicht verlaufen. Die Stunden vergehen wie im Flug, mit interessanten Gesprächen mit vielen sympathischen Menschen: Rentnern, Kindern, Studenten, ausländischen Stipendiaten, unter anderem aus Polen, Slowenien und Ungarn. Ihnen allen machen die Wanderungen des Bergsteigervereins Ioannina großen Spaß. Einer der Bergsteiger sorgt zwischendurch bei den Stipendiaten für Aufregung: Der freundliche Mann ist Mitglied der kommunistischen Partei Griechenlands, der KKE. Mühsam versucht er den jungen Leuten die angeblichen Vorzüge des Kommunismus näher zu bringen. Mit deren Reaktionen hat er so allerdings nicht gerechnet. Sie alle sind sich einig. Ich höre, wie eine junge Frau zu ihm sagt: »Wir haben es doch erlebt. Gäbe es den Sozialismus in Osteuropa noch, dann wären wir nicht hier.«

Das KKE-Mitglied wirkt nachdenklich und verblüfft. Die Diskussion hat er nicht ansatzweise für sich entschieden, doch das kann der guten Stimmung nichts anhaben. Und so schreiten alle einträchtig weiter, Seit' an Seit', in bester Laune. Diese steigert sich nochmals, als die junge Studentin Elena während der letzten Pause ihren fantastischen, selbstgebackenen Kuchen verteilt. Mit einem faszinierenden Talblick genießen wir den Nusskuchen, der uns für die letzte Etappe, den Abstieg, stärkt.

Die gegenüberliegende Gebirgskette verändert ganz plötzlich, und rasend schnell, ihre Farbe. Ein Gewitter zieht auf. Wir können dort bereits partielle Regenfälle erkennen, während anderenorts noch sonnige Flecke des grünen Epirusgebirges zu erkennen sind. Georgios Makridis und seine

Bergführer drängeln zur Eile. Die ersten zaghaften Regentropfen fallen vom Himmel und die Wanderer hüllen sich in Regenjacken. Der Vereinspräsident erzählt, dass der Epirus die regenreichste Region Griechenlands sei. Doch heute haben wir Glück. Der Regen hört bereits nach wenigen Minuten wieder auf, und wir stolpern die letzten Meter eines steilen Abhangs hinunter, bevor wir eine Straße erreichen. Hier stapeln sich frisch geschlagene Baumstämme, etwas entfernt lagern grob geschnittene Baumscheiben und Bretter. Gemeinsam mit einem kleinen Teil unserer Wandergruppe sind wir inzwischen fast die Letzten. Die Knie schmerzen nach dem steilen Abstieg. Als auch wir schließlich über die kurvenreiche Straße unser Ziel erreichen, sitzt der Großteil der Gruppe bereits vor einem kleinen Haus. Hier, kilometerweit vom nächsten Dorf entfernt, werden die geschlagenen Bäume in der Schreinerei verarbeitet. Das Betreiberehepaar ist offenbar erfreut über die Abwechslung in ihrem Alltag.

Ob es sich tatsächlich um eine echte Gaststätte handelt, ist fraglich. Jedenfalls wirkt das Wohnzimmer so, als sei es kurzerhand zu einer Art Gastraum umfunktioniert worden. Im Badezimmer steht der Rasierer des Hausherrn ebenso herum, wie die Lockenwickler seiner Frau. Vor der Haustür sind einige Korbstühle aufgestellt, die von den hungrigen Wanderern besetzt sind. Die meisten von uns finden jedoch nur noch Platz auf den überall aufgestapelt daliegenden Baumstämmen, oder auf den aus diesen gesägten Dachbalken und Pfeilern. Das Schreinerehepaar hat noch ein paar Happen zu essen in ihrer Küche ausfindig gemacht und serviert, was sich finden ließ. Kaffee, Bier oder Tsipouro werden bestellt. Der Tsipouro, ein für diese Region traditioneller Tresterschnaps, gerne auch gleich in Flaschen. Nach dem langen Marsch tut die Erfrischung gut und trotz müder Beine wird die Stimmung ausgelassen. Georgios Makridis kommt mit seiner Trommel in der Hand aus dem Haus und ruft mich und die Stipendiaten zu sich: »Kommt herein, wir wollen tanzen!«, ruft er über den Hof der Schreinerei.

In einer Ecke des Wohn-, bzw. Gastraums sitzen zwei ältere, vollbärtige Vereinsmitglieder. Einer der Männer hält eine Flöte in den Händen, der andere eine Trommel, und auf dem Tisch vor Ihnen steht Tsipouro. Das vielleicht 25 Quadratmeter kleine Zimmer ist randvoll mit Menschen.

Dennoch gelingt es Georgios Makridis eine Tanzfläche zu finden. Er singt, er trommelt, und die Wanderer fassen sich an den Händen und beginnen einen wilden Reigen. Immer rund herum im Kreis geht es. Typisch langsame, aber fröhliche Rhythmen traditioneller epirotischer Musik durchdringen die Schreinerei. Georgios Makridis zieht auch mich in den Kreis der Tänzer. So geht es mit dem Tritonenjäger, gemeinsam mit den singenden Bergsteigern des Epirus, immer weiter im Kreis herum. Georgios Makridis singt und trommelt, und singt und trommelt ...

Gegen halb sieben am Abend, oder, wie die Griechen diese Tageszeit einschätzen, am Nachmittag, verebbt allmählich der berauschte Gesang. Die Gruppe wird, angeführt von Georgios Makridis, dem singenden Präsidenten des Bergsteigervereins Ioannina, zu den Bussen geführt. Nun geht es zurück nach Ioannina. Ich sehe müde, erschöpfte und beschwipste Gesichter, und bereits nach wenigen Minuten schlafen die ersten Vereinsmitglieder. Ganz anders hingegen deren Präsident. Sein Bruder, so hatte er mir während der Wanderung erzählt, war einst sogar als Leichtathlet bei den Olympischen Spielen dabei. Ganz so sportlich sei er selbst zwar nicht, aber auch er hat sich sein Leben lang mit Sport fit gehalten. Ganz sicher Marathonlauf, denke ich noch schmunzelnd bei mir, als er erneut zu seiner Trommel greift. Jemand anderes nimmt eine Flöte zur Hand und schon wird wieder gesungen. Diesmal auf Bestellung. Liederwünsche werden entgegen genommen, und die begehrten Musiker fühlen sich sichtlich wohl. Je besser die Hörerwünsche, desto mehr verlangen die Musiker scherzhaft von den jungen Frauen, die beherzt nach immer weiteren Liedern verlangen.

»Was bekomme ich dafür?«

»Einen Kuss!«

»Was? Nur einen, für so ein tolles Lied?«

»Na gut, zwei!«

Und die ausgelassene Fröhlichkeit kennt keine Grenzen mehr. Georgios Makridis trommelt seinen Verein in einen wahren Rausch, und den Bus zurück ins Tal.

Als wir spät nach 20 Uhr die Ebene von Ioannina erreichen, ist Georgios Makridis zwar noch immer nicht müde, aber er legt die Trommel nun beiseite. Er erläutert den Vereinsmitgliedern die Route für die nächste Woche, die wie immer sonntags stattfinden wird. Jetzt fließen Tränen. Die Stipendiaten erklären der versammelten Gruppe, dass es ihre letzte Wanderung gewesen ist. Das Stipendium endet nächste Woche und sie alle müssen wieder zurück in ihre Heimatländer. Georgios Makridis ist traurig und wirkt ergriffen. Das hatte er nicht gewusst. Eine bittere Nachricht am Ende eines wundervollen Tages. Szymon aus Polen geht spontan zum Busfahrer und greift zum Mikrofon. Im Namen aller Stipendiaten bedankt er sich für die schönen Stunden bei den Wanderungen der letzten Monate. Auf den Touren des Vereins haben sie nicht nur die atemberaubenden Landschaften des Epirus erleben dürfen, sondern gleichzeitig auch viele, interessante Menschen kennengelernt. Ein Riesendank an den Verein und seinen außergewöhnlichen elften Präsidenten, Georgios Makridis. Ergriffener Applaus brandet auf für die kurze, ehrliche Abschiedsrede. Wieder fließen Tränen. Hier sind Freundschaften entstanden. Manche vielleicht gar für ein Leben.

Als die Busse vor dem Gebäude der Kreisverwaltung von Ioannina halten, verabschieden sich die Wanderer. Es wird sich gedrückt und geküsst, und es wird versprochen, nächste Woche wieder mit dabei zu sein. Immer sonntags und hoffentlich noch lange mit Georgios Makridis, der inzwischen bereits seit vier Jahren Vorsitzender des sicher lustigsten Bergsteigervereins Griechenlands ist. Auch wir, die Stipendiaten und ich, verabschieden uns schweren Herzens von den Vereinsmitgliedern. Bis irgendwann. Wir werden sicher wiederkommen. Zwar noch nicht am nächsten Sonntag, aber das Versprechen gilt, dass wir eines Tages wieder alle gemeinsam mit Georgios Makridis durch die wilden Berge des Epirus wandern und singen und tanzen. Und es würde mich überhaupt nicht wundern, wenn Marathon-Makridis es sogar schaffen würde, einen Vereinsrekord einzustellen: Der achte Vorsitzende, Nikolaidis Georgios, führte den Verein sagenhafte 34 Jahre. Von 1963-1997 war er dessen Präsident. Sollte es Georgios Makridis gelingen diesen Rekord einzustellen, bin ich sicher, würden sogar die Tritonen aus dem Arvanitas-See an Land klettern und mit den singenden Bergsteigern des Epirus in einen berauschend wilden Reigen eintreten. Im Übrigen: Die blauen Tritonen sollen die Männchen sein!

Eine interessante Begebenheit im Nachgang zu diesem einzigartigen Spaziergang will ich noch kurz erzählen. Als ich einige Tage nach der Wanderung einer befreundeten Athener Journalistin von den Tritonen erzählte, war ihr spontaner Kommentar: »Und wie isst man die? Werden die gegrillt?«

Und dann, zurück in Deutschland, zeigte ich einer griechischen Kollegin Fotos der Tritonen. Ihr spontaner Kommentar, nicht minder interessant, lautete: »Die sehen köööööstlich aus! Schmecken bestimmt wie eine Mischung aus Seeigel und Schildkröte!«

Vielleicht sind ja doch nicht wir Deutschen die Weltmeister im Grillen?

Meine Oma hat früher tolles Blätterteiggebäck gebacken, aber an die Schafskäsetaschen der alten Bäckerin von Ioannina kam dieses nicht heran. Ich glaube zwar nicht, dass man deren köstliche Tyropita tatsächlich genau so nachbacken kann, aber lecker werden sie ganz sicher trotzdem. Hier ist das Rezept:

›Tyrópita‹
Τυρόπιτα

Zutaten:
500 g Filoteig (frisch oder TK), 300 g zerbröckelter Feta, 200 g Quark, 5 Eier, 100 g Butter. 1 EL Mehl, 1 EL Öl, 2 EL Wasser.

Zubereitung:
Die Eier in einer Schüssel mit einer Gabel verquirlen und Feta und Quark untermischen. Filoteig auftauen, Butter in einem Topf schmelzen. Ein Backblech einfetten, ein Filo-Blatt darauflegen, mit geschmolzener Butter bepinseln, Ecken und Ränder überlappen. 2 weitere Filo-Blätter ebenso bepinseln und die Hälfte der Käsemischung darauf verteilen. Wiederholen Sie diesen Vorgang, bis alle Filo-Blätter und die Käsemischung verbraucht sind. Die letzte obere Schicht soll aus 3 Filo-Blättern bestehen. Mit einem scharfen Messer die Filo-Schichten in Portionen schneiden, ohne dabei bis zum Blechboden durchzustechen. Dies ist wichtig, denn an den Schnittstellen kann später der Dampf austreten.
Nun mit einem Löffel in einer Tasse Mehl, Öl und Wasser zu einer flüssigen Teigmischung verrühren. Mit einem Pinsel wird jetzt die Oberfläche der Tyropita mit der Teigmischung bestrichen. Durch diesen Vorgang bekommt die Tyropita eine schöne, knusprige Oberfläche. Im vorgeheizten Ofen wird die Tyropita auf dem Blech bei 180° C für ca. 40-45 Min fertiggebacken. Anschließend das Blech beiseite stellen und die Tyropita mit einigen Wasserspritzern anfeuchten. Das Blech mit einem Tuch abdecken und in eine Plastiktüte stecken. Darin die Tyropita abkühlen und schwitzen lassen. Erst wenn das Gericht lauwarm ist, die Teile bis zum Boden durchschneiden.

Tipp:
Tyropita niemals heiß servieren! Sie schmeckt am besten, wenn sie lauwarm ist. Aber auch kalt ist sie ein Genuss und herzhafter Begleiter auf einer langen Wanderung.

STARS UND STERNCHEN AUF DER CHALKIDIKI
Interview mit Susan Sideropoulos

Susan Sideropoulos ist eine der erfolgreichsten deutschen Fernsehstars. Die Halbgriechin ist in Hamburg und Griechenland aufgewachsen und lebt heute in Berlin. Von 2001 bis 2011 war sie *das* Gesicht der RTL-Erfolgsserie »Gute Zeiten, schlechte Zeiten«. Neben ihrer Serienrolle war und ist sie als Moderatorin und Comedian erfolgreich. Im Sommer 2007 gewann sie gemeinsam mit ihrem Tanzpartner die zweite Staffel der Tanzshow »Let's Dance«. Der deutsche Comedypreis nominierte Susan Sideropoulos 2008 in der Kategorie »Beste Schauspielerin«. Und seit 2012 moderiert sie bei RTL die Neuauflage der berühmten »Traumhochzeit«.

Im Café der Babelsberger-Filmstudios traf ich Susan zu einem imaginären Spaziergang durch den griechischen Alltag.[12]

Andreas: Susan, schön, dass du dir Zeit für diesen kleinen »Spaziergang« genommen hast. Du bist Halbgriechin, dein Vater ist Grieche. Sprichst du eigentlich perfekt Griechisch?

Susan: Ich verstehe zwar so ziemlich alles, aber wenn es ums Sprechen geht, ist mein Griechisch eigentlich eine Schande. Immer wenn ich es mit Griechen zu tun habe, die meinen Namen hören, sprechen sie mich natürlich auf Griechisch an. Das ist mir dann immer so peinlich!

Andreas: Wieso das? Du hast doch auch griechisch mit deinem Vater gesprochen.

Susan: Ja. Bis zu meinem sechsten Lebensjahr, bis ich zur Schule kam, konnte ich auch wirklich ganz gut Griechisch sprechen. Aber dann ...! Ich glaube, man verlernt die Sprache sehr schnell, wenn nicht beide Eltern zu Hause Griechisch sprechen.

Andreas: Du bist in Hamburg geboren. Wie ist dein Verhältnis zu Griechenland?

Susan: Wenn ich nach Griechenland komme oder wenn ich Griechisch in Deutschland höre, dann löst das schon so ein bisschen »Heimatgefühle« aus. Man fühlt sich vertraut mit der Sprache, ich liebe das total. Ich denke dann immer gleich an meine Kindheit, die ich viel in Griechenland verbracht habe. Ich liebe das Land, die Mentalität, das Essen, einfach alles.

Andreas: Du hast aber nie dort gelebt.

Susan: Nein. Die längste Zeit, die ich mal da war, waren ungefähr drei Monate.

Andreas: Hast du denn mal daran gedacht, länger dort zu leben?

Susan: Nein. Aber wenn ich jetzt mal für ein paar Monate zum Arbeiten rüber müsste, würde ich nicht nein sagen. (Susan lacht!)

Andreas: Du würdest tatsächlich lieber in Deutschland leben?

Susan: Definitiv! Ich lebe nirgendwo lieber als in Deutschland. Ich glaube, ein Land, das man als Urlaubsland liebt, ist nur als ein solches so besonders. Wir sollten uns diese Illusion erhalten. Wahrscheinlich würde mir in Griechenland dann doch gerade das fehlen, was uns hier in Deutschland manchmal so schrecklich vorkommt: Pünktlichkeit, Genauigkeit, all das.

Andreas: Beim Dreh musst du sicher auch immer pünktlich sein. Da bist du als »Verena Koch« eine der erfolgreichsten Soap-Stars. Kennen die Griechen auch Verena?

Susan: Verena Koch kennen sie eher nicht, aber mein Cousin aus Athen hatte mir einen Zeitungsartikel geschickt, als ich »Let's Dance« gewonnen hatte. Damals war ich auf dem Titelblatt einer griechischen Illustrierten: »Eine Griechin erobert Deutschland« oder so was ganz Süßes stand da drauf. Da waren sie alle ganz stolz.

Andreas: Hast du denn auch schon Angebote für eine griechische Serie oder einen Film bekommen?

Susan: Nein, soweit gings dann leider noch nicht. Auch mal im griechischen Fernsehen aufzutreten, wäre schon nett. Aber da kommen wir wieder zu meiner Schande zurück: mein gesprochenes Griechisch! Ich müsste Englisch reden und das wäre eigentlich schade.

Andreas: Was ist dein griechischer Lieblingsfilm?

Susan: Mein Lieblingsfilm ist »My big fat greek wedding«. Der ist echt super. Besser kann man es eigentlich nicht treffen. Ich glaube mein Mann und ich, wir können den komplett mitsprechen. Da wird Fernsehen zum Ereignis.

Andreas: Das wurde es auch, als du bei »Let's Dance« gemeinsam mit deinem Tanzpartner den Wettbewerb gewonnen hast. Ist Tanzen deine Leidenschaft?

Susan: Auf jeden Fall, ich liebe Tanzen! Ich habe eine dreijährige Musicalausbildung gemacht. Tanzen war allerdings nicht mein Schwerpunkt, eher Gesang. Deswegen haben sich einige sehr gewundert, dass ich bei »Let's Dance« so gut war. Aber ich liebe das Tanzen, ob in der Disko, für mich oder als Sport, einfach überall. Dass ich bei »Let's Dance« teilnehmen durfte, war für mich eine große Ehre und eines der schönsten Dinge, die ich bisher gemacht habe. Ja!

Andreas: Tanzen ist typisch griechisch, oder?

Susan: Für uns Griechen ist Tanzen nicht nur Bewegung, es ist Leidenschaft, es gehört ganz natürlich zum Leben dazu. Jedes Kind lernt schon in der Schule verschiedene Tänze. Bei Veranstaltungen wird viel getanzt und auch bei Nationalfeiertagen tragen die Kinder ihr Gelerntes vor. Tanzen ist in Griechenland Sinnbild unserer Geselligkeit. Die typischen Tanzszenen aus dem Film Alexis Zorbas kennt wohl jeder. Wenn Anthony Quinn den Sirtaki tanzt. So endet manche griechische Feier nach durchtanzter Nacht erst am frühen Morgen.

Andreas: »Pame volta - Gehen wir spazieren!« Das hört man ständig in Griechenland. Du gehst auch gerne zu Fuß?

Susan: Absolut! Als Jugendliche war für mich Spazierengehen so ziemlich das Schrecklichste, was ich mir vorstellen konnte. Da war selbst das Wort »Spazieren« etwas ganz Fürchterliches. Heute finde ich es großartig. Spazieren gehört zu meinem Wochenende dazu. Es ist einfach toll, und im Ausland sowieso!

Andreas: Also gehst Du lieber in Griechenland spazieren?

Susan: Ja, da macht es schon mehr Spaß. Das liegt vielleicht am Wetter. Im Sommer ist es in Deutschland zwar auch sehr schön, in Griechenland ist es allerdings lebendiger. Die Leute sind lauter. Auf den Märkten zum

Beispiel – vor dem Haus meiner Tante ist direkt einer – brüllen die Griechen lautstark herum. Ich liebe es, davon morgens geweckt zu werden.

Andreas: Sind die Griechen nur laut, oder bewegen sie sich auch so eifrig?

Susan: Ich glaube, dass – wie überall in warmen Ländern – die Leute einfach viel mehr draußen sind. Und es gibt natürlich sehr viel in Griechenland zu sehen: Geschichte, Kultur, das Meer ... Alleine in Athen gibt es so unendlich viel zu bestaunen, dass man eigentlich aus dem Spazierengehen gar nicht mehr herauskommt. Für die Einheimischen ist das aber sicher etwas anderes. Da macht die Wärme den einen oder anderen dann vielleicht doch etwas faul.

Andreas: Jetzt musst du aber endlich erzählen, wo du hinfährst, wenn es nach Griechenland geht.

Susan: Ich bin ja meist nicht touristisch in Griechenland unterwegs, sondern meist auf Verwandtenbesuch, bei der Familie. Das »Traurige« daran ist allerdings, dass ich jahrelang immer am selben Ort bin. Und wenn mich dann die Leute fragen: Wo kann ich denn in Griechenland hinfahren? Wo ist es denn schön? Dann kann ich eigentlich nur sagen: Saloniki ist total schön! Tja, aber die vielen Inseln ... Keine Ahnung! Ich war vor zwei Jahren das erste Mal auf Kreta. Jetzt kann ich endlich mal mitsprechen, wenn die Rede auf die Inseln kommt. Und ich muss sagen, Kreta ist wirklich eine der schönsten Inseln. Ich war ganz begeistert.

Andreas: Und wie sieht ein typischer Alltag bei deinen Verwandtenbesuchen aus?

Sausan: Der ist eigentlich immer gleich. Wir sind viel mit der Familie zusammen, gehen etwas essen ...

Andreas: ... Essen ist in Griechenland ganz wichtig. Aber immer in Gesellschaft.

Susan: Und ob! Also essen gehen, das ist ein ganz großer Bestandteil des Lebens. Das gehört zu unserer Mentalität. Am besten jeden Tag woanders, alle möglichen Restaurants ausprobieren. Griechisches Essen ist der Wahnsinn! Diejenigen, die das nur aus Deutschland kennen, haben überhaupt keine Ahnung, was sie verpassen. Vielleicht ist es deshalb auch der größte Bestandteil des Tages.

Andreas: Aber ihr esst nicht nur?

Susan: Nein, auch an den Strand zu gehen, gehört dazu. Das ist ganz toll in Griechenland. Aber auch irgendwo im Café sitzen und einen Frappé trinken ist absoluter Bestandteil eines schönen Tages. Das ist wunderbar!

Andreas: Wir wollten uns ja eigentlich zum Spaziergang in Griechenland treffen. Das ist wegen deines engen Terminplans schwierig. Machen wir also einen gedanklichen Spaziergang. Wo gehen wir hin?

Susan: Ich finde es am Hafen von Thessaloniki ganz toll, an der Promenade. Da wird ständig irgendwas erneuert. Jedes mal wenn ich da bin, denke ich: Huch, was ist denn da wieder passiert? Immer neue Cafés, super modern. Mit Terrassen, Couches und Chill-Lounges wird es fast richtig amerikanisch. Teilweise sieht es da aus wie in Miami-Beach. Und man hat das Gefühl, es gäbe nur junge Leute dort, ganz stylisch. Da gehe ich super gerne abends spazieren. Und tagsüber machen wir einen Bummel durch die Innenstadt, mit ihren tollen Läden und Cafés. In der City gibt es sehr viel Grün und trotzdem kommt immer wieder Großstadtfeeling auf.

Andreas: Und nun raus aus dem Trubel, wohin geht's?

Susan: Etwas abseits der Großstadt wohnte meine Großmutter, in einer kleinen Stadt namens Epanomi. Es gab da eigentlich gar nichts wirklich Besonderes, aber da war ich total gerne und ich ging da oft spazieren, weil mich das an meine Kindheit erinnerte. Der kleine Ort liegt am Wasser und ich war in meiner Kindheit ständig dort. In den Sommerferien immer sechs Wochen. Wir hatten da ein kleines Ferienhaus. Ich weiß noch genau, dass mir das immer richtig groß vorkam, ein Riesenhaus. Aber eigentlich war es nur winzig klein. Manchmal sind es eben die kleinen Dinge im Leben, die besonders faszinieren. Jetzt haben wir ein Ferienhaus direkt am Strand, ca. eine halbe Stunde von Saloniki entfernt. Dort an der Promenade gibt es vom Café bis zum Restaurant alles, dort bin ich oft mit meiner Familie.

Andreas: Was du erzählst, klingt nach spannenden Entdeckungstouren, das holen wir in der Realität nach! Was meinst du, wann ist die beste Jahreszeit dafür?

Susan: Ich persönlich finde den Sommer am besten. Mir macht allerdings Hitze überhaupt nichts aus. Es kann aber wirklich ziemlich heiß werden, daher ist die beste Zeit wahrscheinlich im Frühling. Der Mai ist ganz schick. Und dann wieder so ab September.

Andreas: Was zu einem guten griechischen Spaziergang natürlich zu jeder Jahreszeit dazu gehört: einen Kaffee zu trinken ...

Susan: ... natürlich, einen griechischen Kaffee!

Andreas: Trinkst du den, oder was bestellst du in Griechenland?

Susan: Also griechischen Kaffee kann ich inzwischen ganz gut trinken. Man kommt da ja nicht dran vorbei. Überall, wo man hinkommt, bei Bekannten und Verwandten bekommt man gleich so einen auf den Tisch gestellt. Aber eigentlich liebe ich Frappé, das griechische Nationalgetränk. Kalter Kaffee, geschäumt. Süß, mittel oder ohne Zucker, das kann man dann wählen. Hmmm, ich liebe den! Und der schmeckt natürlich am besten an heißen Sommertagen.

Andreas: Ja, da hast du Recht! Trinkst du den auch in Deutschland, oder was bestellst du hier?

Susan: Hier bekommt man ja leider fast nirgendwo richtigen griechischen Frappé. Daher trinke ich hier am liebsten Latte Macchiato oder einen schönen Cappuccino. Wie heute!

Andreas: Nach diesem kleinen Kaffee-Tipp: Welchen Spaziergang empfiehlst Du einem Badeurlauber in Griechenland!

Susan: Dem Badeurlauber rate ich zur tollen Halbinsel Chalkidiki. Man kann wunderbar mit dem Auto die gesamte »Dreibeininsel« erkunden. Und auch für schöne Spaziergänge findet man ganz viele Gelegenheiten. Hier ist fast ein Ort neben dem anderen und jeder sieht wieder anders aus. Dann bleibt man einfach spontan irgendwo und mietet sich für wenig Geld ein Zimmer. Das ist so niedlich und ursprünglich dort, und das Meer ist klar und sauber zum Baden. Einfach wunderschön!

Andreas: Und für den Wanderer?

Susan: Ich fand Kreta bei meinem Besuch ganz wunderbar. Zum Wandern oder gemütlich Spazierengehen. Die Leute waren supernett, das Essen sehr lecker und die Landschaft fantastisch. Mit vielen Olivenbäumen und ursprünglicher Natur. Einfach toll!

Andreas: Vielleicht noch ein Tipp für den kulturell Interessierten?

Susan: Wer etwas mehr Kultur will, für den ist natürlich Athen ein Muss. Wenn man das erste Mal nach Athen kommt und sich noch gar nicht auskennt, denkt man vielleicht: Oh Gott, wo bin ich hier gelandet? Aber man darf sich davon nicht täuschen lassen. Wenn man dann ein bisschen herumgeführt wird, am besten von jemandem, der sich richtig gut auskennt, dann ist das einfach beeindruckend. Und wenn man dann noch von der Altstadt den Berg hinaufsteigt in Richtung Akropolis, dann fühlt man sich gleich einige hundert Jahre zurückversetzt.

Andreas: Wenn du einige Jahre zurückblickst: Was war dein schönstes Alltagserlebnis in Griechenland?

Susan: Mein schönstes Erlebnis war meine Kindheit. Ich war jeden Sommer in den Ferien da, wie alle griechischen Kinder. Oft auch ohne meine Eltern. Schon mit sechs Jahren bin ich alleine zu meiner Tante geflogen. Wir hatten ein Ferienhaus mit einem riesigen Garten und allem erdenklichen Obst und Gemüse. Ich erinnere mich wirklich gerne daran. Außerdem habe ich damals eine Katze in Griechenland bekommen. Ich war sechs. Es gab dort bereits eine. Sie hatte Babys bekommen und eines davon haben wir dann heimlich mit nach Deutschland geschmuggelt. Die hatte ich 16 Jahre lang. Leider ist sie dann gestorben.

Andreas: Aber das war noch nicht die spannendste Story, die dir dort widerfahren ist?

Susan: Nein. Ich hab mich mal total verfahren. In Chalkidiki, zusammen mit meinem Mann. Das war schon fast unglaublich. Ein Horrortrip. Wir wollten von dem einen Bein der Halbinsel rüber zum nächsten. Mein Cousin hatte uns irgendeine ganz tolle Strandbar empfohlen. Wir sind also nachts dorthin gefahren, es war stockdunkel, kein Schild, gar nichts. Und wir sind mitten in die »Walachei« hineingefahren, am Berg entlang. Wir hatten irgendwann überhaupt keine Ahnung mehr, wo wir waren. Es gab nicht mal ein Licht dort. Dass wir den Weg damals wieder zurückgefunden haben, ist wirklich ein Wunder. Heute lachen wir darüber. Aber damals war es für mich einfach grausam.

Andreas: Zum Schluss: »Wenn man Griechenland richtig erleben will, muss man es ergehen!« – Was sagst du zu dieser Aussage?

Susan: Das stimmt. Ich denke, jedes Land muss man »ergehen«. Man geht einfach irgendwie los und hat gar nicht die Sorge, sich zu verlaufen. Dann kommt man in Ecken, in die andere Touristen nicht kommen. Ich finde, man ist in fremden Ländern immer so mutig. Und so findet man die spannendsten Gegenden. Vielleicht sollte man das zu Hause auch öfter mal machen. Wir hatten kürzlich Besuch aus Griechenland bei uns in Berlin und so habe ich zum ersten Mal eine Spreerundfahrt durchs Regierungsviertel gemacht. Da merkte ich erst wieder, wie schön Berlin ist, und ich fühlte mich wie in einem anderen Land. Man sollte wirklich mehr laufen und seine Stadt wie ein Tourist wahrnehmen.

Andreas: Susan, vielen Dank für diesen Spaziergang!

Während unseres »Spaziergangs« hat mir Susan erzählt, was sie gerne an einem heißen Sommertag an der Promenade von Thessaloniki isst. Hier das Rezept für einen ungewöhnlich erfrischenden Obstsalat:

›Wassermelone mit Feta‹
Karpúsi me féta – Καρπούζι με φέτα

Zutaten:

750g entkernte Wassermelone, 200g original griechischer Feta, 10-12 Minzblätter, 1 EL feiner griechischer Balsamico, ein ordentlicher Schluck bestes Olivenöl, 1 Handvoll Pinienkerne, frisch gemahlener schwarzer Pfeffer.

Zubereitung:

Das Fleisch der Wassermelone – ohne Schale – in mundgerechte Stücke schneiden. Den Feta in ca. 2 cm breite Würfel schneiden. Melonenstücke mit Fetawürfeln auf einer Servierplatte anrichten und die Minzblätter darauf verteilen. Balsamico und Olivenöl in einer kleinen Schüssel verquirlen und über den Salat gießen.

In einer kleinen Pfanne die Pinienkerne rösten, bis sie eine schöne braune Farbe angenommen haben. (Achtung: nicht schwarz werden lassen!) Pinienkerne auf den Salat verteilen und nach Belieben mit frisch gemahlenem schwarzem Pfeffer würzen.

Tipp:

Dieser Melonensalat passt ausgezeichnet zu einer Sommer-Gartenparty. Genießen Sie dazu einen gut gekühlten, griechischen Weißwein aus der Gegend um Thessaloniki (z.B. einen Malagousia).

MIT GÖTTLICHER HILFE DURCH THESSALONIKI

Samstagmittag in Thessaloniki. Im Stadtzentrum treffe ich Eva. Die Halbgriechin lebt in Ioannina und ist über das Wochenende in die makedonische Hauptstadt gekommen, um Freunde zu besuchen. Meine Verabredung mit David zum Spaziergang bietet einen gelungenen Anlass für ein Wiedersehen mit Eva. David wird uns gemeinsam mit göttlichem Beistand durch seine Stadt, die zweitgrößte Griechenlands, führen. Ich kenne ihn bislang nur vom Telefon. Ein Freund hatte mir nachdrücklich geraten, ihn zu treffen. Und so warten Eva und ich am vereinbarten Treffpunkt, an der Kamára. Wo sonst!

Wer sich in Thessaloniki verabredet, der tut das üblicherweise hier an dem kleinen Triumphbogen im Zentrum, den sogar einer der berühmtesten Künstler der Stadt, der große Musiker Vassilis Karras besungen hat. Auch wer sich nicht auskennt, findet problemlos hierher. Alle Wege führen zur Kamára, dem Galerius-Bogen. Das Bauwerk wurde von dem römischen Kaiser Galerius zu Beginn des 3. Jahrhunderts errichtet. Direkt an der seit jeher wichtigsten Straße der Stadt, der »Odos Egnatia« – der Egnatía-Straße – gelegen, ist der Galerius-Bogen eines der Wahrzeichen der römischen Zeit. Ebenso sein Standort, denn die von den Römern erbaute Via Egnatia war, als östliche Verlängerung der Via Appia, für das römische Imperium von herausragender Bedeutung. Sie stellte eine direkte Verbindung zwischen Rom und Konstantinopel her. Nachdem Thessaloniki lange Zeit Hauptstadt der römischen Provinz Macedonia war, löste es unter Kaiser Galerius später sogar Rom als Hauptstadt des Römischen Reichs ab. Entsprechend üppig ist die Stadt mit Sehenswürdigkeiten ausgestattet. Ein Bummel durch die Gassen lohnt sich also auf jeden Fall und die Kamára ist der ideale Ausgangspunkt für einen solchen!

Wir sind etwas zu früh am Treffpunkt und setzen uns daher in eines der Cafés am Platz. Ein buntes Treiben. Wir beobachten die zahlreich hier entlang eilenden oder spazierenden Menschen. Alle möglichen und unmöglichen Leute treffen sich hier. Eva bemerkt es zuerst: Im Vergleich zu Athen sind die jungen Leute, die Schüler und Studenten, hier nicht so einheitlich gekleidet. Überwiegt am Syntagma-Platz in der Hauptstadt ein mondäner Schick, so fallen an der Kamára besonders die langhaarigen Jungen und alternativ gekleideten Mädchen und umgekehrt auf. Thessaloniki macht einen bunten, einen sympathischen und linksliberal entspannten Eindruck auf uns. Wie wohl David aussieht? Werden wir ihn erkennen? Immer wieder rätseln wir, ob diese oder jene Person der Unbekannte sein könnte. Ist es der schwitzende 200-kg-Mann, der am Torbogen gelehnt auf jemanden wartet, oder vielleicht der offensichtlich homosexuelle Mopedfahrer, der jedem vorbeigehenden Studenten gierig auf den Po starrt? Auch der extrem alternativ gekleidete junge Mann, der aussieht als würde er jeden Moment einen Molotowcocktail aus der Tasche zaubern und eine Straßenschlacht beginnen, kommt grundsätzlich in Betracht. Oder vielleicht doch der adrett gekleidete Geschäftsmann im Anzug mit Aktentasche? Selbst den Farbigen, der illegal gebrannte griechische Musik-CD's anbietet, können wir inzwischen ebenso wenig ausschließen, wie den einem Titelblatt einer Modezeitschrift entstiegen scheinenden Frauenschwarm, der sogar die Blicke der alternativen, jungen Mädchen in den Cafés auf sich zieht. Weder noch!

Mein Mobiltelefon klingelt und er ist dran. David ist mit dem Auto unterwegs und findet keinen Parkplatz. Er will kurz im Halteverbot anhalten und uns einsammeln. Das macht das Erkennen einfach. Und so finden wir den 29-Jährigen mit gelbem Hemd und schütterem Haar kurz darauf am Straßenrand vor der nur wenige Meter entfernten Kirche Panagia Dexia. Er ist mir sofort sympathisch und ihn umgibt eine besondere, geistige Aura, die auch Eva in ihren Bann zu ziehen scheint. Sie schaut entzückt. Herzlich begrüßen wir uns und steigen schnell in Davids kleinen Opel, der in zweiter Reihe auf der Egnatia-Straße parkt. Nervös setzt sich David hinter das Steuer, dann warnt er uns vor seinen ›Fahrkünsten‹: »Ich habe den Wagen erst gestern bekommen. Den Führerschein habe ich zwar seit Ewigkeiten, ich bin aber zehn Jahre lang überhaupt kein Auto gefahren.

Ich übe also noch!« Angespannt greift er zum Lenkrad, um das Gefährt aus dem dichten Verkehr der Innenstadt herauszubugsieren.

»Schön, dass wir uns zum Spaziergang treffen. Ich schlage vor, wir beginnen an der »Nea Paralia« und spazieren von dort in Richtung Stadt«, sagt David. Ein guter Plan, denn der Parkplatz am Hafen fällt recht großzügig aus, und der Kleinwagen wird dort sicher leicht Platz finden. Doch bis dahin ist es noch ein weiter Weg. Zwar nicht von der Entfernung her, aber gefühlt. Ich bin nicht zimperlich, aber Davids Fahrkünste sind speziell. Angst verspüre ich zwar erstaunlicherweise keine, aber von einer entspannten, flüssigen Stadtrundfahrt zu sprechen, wäre verwegen.

Wilde Hupkonzerte gehören in Griechenland zum Alltag jedes Autofahrers, aber das, was hinter uns an Ampeln und Kreuzungen regelmäßig und unregelmäßig nach jedem Motorabwürgen aufbrandet, gleicht einer Sturmflut. Ich bin ganz offenbar nicht der Einzige, der sich über das kleine, blaue Auto wundert, das sich so seltsam ruckelig durch die Stadt quält. Trotz der Fahrweise und des stetigen, ohrenbetäubenden Hupkonzertes hinter uns, ist die Stimmung im Wageninneren prächtig. Am Ende des Boulevards Alexander des Großen parken wir das gequälte Vehikel auf dem geräumigen Parkplatz neben der Konzerthalle am Meer. David entsteigt sichtlich angestrengt und erleichtert. Man könnte ihn jetzt glatt für einen Opernsänger halten, der sich nach erfolgreicher Generalprobe völlig verausgabt zu seinem Auto schleppt. »Endlich können wir unseren Spaziergang beginnen«, sagt er.

Kurz darauf ist David bereits wieder bei bester Laune. Wir blicken zu dritt fröhlich auf die Skyline von Thessaloniki, die im wolkenverhangenen Novemberhimmel trübe vor uns liegt. Trotz des mäßigen Wetters sind wir beeindruckt von der »Nea Paralia«, der neuen Promenade am Meer. Mit viel Geld und finanzieller Unterstützung der EU wurde hier eine moderne, mehrere Kilometer lange Flaniermeile an der langen, sichelförmig geschwungenen Küstenlinie gestaltet, die parallel zum Alexander-der-Große-Boulevard am Meer entlang führt. Ihre Errichtung war offenbar ein großer Erfolg, denn selbst bei trübem Wetter wie heute lockt sie viele Spaziergänger an. Thessaloniki bewegt sich! Im Vergleich zu Athen wirkt es europäischer und geordneter. Nach wenigen Metern traue ich meinen

Augen kaum. Ein blaues Schild, das ich bisher noch nirgendwo in Griechenland gesehen habe, steht mitten auf der Flaniermeile und grenzt mithilfe einer gelbgestrichelten Linie einen Streifen des breiten Fußweges ab. Ein Radweg!

Fahrräder sind in Griechenland eigentlich äußerst selten. Thessaloniki macht eine Ausnahme. »Hier bin ich schon als kleiner Junge immer Fahrrad gefahren«, erzählt David. »Damals noch auf der alten Promenade, die natürlich viel holpriger und nicht so gut dazu geeignet war.« Heute ist es ein für griechische Verhältnisse paradiesisches Vergnügen über den glatten Asphalt zu radeln. Es kommen uns immer wieder Kinder, Jugendliche und Erwachsene jeden Alters auf ihren großen und kleinen Rädern entgegengestrampelt. Wir jedoch bleiben bei unseren sechs Füßen und durchwandern die verschiedenen, thematisch gestalteten Parkanlagen, die den Fußgängerboulevard säumen. Die Flaniermeile bietet für jeden etwas, und das sogar in geregelter Ordnung. Hübsch angelegte Parkanlagen im Stile einer Bundesgartenschau: ein Abschnitt geprägt durch Holzkonstruktionen, einer mit futuristischen Betoninstallationen, asiatische Steingärten und mittendrin ein gepflegter Kinderspielplatz. Der Spaziergang wird nicht eintönig. Die breite Promenade, so erzählt David, sei sogar einmal von Piloten versehentlich für die Landebahn des nahe gelegenen Flughafens gehalten worden. Erst im letzten Moment ist der Irrtum bemerkt und ein Unglück abgewendet worden. Die futuristisch anmutende Wegbeleuchtung scheint tatsächlich eher einem Airport gerecht zu werden, als dass sie zum romantischen Abendspaziergang einlädt. Und dennoch ist hier stets viel los.

Nach einer knappen Stunde Fußweg endet der moderne Teil und wir erreichen den alten Fußweg in Zentrumsnähe. Ab hier geht es holpriger weiter. Zum Teil wackelige, zum Teil fehlende Betonplatten dienen noch als Gehwegbelag. Löcher und Stolperfallen machen das Radfahren hier schwieriger, doch ich verspüre einen besonderen Charme. Die »alte Paralia« wirkt gemütlicher. Hier sitzen alte Männer am Ufer und angeln kleine Fischchen, während die Großmütter mit den Enkeln auf dem angrenzenden alten Spielplatz, mit seinen rostenden Rutschen und Schaukeln, toben. Ein klein wenig ist es wie ein Spaziergang durch die Zeit. Hier auf dem ursprünglichen Fußweg kann ich mir auch den kleinen David auf seinem Fahrrad besser vorstellen. Dabei fällt mir ein, dass ich den inzwischen erwachsenen David fragen wollte, wie er zu seinem nichtgriechischen Vornamen gekommen ist.

»Der beste Freund meines Vaters war Jude«, erzählt David. »Und dieser Freund hieß David.« Das war in den 30er-Jahren. Vor dem Zweiten Weltkrieg war Thessaloniki eine jüdisch dominierte Stadt. Viele zehntausende Juden lebten hier.

»Als die Nazis nach Griechenland kamen, fragte der Jude David seinen besten Freund, also meinen Vater, ob dieser sein Haus haben wolle. Die jüdische Familie fühlte sich nicht mehr sicher und wollte aus der Stadt verschwinden«, erzählt David, was ihm sein Vater vor Jahren anvertraut hat. »Mein Vater aber hatte in der damaligen Situation Angst in das Haus eines Juden einzuziehen. So weit war es damals schon gekommen. Seinem besten Freund versprach er allerdings eines: Wenn er, mein Vater, irgendwann einmal einen Sohn haben sollte, dann würde er ihn nach David benennen. So kam ich zu meinem ungriechischen Vornamen«, sagt David der Grieche.

Wir sind inzwischen im Zentrum von Thessaloniki angelangt und stehen vor dem Weißen Turm, *dem* Wahrzeichen der Stadt. Die weiß getünchte Rotunde ist der letzte erhaltene Eckturm der Hafenbefestigungsanlage, die im 15. Jahrhundert von den Osmanen errichtet worden war. Die unterschiedlichen Herrscher der Stadt haben ihn jeweils zu ihren Zwecken genutzt. Auch die Deutschen während des Zweiten Weltkriegs. Ihnen diente er als Waffenarsenal. Heute befindet sich im Inneren des Turms das Museum für Stadtgeschichte. Während wir das imposante Äußere der Rotunde bewundern, treffen wir zufällig auf Gesa. Sie ist eine von Davids deutsch-griechischen Freunden in der Stadt. Für den Deutschen Akademischen Austauschdienst arbeitet Gesa als Lektorin für die deutsche Abteilung der Universität. David studiert nach seinem erfolgreich absolvierten Theologiestudium jetzt Germanistik. Sprache und Gott faszinieren ihn, und so werden auch die nächsten Stunden unseres Spaziergangs göttlich interessant. Auch Gesa werden wir an diesem Tag noch einmal wiedersehen. David hat in einer Taverne von Freunden einen

Tisch für heute Abend reserviert. Er verspricht uns, dass wir dort das leckerste Essen der Stadt bekommen werden. Gesa bestätigt das, freut sich auf den Abend und verabschiedet sich zunächst von uns.

Ich bin neugierig geworden. »Warum hast du nach deinem Theologiestudium nun Germanistik studiert?«, frage ich.

»Ich habe nach meinem erfolgreichen Abschluss in der Orthodoxen Akademie auf Kreta gearbeitet«, sagt er. »Aber wie es auch in irdischen Berufen vorkommt, war der Job dann doch nicht die Erfüllung. Das Umfeld war irgendwie nicht das richtige für mich und außerdem hatte ich Sehnsucht nach Thessaloniki. Ich bin also wieder nach Hause zurückgekehrt und habe beschlossen, etwas völlig anderes zu machen. So kam ich zur Germanistik. Die Kirche bedeutet mir dennoch sehr viel. Privat bin ich ihr heute noch sehr verbunden, und ich singe auch sonntags in der Kirche.«

Der Tag neigt sich allmählich seinem Ende entgegen. Es dämmert bereits, als wir die Nikis-Straße, die zwischen Hafen und Weißem Turm am Meer entlang führt, überqueren. Im Herzen der Stadt, zwischen Hafenpromenade und der wichtigsten Einkaufsstraße, liegt der belebte Aristoteles-Platz. Der große Philosoph der Antike, der dem Platz seinen Namen gegeben hat, wurde auf der Halbinsel Chalkidiki, in der Nähe von Thessaloniki, geboren. Aristoteles ist einer der berühmten Söhne der Stadt. Er war der Lehrer Alexanders des Großen und nach ihm ist auch die Universität der Stadt benannt. Zu seinen Ehren wurde auf dem Aristoteles-Platz sein Standbild aufgestellt. Um dieses herum herrscht reges Treiben, ähnlich dem in Chalkida auf der Insel Euböa, wo ich ebenfalls eine Aristoteles Statue habe bewundern können, dort allerdings in der Nähe seines Sterbeortes. Wir sind nun auch wieder in Bewegung, wie der Grund für des Philosophen Ableben.

Es ist bereits nach 18 Uhr und wir müssen uns beeilen, wenn wir, wie geplant, noch einen kurzen Blick in die bedeutendste Kirche der Stadt, die Hagia Sofia, werfen wollen. Unseren ursprünglich geplanten Besuch bei Davids Freund, dem Konditor, haben wir gerade eben aus Zeitgründen absagen müssen. Ganz zum Leidwesen von Eva, die sich schon sehnsüchtig auf ein Tsoureki gefreut hatte. Doch als wir vom Aristoteles-Platz in die Tsimiski-Straße einbiegen, bleibt Eva wie gebannt an einer riesigen Schaufensterscheibe stehen. Ihre Augen kleben förmlich auf der Auslage hinter der Glasfront. Eine der besten Konditoreien der Stadt verkauft hier edelste Leckereien und stellt ihre göttlich süßen Speisen geschickt drapiert zur Schau. Es läuft inzwischen nicht nur der Naschkatze Eva das Wasser im Munde zusammen. Zwischen unzähligen Torten, Küchlein, Baklava und Halva entdeckt Eva auch Tsoureki. Ein süßliches, brotartiges Gebäck, das traditionell zu Ostern in Zopfform gebacken wird. Aber auch während des restlichen Jahres müssen die Naschkatzen eigentlich nicht leer ausgehen. Eva heute allerdings schon, denn irgendwie gelingt es uns, sie und uns selbst unter dem Vorwand von der Schaufensterscheibe loszureißen, ihr morgen noch ein stattliches Paket als Reiseverpflegung mit auf den Weg zu geben. So schaffen wir es gerade noch rechtzeitig zur Hagia Sofia, in der bereits die Vorbereitungen für eine Hochzeit in vollem Gange sind.

Der Nachbau der Hagia Sofia aus Konstantinopel fällt hier in Thessaloniki zwar deutlich kleiner aus, dennoch ist das Gebäude aus dem 8. Jahrhundert ein beeindruckendes Bauwerk und es zählt zum UNESCO-Weltkulturerbe.

»Ich liebe die Atmosphäre in Kirchen«, sagt David. »Wollt ihr nicht morgen früh mitkommen, wenn ich in der Kirche singe?«, fragt er uns. »Ich bin der Protopsáltis, der Vorsteher der Kirchensänger. Ich singe zwar nicht hier in der Hagia Sofia, aber es wäre sicher ein schönes Erlebnis für euch.« Spontan sagen wir zu, ihn zu begleiten.

»Prima, ich hole euch also morgen früh um 8 Uhr ab. Die Kirche liegt etwas außerhalb der Stadt, wir fahren am besten mit meinem Wagen«, sagt David, der sich über unser Interesse freut.

Inzwischen wird bereits der Hochzeitsteppich in der Hagia Sofia ausgerollt und wir verlassen nun besser die Kirche. Es wird zusehends hektisch. Blumen, Kränze, Bäumchen werden gebracht, Kerzen und Dekorationen aufgebaut. Eine Hochzeit ist eben ein griechisches Großereignis. Hunderte Gäste kommen üblicherweise zur Trauung, und nicht selten wird tagelang gefeiert. Wir stehen also besser nicht im Weg und gehen lieber einen Kaffee trinken.

In der nahe gelegenen Iktinou-Straße reiht sich ein gemütliches Café an das andere. Der leichte Nieselregen hält die Menschen nicht davon ab, auch im November draußen zu sitzen, und auch wir nehmen unter einem der großen Schirme Platz. In einem Café mit dem originellen Namen »Denkmalschutz« bestellen wir Frappé und sonstige Kaffeespezialitäten. Der Kaffee tut gut nach unserem kilometerlangen Spaziergang durch die Stadt. Geführt von David machen wir uns danach wieder auf den Weg. Durch kleine Straßen und Gässchen, abseits der üblichen Touristenrouten erreichen wir schließlich die Kimonos-Vogas-Straße. In dem Gebäude mit der Nr. 56 finden wir die Taverne »Glykiá Methi«.

»Das ist es«, sagt David. »Hier kocht mein Freund Dimitris das beste Essen der Stadt, wenn nicht sogar ganz Europas!«

Ich denke, dass fast jede Taverne in Griechenland von sich behauptet, das beste Essen zu haben. Die Griechen übertreiben in solchen Dingen gerne. Der Wettstreit um die besten Vorspeisen zwischen Athener und thessalonikischen Köchen ist landesweit bekannt.

Gesa ist schon da, als wir eintreten. Sie hat ihren Kollegen Jupp aus Leipzig mitgebracht. Die zwei zieht es regelmäßig wegen des herausragenden Essens und der gemütlichen Atmosphäre hierher. Gesa und Jupp warten bereits hungrig auf uns. David umgibt sich gerne mit Deutsch sprechenden Freunden, und in Thessaloniki ist er damit ganz sicher nicht der Einzige. Sehr viele Griechen aus der Gegend zog es in den vergangenen Jahrzehnten zum Arbeiten nach Deutschland und so spürt man allenorten, dass Griechen und Deutsche hier sehr gut miteinander harmonieren. Die kulturellen Unterschiede werden wegen des regen Austausches hier vielleicht besser verstanden als anderswo. Auch unsere kleine, illustre Runde, die nach einer herzlichen Begrüßung an einem gemütlichen Tisch Platz nimmt, versteht sich ausgezeichnet. Bald schon erscheint Dimitris, der Chef der Taverne. Auch er spricht deutsch. Er hat einige Jahre in der Schweiz gekocht, bevor es ihn vor kurzem wieder nach Hause gezogen hat. Die hungrigen Spaziergänger-Mägen bekommen kurz darauf zahlreiche Vorspeisen zu probieren, die ihnen von Dimitris Schwester Rika an den Tisch getragen werden. Ein zauberhaftes Tarama, ein verzückend aromatisches Tsatsiki, ein toll knackig gegrillter Oktopus und andere kleine Köstlichkeiten mäßigen unseren ersten Bärenhunger und machen Appetit auf mehr. 1:0 für Thessaloniki im Vorspeisen-Wettkampf!

Zwischen den Gängen zeigt mir Dimitris seine Küche. Klein, aber fein, und schweizerisch sauber ist es hier. Fast penibel. Ich bin verwundert, wie der alpenerprobte Koch aus seiner kleinen Küche alles herausholt und Großes auf die Tische zaubert. Und plötzlich kommt auch schon Rika mit unserer Fleischplatte für fünf Personen um die Ecke gebogen. Ein Riesending, die Fleischplatte, und so schmackhaft, dass wir geneigt sind, jeder eine eigene zu bestellen. Es duftet köstlich von der Küche bis zur Eingangstür. Wir mampfen uns durch die verschiedenen, würzig gegrillten Fleischsorten. Ja, so stellt man sich das Ende eines langen Tages vor.

Aber ...

... nach einer freundlichen Verabschiedung mit vollen Bäuchen vom geschmeckten Sternekoch und seiner Schwester Rika wenden wir uns zunächst wieder der Promenade am Meer zu. Sie ist nicht weit entfernt. Die zweitgrößte Stadt des Landes ist überschaubar und nicht vergleichbar mit dem Metropolen-Moloch Athen. Schon nach wenigen Minuten sind wir an Davids Auto angelangt. Wir haben jetzt noch eine Verabredung mit zwei Kommilitoninnen von David, wie er uns soeben spontan mitteilt. Elisabetha und Eleftheria kennen sich gut aus in Thessalonikis Nachtleben und sie wollen uns noch ein wenig herumführen. Nur ein bisschen, ganz entspannt. Mit dem Auto machen wir uns auf, in die am Berg gelegene Oberstadt. Auf dem Gipfel thront imposant die Festung. Auf halber Bergstrecke steigt Elisabetha zu uns. Den steileren Weg hinauf begleitet uns dann zusätzlich das Kreischen des Motors, wenn David falsch schaltet. Das tut er oft. Hinzu gesellen sich die Anweisungen der weiblichen Beifahrer, wie man ordnungsgemäß am Berg anfährt, ohne den Motor abzuwürgen. Davids Stirn ist voller Schweißperlen, als wir auf dem Berg ankommen. Mindestens 30 bis 40 Mal hat er den Wagen abgewürgt und musste sich gute Ratschläge anhören. Aber er nimmt das gelassen, göttlich gutmütig. Hier oben in der Nähe der berühmten Zitadelle aus byzantinischer Zeit bietet sich uns ein beeindruckender Ausblick auf die Stadt und den Thermäischen Golf. Die Strapazen der Anfahrt sind schnell vergessen; die Stimmung ist ohnehin blendend. Der Lichterglanz der Millionenstadt ist gerade nachts ein Erlebnis. Es ist kurz vor Mitternacht, als sich nun auch Eleftheria zu uns gesellt. Gemeinsam geht es bergab. Zurück ins Zentrum.

Drei Germanistikstudenten, eine Halbgriechin und ein griechisch sprechender Deutscher im Auto. Ganz klar, hierbei entstehen die kreativsten Wortschöpfungen. Es wird gekauderwelscht und gelacht was das Zeug hält. David will noch schnell tanken und Eleftheria erklärt ihm, dass er dann schnell wenden und die Straße zurückfahren müsse. Eine der wenigen Tankstellen in der Nähe liege hinter uns. Leichter gesagt als getan. Hier darf David nicht abbiegen. An der nächsten Kreuzung, an der das erforderliche Linksabbiegen oder Wenden zwar weiterhin verboten ist, ruft Eleftheria von hinten fröhlich nach vorn: »Hier kannst du umdrehen. Es ist verboten, aber mach's!«

Irgendwie gelingt dem erschöpften David die Drehung im dritten Gang. Der Motor gurgelt dabei im niedrigstmöglichen Drehzahlbereich. Kurz darauf fragt David an einer roten Ampel die Mitfahrer, was es wohl mit diesem Leuchtsignal im Armaturenbrett auf sich habe.

»Das muss dein Fernlicht sein!«, ruft jemand von hinten.

Keine Frage, wir waren alles andere als unterbeleuchtet den Berg heraufgekommen. Glücklicherweise parken wir das geschundene Gefährt wenig später wieder in der Stadt. Wir haben mit Gottes Hilfe einen Parkplatz in der jetzt restlos überfüllten City gefunden. Der Opel erholt sich. Unser nächtlicher Spaziergang kann beginnen!

Über die »Platía Aristotélus« – den Aristoteles-Platz – gelangen wir wieder zum Meer. Im Zentrum tummeln sich jetzt Menschenmassen auf den modern gestalteten Gehwegen vor den unzähligen Cafés und auch auf dem alten Teil der Promenade geht es turbulent zu.

»Derzeit ist es total *in*, draußen vor den Lokalen an Stehtischen zu stehen oder auf Barhockern zu sitzen. Dicht gedrängt bei so lauter Musik, dass man sich kaum unterhalten kann«, brüllt Elisabetha zu uns herüber, als wir an den lautesten Cafés der Stadt oder vielleicht ganz Griechenlands vorbeikommen. Auf dem Nikis-Boulevard amüsiert sich die Jugend. Zahlreich, laut und bestens gelaunt. Die Stimmung ist großartig, hauptstadtgemäß ist sie allemal. Wir schlendern weiter und erreichen nach wenigen hundert Metern das Ladadika-Viertel, das der großartige Musiker Mitropanos bereits vor langer Zeit besungen hat. In den schummrigen, verwinkelten Gassen des altertümlichen Hafenviertels ist abends eine Menge los. Hier reiht sich Taverne an Taverne und eine Live-Musik-Darbietung an die nächste. Wir kämpfen uns über das Kopfsteinpflaster durch die überfüllten, stimmungsvollen Gassen. Bouzoukiklänge überall, Kellner eilen umher, bringen Retsina, Tsipouro und Ouzo, tragen Essensplatten und nehmen im Umherfliegen Bestellungen entgegen. Ein irres Treiben. Wer romantisch und ruhig etwas essen will, ist hier falsch. Wer aber das griechische Lebensgefühl hautnah erleben will, ist an einem Samstagabend hier genau richtig. Es ist jetzt ein Uhr nachts. Wir hätten in den Tavernen heute wohl keinen Platz gefunden. Selbst um diese Uhrzeit nicht. Alles voll! Da wir uns aber ohnehin nur umsehen wollten, erfreuen wir uns an den vielen vollen Tischen, dem fröhlichen Gelächter und der lebhaften Musik in allen Ecken und Winkeln. Heiterkeit pur. Nur wenige Straßenbiegungen weiter ist es plötzlich ruhiger. Zwar gibt es hier genauso viele Cafés, Bars, Musikkneipen und Tavernen, doch ist die Stimmung vergleichsweise gedämpft.

»Bis vor wenigen Jahren war es an den Wochenenden hier immer prall gefüllt«, sagt Elisabetha. Aber bei den jüngeren Leuten sei diese Gegend derzeit gerade *out*.

Eleftheria ergänzt: »Das Klientel, das heute an der Küstenstraße feiert, hat sich früher hier amüsiert.«

Wir beschließen, den Tag bei einem letzten Absacker in einer ruhigen, gemütlichen Kneipe Revue passieren zu lassen. Die Vorschläge, wohin es gehen könnte, überschlagen sich. Jupp ist durstig. Er will ein schnelles Bier. Aber da es an Möglichkeiten der guten Unterhaltung in der Stadt wahrlich nicht mangelt, ist die Entscheidung, wohin es gehen soll, nicht so schnell getroffen. Geführt von unseren Nachtschwärmerinnen geht es zunächst zu den alten Docks im Hafen. In den ausgemusterten Hafengebäuden sind in den letzten Jahren Cafés, Kneipen und Diskotheken eingezogen. Als wir in das Hafengelände einbiegen, wird gleich klar: Einen Platz für sechs Personen werden wir hier nicht finden. Auch die alten Docks platzen aus allen Nähten. Obwohl uns inzwischen die Füße schmerzen gehen wir weiter. Noch einmal den Nikis-Boulevard entlang, bis zum Weißen Turm. Hier in der Nähe kennt David ein gemütliches Café. Und wenig später sitzen wir endlich. Wir blicken durch die Panoramafenster auf das Meer und die nächtliche Promenade und trinken auf den gelungenen Spaziergang bei Tag und bei Nacht. Jupp bekommt endlich sein Bier und alle anderen auch das jeweils Gewünschte. Eine verdiente Erfrischung nach diesem langen Tag, bei der wir nun noch aufmerksamer David zuhören können. Er erzählt unter anderem von seinem Theologiestudium und seinem anschließenden Job auf Kreta. Für die Kirche ist es sicher ein Verlust, dass David nicht als Theologe weiterarbeiten wollte, denn er versteht es, den Menschen Interesse am Glauben zu vermitteln. Selbst in mir wächst die Neugierde an der griechisch-orthodoxen Kirche, über die mir vor Jahren ein alter Fischer auf der Peloponnes sagte:

»Junge, geh nach Europa und erzähle dort allen, dass uns die Kirche in Griechenland tyrannisiert.«

Als wir schließlich beim letzten Bier sitzen, erzählt David, was Kirche für ihn bedeutet:

»Orthodoxie bedeutet rechter Glaube. Das findest du in jedem Religionslexikon. Das ist es aber nicht, was die Orthodoxie ausmacht. Auch die Unterschiede zwischen den christlichen Konfessionen spielen keine so wichtige Rolle. Es muss vielmehr darum gehen, klar zu machen, dass Glaube, ›Glaube an Gott‹, eben ›Teilnahme und Teilhabe an Gott‹ bedeutet. So wie Mann und Frau sich lieben und jeder an jedem Teilnahme erfährt, so ist das auch in der Beziehung zu Gott. Diese Erfahrung macht man in Gesellschaft, indem du Leute findest, die diese Beziehung ausstrahlen. Das findet man auch in den Klöstern, die diese Beziehung ausschöpfen. Aber das Problem der Kirche ist, dass sie den Klöstern und Asketen einen zu hohen Stellenwert beimisst. Vielleicht einen höheren als den normalen Sterblichen. Deshalb sollte man beide Seiten erleben. Gott ist überall und allgegenwärtig.«

Inspiriert von Davids Ausführungen reift in mir der Entschluss eines Tages für ein paar Tage in ein griechisches Kloster zu gehen. Am besten auf dem Berg Athos.

»Ja, das ist eine gute Idee!«, sagt David. »Mein ehemaliger Chef hat einmal gesagt: Christ sein ist, auf einem gespannten Seil zu tanzen. Damit meinte er, dass das Leben eines Christen gleichzeitig fröhlich und auch sehr schwer sein kann. Denn als Mensch kann man der Versuchung nicht widerstehen, zu resignieren, zu ignorieren oder Gott auch aus seinem Leben herauszutrennen. Das ist normal und für menschliche Verhältnisse sogar sehr logisch. Doch Beziehungen gehen durch dick und dünn. An Beziehungen heißt es zu arbeiten.«

Vielleicht würde mir im Kloster die Bedeutung des Glaubens deutlicher. Ich frage David, was für ihn die Orthodoxie ausmacht und er antwortet: »Ein Hirte wurde mal gefragt, was für ihn Orthodoxie bedeutet. Er zeigte auf eine Kapelle und sagte, dass er glaube, was die Kirche glaubt. Und als er gefragt wurde, was die Kirche glaubt, antwortete er: ›Das, was ich glaube.‹ Die Kirche ist auf jeden Fall ein Zusammentreffen der Gläubigen, die sich zusammentun, das Abendmahl zu feiern. Durch dieses Abendmahl finden wir die Einheit aller.«

Ist das vielleicht der Grund, warum die Griechen so gerne in großer Runde – in »paréa« – essen? Hinter uns liegt jedenfalls ein geselliger Tag in Thessaloniki, mit einem leckeren »Abendmahl« und einem ausgiebigen Verdauungsspaziergang. Allmählich wird unsere Runde müde. Es ist immerhin drei Uhr nachts geworden. Nur David hat jetzt scheinbar unendliche Energie und er fährt fort:

»Weißt du, die Kirche spielt eine sehr große Rolle im Leben der Griechen. Das siehst du an den vielfältigen Ereignissen: nicht nur Geburt, Hochzeit oder das Begräbnis, sondern es geht bis hin zur Neueröffnungsweihe eines Unternehmens oder der Weihe eines Autos. Der Segen muss für uns immer dabei sein.« David lehnt sich entspannt und zufrieden in seinem Sessel zurück.

Ein passendes Schlusswort. Wir brechen auf. Bevor sich die Gruppe in alle Himmelsrichtungen verstreut, machen wir zum Abschied ein Gruppenfoto vor dem Weißen Turm. Als Erinnerung an einen schönen Tag in guter paréa. Gleichzeitig versprechen wir uns ein baldiges Wiedersehen. Unter Davids Leitung wollen wir dann die berühmten Meteora-Klöster besuchen und einen Einblick in das dortige Klosterleben bekommen.

Gegen vier Uhr in der Nacht verabschiede ich mich in der Nähe der Kamára von David. Beinahe hätte ich vergessen, wohin er mich am nächsten Morgen mitnehmen will. Und vor allen Dingen um welche Uhrzeit! Ich bitte ihn in meinem aktuellen Erschöpfungszustand um Verständnis, dass ich doch lieber ein anderes Mal mit in die Kirche kommen wolle. Der Gedanke, nach diesem langen Tag nur drei Stunden zu schlafen und anschließend eine längere Reise antreten zu müssen, entsetzt mich. Am nächsten Mittag hingegen bereue ich, nicht mitgegangen zu sein. Als ich mit David telefoniere, erzählt er, wie gelungen die Messe war. Der Priester habe ihm im Anschluss sogar auf dem Parkplatz sein neues Auto gesegnet. »Me já« wünscht man bei allem Neuen, wie mir die Germanistikstudentinnen am Abend zuvor erklärt und was sie auch Davids Auto schon gewünscht hatten. Der fromme Segen des Priesters dürfte jedoch sicherer sein. Dennoch bin ich überzeugt, dass, nicht zuletzt wegen unseres Spaziergangs, David lieber zu Fuß in seiner Stadt unterwegs ist, als sich mit dem Auto durch das Verkehrschaos zu quälen. Und so freue ich mich auf ein Wiedersehen. In Thessaloniki, in Meteora oder sogar in Berlin, denn David hatte mir erzählt, dass er seinen Freund, den Pfarrer Emmanuel, dort besuchen will. Klein ist die Welt! Eben diesen Emmanuel hatte ich auch vor einiger Zeit in Berlin kennengelernt. Ein Grund mehr, ihm nach meiner Rückkehr aus Thessaloniki einen Besuch in seiner griechisch-orthodoxen Kirche in Berlin abzustatten.

Und einige Zeit später ...

... besuche ich an einem eiskalten Sonntag den Gottesdienst in der Kirche der Himmelfahrt des Herrn in Berlin-Steglitz. Die Kirche ist überfüllt. Ein Kommen und Gehen herrscht hier. Ein munteres Treiben, fast wie im »Ladadika« in Thessaloniki. Kinder, Eltern und Großeltern zünden Kerzen an, beten und küssen Heiligenbilder. Eine große, zufriedene Gemeinde. Nach der göttlichen Liturgie gehe ich zu Emmanuel. Der immer gut gelaunte Pater sieht mich, erkennt mich wieder und wir begrüßen uns herzlich. Er freut sich über meinen Besuch.

»Geh schon mal nach oben und trink einen Kaffee. Ich brauche hier noch ein paar Minuten, dann komme ich zu dir«, sagt er und macht sich daran aufzuräumen.

Im Obergeschoß der Kirche befindet sich ein Gemeinschaftsraum, in dem sich einige Gläubige nach der Messe einfinden. Dicht gedrängt ist es hier und in bester Laune wird Kaffee eingeschenkt und werden Kekse und Kuchen gegessen. Alltagsgeschichten werden ausgetauscht, Neuigkeiten erzählt. Die Griechen sind eben nicht gerne alleine und ihren Kaffee trinken sie immer in Gesellschaft.

Kurz darauf erscheint auch Emmanuel und wir ziehen uns zum Plaudern an einen ruhigeren Ort zurück. Ich erzähle ihm von meinem Spaziergang mit unserem gemeinsamen Freund David und davon, dass sich dieser sogar sein Auto hat segnen lassen. Und ich erzähle von meinem Buch.

Emmanuel ist begeistert: »Mir gefällt, dass du Brücken baust«, sagt er. Und während wir im Rund der Himmelfahrtskirche stehen, ruft er mir fröhlich zu: »kalí epitichía – Viel Erfolg!«

»An Ostern will David nach Berlin kommen«, sagt Emmanuel freudig. Dann wollen wir uns alle wiedersehen. Die griechisch-orthodoxe Kirche ist mir dank David und Emmanuel, aber nicht nur ihretwegen, irgendwie sehr sympathisch geworden. Der Priester muss nun eine Taufe zelebrieren. Er muss sich beeilen. Zum Abschied drücke ich ihm den Entwurf dieses Kapitels in die Hand. Wir lächeln uns an und ich sage: »Me já – Mit Gesundheit!«, wie es wörtlich übersetzt heißt!

Für alle Naschkatzen, aber besonders für Eva, findet sich hier das Rezept für ein echtes thessalonikisches Tsoureki:

›Tsoureki‹
Τσουρέκι

Zutaten:
2 Päckchen Trockenhefe, 1 Tasse heißes Wasser, 1 kg Mehl, 1 ½ Tassen Zucker, eine Prise Salz, 200 g zerlassene Butter, 1 TL gemahlener Kardamon, 1 TL gemahlene Felsenkirschen-Früchte (auch Mahlap oder Machlepi genannt), 1 Tasse heiße Milch, 6 Eier.

Zubereitung:
Achten Sie darauf, dass alle Zutaten und alle Utensilien, die Sie verwenden, Zimmertemperatur haben.
In einer Schüssel Hefe in heißem Wasser auflösen, 6-7 EL Mehl untermischen, gut verrühren und an einem warmen Ort ca. 30 Min. gehen lassen. In eine andere große Schüssel Zucker, Kardamon, Felsenkirschen-Früchte, Salz und Butter mischen. Milch dazugeben und alles gut vermengen. Eier, eins nach dem anderen, dazu geben und unter die Masse verarbeiten. Die aufgegangene Hefe untermischen und anschließend das Mehl nach und nach zugeben. Dabei mit den Händen einen Teig herstellen, der sich locker kneten lässt. Die Schüssel abdecken und den Teig an einem warmen Ort für ca. 1 Stunde aufgehen lassen.
Teig in 3 Rollen teilen und auf einer bemehlten Fläche zu einem Zopf formen. Zopf auf ein mit Backpapier belegtes Blech legen und erneut an einem warmen Ort für ca. 1/2 Stunde aufgehen lassen.
Den aufgegangenen Zopf mit verquirltem Eigelb bestreichen und mit Mandelplättchen verzieren. Im vorgeheizten Ofen 50-60 Min. bei 200° C backen. Blech aus dem Ofen nehmen, auf ein Gitter stellen, Zopf mit einem Handtuch abdecken und dann in Plastikfolie hüllen, damit er schwitzen kann.

Tipp:
Servieren Sie den Zopf in Scheiben geschnitten zum Kaffee. Das besondere Aroma der Gewürze verschafft eine unwiderstehliche Atmosphäre. Fast wie auf dem Aristoteles-Platz in Thessaloniki.

Als ich im Februar 2010 für einige Tage bei meinem guten Freund Perikles auf der Peloponnes zu Besuch bin, ist die griechische Wirtschafts- und Finanzkrise Thema Nummer 1. Am Abend mache ich einen Spaziergang durch das kleine Dorf Tolo. Vor dem Supermarkt stehen einige Männer zusammen und diskutieren heftig gestikulierend:

»Die sind verrückt geworden. Jetzt woll'n sie sogar, dass wir unsere Inseln verkaufen.«

»Wer?«

»Na diese Deutschen. Verrückt, sag ich dir.«

»Also lagen die Jungs letztens beim Karnevalsumzug doch nicht so verkehrt.«

Ich gehe lieber schnell weiter. Perikles hatte schon erzählt, was beim diesjährigen Karneval in Tolo für Furore gesorgt hatte: Einige Jecken kamen als Nazis verkleidet mit nachgebauten Armeemotorrädern ins Dorf eingefahren. Das löste heftige Diskussionen aus. Sogar das griechische Fernsehen berichtete. »Die faschistischen Eroberer sind wieder da.«

Auslöser für die Spannungen im deutsch-griechischen Verhältnis waren Forderungen einzelner Politiker in Deutschland, Griechenland solle doch ein paar Inseln verkaufen, um seinen Staatshaushalt wieder auf Vordermann zu bringen. Dass solche Forderungen zu Diskussionen führen würden, war abzusehen. Was wäre in BILD-Deutschland los gewesen, hätte jemand den Versuch unternommen, den Deutschen das Bierbrauen zu verbieten oder die Bundesliga abzuschaffen.

Auch am Periptero – dem Kiosk auf der Dorfstraße – sind die deutschen Einlassungen zur griechischen Krise *das* Thema: »Die kommen immer zu uns, um Urlaub zu machen, jetzt müssen sie uns in der Krise eben Geld schicken.«

»Ja, das ist nur gerecht.«

»Unser Land haben wollen, aber nicht dafür zahlen. Das geht nicht!«
Puh! Schwierige Situation. Der Tourismusbranche ging es zuletzt nicht gut. Für das Jahr 2010 ist wieder ein Rückgang der Touristenzahlen von rund zehn Prozent vorausgesagt worden. Wie schon im Vorjahr. Die Krise kommt zur völligen Unzeit.

Ich begebe mich lieber in eines der traditionellen Kaffeehäuser. Im Kafeneion sitzen einige ältere Männer zusammen und trinken wie jeden Tag ihren griechischen Mokka. Alles ist wie immer. Auch heute Abend wird viel über Politik diskutiert. Beim Kaffee orakeln die Männer, wie es mit der Krise wohl weitergehen wird. Noch ist hier im Kafeneion alles beim Alten. Die Preise ebenso, wie die Freundlichkeit der Griechen. Doch die reinen Fakten der schwersten griechischen Wirtschaftskrise sind erschreckend.

Das Haushaltsdefizit betrug 2009 fast 13 Prozent des Bruttoinlandsprodukts (BIP), die Schuldenquote wird auf gigantische 125 Prozent des BIP ansteigen. Die hellenische Finanzkrise bringt den Euro ins Wanken, und Griechenland droht der Staatsbankrott. Die Schulden des Staats belaufen sich auf über 300 Milliarden Euro. Hinzu kommt die Verschuldung der Kommunen, die angeblich noch einmal so hoch sein soll.

Doch hier auf dem Dorf, im Alltag der Fischer, Cafébesitzer und Hoteliers, läuft scheinbar alles so weiter wie bisher. Die von der Politik angekündigten Maßnahmen zur dringend erforderlichen Sanierung des Staatshaushalts werden jedoch harte Einschnitte für alle mit sich bringen. Bereits jetzt gibt es fast täglich Proteste und Streiks. Und trotzdem kann Ministerpräsident Papandreou auf einen breiten Rückhalt in der Bevölkerung für sein ambitioniertes Sparpaket hoffen. In Umfragen liegt seine Partei rund zehn Prozentpunkte vor der größten Oppositionspartei.

Die Zahlen zur Krise fliegen in den Diskussionen nur so umher: 23 Streiktage im Durchschnitt pro Jahr. 30 Milliarden Euro Steuern gehen dem Staat jährlich verloren, weil es mit der Steuerehrlichkeit nicht weit her ist. Fast ein Viertel der Griechen arbeitet für den Staat. Für die Gehaltszahlungen der Staatsdiener gibt das Land schon 30 Milliarden Euro jährlich aus. Ich beschließe erst einmal schlafen zu gehen.

»Kalinìchta« sagt der Grieche. Gute Nacht! Es wird aber auch gerne in dem Sinne benutzt: »Na dann, gute Nacht!«

»Kaliméra Andréa, xípnises? – Guten Morgen Andreas, bist du schon auf?« Perikles ruft mich. Ich werde langsam wach, und er ruft immer noch aufgeregt nach mir. Ich solle endlich aufstehen, ein deutsches Fernsehteam komme bald. Ich verstehe nicht recht und beschließe, mit Perikles beim Kaffee zu plaudern. In der Wintersonne sitzend berichtet Perikles, dass die ARD ein Kamerateam schickt. Es soll ihn interviewen. »Zur Krise!« Und so warten wir und warten. Das Erste Deutsche Fernsehen verspätet sich jedoch um einige Stunden.

Gegen Mittag erscheinen Freunde von Perikles, um in seiner Taverne zu essen. Sie laden mich in ihre gesellige Runde ein. Wir genießen Barbounia, kleine, frittierte, rote Meerbarben. Eine Delikatesse. Dazu Salat, Kartoffelecken, Oktopus, Kalamari. Ein Tellerchen nach dem anderen wandert auf unseren Tisch, und Wein. Kiloweise Wein. Der Rebensaft wird in Griechenland traditionell in Kilogramm und nicht in Litern abgewogen.

»Perikles, bring uns noch ein halbes Kilo!«

Gläser werden gehoben. Einer aus der Runde schenkt mir nach, hebt sein Glas zum Anstoßen, schaut zu mir und ruft: »Áspro páto! – Auf ex!«

Die Runde besteht aus Rentnern, Pensionären und Staatsdienern. Obwohl wir seit Stunden über nichts anderes als die Wirtschaftskrise geredet haben, ist von einer Lebenskrise nichts zu spüren.

»Wir Griechen sind anders. Ihr Deutschen seht die Welt als etwas, das man gestalten muss. Wir hingegen sehen sie als Geschenk Gottes und daher lehnen wir uns entspannt zurück und erfreuen uns an der wundervollen Natur.«

Mein Tischnachbar hebt daraufhin das Glas und prostet mir zu. Und dann ergänzt er: »Sieh mal, es ist wie mit den Bienen. Ihr seid wie die Orangenbäume, die das ganze Jahr rastlos Früchte produzieren, und wir sind wie die Bienen, die den Honig daraus saugen.«

Plötzlich wird es auf der Terrasse hektisch. Das Kamerateam ist da – endlich. Perikles begrüßt den Redakteur herzlich und stellt ihn unserer kleinen Mittagstischrunde vor. Berauscht vom Wein wollen nun alle etwas in die Kamera sagen. Warum es aus ihrer Sicht überhaupt zur Krise kommen konnte. Der Kameramann baut auf; die leicht beschwipste Runde legt sich Antworten zurecht.

»Wir haben einfach viel zu viele Beamte«, sagt ein pensionierter Staatsdiener. »Etwa jeder vierte Grieche ist direkt oder indirekt beim Staat beschäftigt. Das kann auf Dauer nicht gut gehen.«

»Ja!«, meldet sich der nächste zu Wort. »Und wir sind auch alle viel zu früh in Rente gegangen. Viele doch schon mit 50 oder noch jünger. Wer soll das bezahlen?«

Ein noch nicht pensionierter Finanzbeamter gibt zu bedenken: »Aber die Regierung macht es uns ja auch vor. Wir haben 300 Abgeordnete im Parlament. Für gerade mal elf Millionen Einwohner. Das ist, als hättet ihr in Deutschland zweieinhalb Tausend Parlamentarier. Unvorstellbar!«

Die hohe Anzahl staatlich Beschäftigter treibt alle um. Trotzdem versucht ein jeder irgendwie beim Staat angestellt zu werden, »mónimos« zu werden, beschäftigt auf Lebenszeit. Es hat auch etwas mit Statusdenken zu tun, warum so viele in den Staatsdienst drängen. Mein Freund Georgios hat mir kürzlich aus seinem kretischen Heimatdorf berichtet:

Der reichste und angesehenste Mann des Dorfes, ein Großgrundbesitzer, habe derzeit nur ein großes Ziel vor Augen: Sein Sohn soll Beamter werden! Und zwar ein »Agronómos«. Von diesen »Ackerpolizisten« gab es früher Tausende in ganz Griechenland. Sie wachten über Felder und Weiden und sollten für Sicherheit sorgen. Tatsächlich, so wird berichtet, traf man sie jedoch vorwiegend im Kafeneion an. Nach und nach wurde der Beruf zu einem Auslaufmodell. Neueinstellungen blieben aus. Doch vor einigen Jahren hatte die damalige Regierung angekündigt, eine Reihe neuer Ackerpolizisten einzustellen. Neue Hoffnung für all diejenigen, die sich einen leichten Beamtenjob wünschen. Doch ob die neue Regierung die Ankündigungen ihrer Vorgänger übernehmen wird, ist in Zeiten der Wirtschaftskrise mehr als fraglich.

Andererseits hat der Großgrundbesitzer auf Kreta gute Kontakte zu Politikern beider großen Parteien. Daher wird er das Thema »Verbeamtung« sicher noch nicht aufgegeben haben. Auch Perikles macht dem

Kreter Hoffnung. Der ARD sagt er, dass seiner Meinung nach eines der größten Probleme Griechenlands sei, dass bislang jede neue Regierung unzählige neue Beamte eingestellt habe. »Jede Regierung, bei jedem Regierungswechsel. Sie wollen eben ihren Freunden helfen.«

Ein Verwaltungsexperte aus der Runde ergänzt Perikles: »Und so gelangen immer wieder Personen auf Posten, für die sie objektiv nicht geeignet sind. Schlecht ausgebildet, ganz ohne Abschluss oder mit völlig fachfremden Studienabschlüssen.«

Ich erinnere mich an die legendäre Geschichte des Tunnelbaus auf einer Autobahn in Nordgriechenland vor vielen Jahren. Griechenland war gerade der EU beigetreten, und die Millionen sprudelten reichlich für den Ausbau der Infrastruktur. Damals bat ein arbeitsloser Grieche, der mit seinem Comicladen pleitegegangen war, seinen Cousin um Hilfe. Der Cousin war an entscheidender Stelle im Bauministerium tätig, und so kam der ehemalige Comicladenbesitzer zum lukrativen Posten eines Bauleiters. Ohne jegliche Vorkenntnisse, dafür mit guten Kontakten. Er sollte nun den Bau eines Autobahntunnels leiten. Für diesen gruben die Bagger von beiden Seiten durch das Felsgestein aufeinander zu. Und als man sich eigentlich in der Mitte treffen sollte, stellte man fest, dass die Bagger sich um fünfunddreißig Meter verfehlt hatten. Halb so wild, wird man sich gedacht haben, denn der Tunnel wurde einfach wieder verfüllt.

»Und dann haben wir noch dieses Problem mit den horrenden Schmiergeldzahlungen«, wirft der pensionierte Beamte ein. Er nimmt sich eine weitere Meerbarbe. Kauend ergänzt er: »Überall wird Schmiergeld gezahlt. Beim Arzt, im Krankenhaus oder wenn du eine Baugenehmigung brauchst. Andreas, kannst du dich an den Skandal um die Errichtung der Kläranlage in Tolo erinnern?«, fragt er mich. Oh ja, sehr wohl. Eine lange Geschichte, und am Ende schaltete sich sogar die EU-Kommission ein. Viel Geld versickerte damals.

Schätzungen zufolge berappt »Kostas-Normalverbraucher« jedes Jahr rund 1.600 Euro Schmiergeld. Beim schnellen Arztbesuch ist ebenso ein »Fakeláki« üblich wie beim Einreichen von Bauanträgen. So werden dann zum Beispiel völlig überdimensionierte Kläranlagen errichtet, und die politischen Entscheidungsträger unterstützen das Ansinnen der großzügigen Baufirmen dankend. Am Ende bleibt ungeklärtes Abwasser, wenn die Kläranlage nicht richtig funktioniert. Der Steuerzahler ist dann der Dumme. So verwundert es auch nicht, dass so viele Griechen versuchen, ihr Geld am Finanzamt vorbei zu mogeln.

Trotz all dieser Probleme lieben die Griechen ihr Land. Ich auch! Der Pensionär wirft den letzten abgeknabberten Fischkopf auf den Teller: »Uns geht's gut. Wir haben lecker gegessen, die Teller waren voll. Jetzt sind sie leer. Na und? Beim nächsten Mal essen wir wieder genauso. Wir fragen nicht schon vorher, was hinterher kommt!«, sagt er, und lächelt satt und zufrieden.

Nach dem Dreh serviert Perikles' Schwester dem Kamerateam ein leckeres Abendessen. Es ist spät geworden, die Fernsehleute sind hungrig. Verzückt blicken sie auf die griechischen Köstlichkeiten. »Καλή όρεξη – Guten Appetit!«

Im Mai 2010 ...

... beschließen die EU-Mitgliedstaaten, ein milliardenschweres Rettungspaket für Griechenland aufzulegen. Bis zu 110 Milliarden Euro werden für die nächsten drei Jahre bereitgestellt. Der Internationale Währungsfonds (IWF) wird beteiligt. Die Lage ist dramatisch und die Griechen gehen scharenweise auf die Straße. Bei Streiks im Athener Stadtzentrum sterben am 5. Mai drei Menschen.

Voraussetzung für die Finanzhilfen an Griechenland ist, dass sich die Hellenen an ihren zugesagten, strikten Sparkurs halten. Lange und hitzige Debatten werden geführt. Die große Sorge der Europäer indes: Wird sich Griechenland stringent an die Haushaltskonsolidierung machen? Oder wird erneut mit geschönten Zahlen operiert? Viel Geld hat die Europäische Union seit dem Beitritt in Griechenland ausgegeben.

Ich erinnere mich an ein Kaffee-Gespräch. Ein im Ausland lebender Grieche fragte seinen Landsmann: »Wo sind denn all die Milliarden geblieben?«

»Ta fágane ola! – Sie haben alles aufgefressen!«, sagt der alte Mann im Kafeneion.

Er meint die Politiker wechselnder Couleur.

Die Krise ist längst nicht überstanden, aber rote Meerbarben bleiben sicher immer eines der Lieblingsgerichte der Griechen. Hier das Rezept. Und nicht vergessen: »Ta fágane ola! – Sie haben alles aufgefressen!«

›Gebackene Meerbarben‹
Barbúnia tiganitá – Μπαρμπούνια τηγανιτά

Zutaten:
1 kg kleine, rote Meerbarben, ausgenommen und gesäubert, 1 TL Salz, frischgemahlener weißer Pfeffer, 3 EL Mehl, 2 EL gemahlener Zwieback, 3 EL gemahlene Cornflakes (Mais- oder Getreideflocken), Zitronen. Öl zum braten.

Zubereitung:
Mehl, Zwieback, Cornflakes, Salz und Pfeffer mischen und die Fische von allen Seiten darin wälzen und auch die Innenseiten einreiben. In einer Pfanne das Öl erhitzen und die Fische von beide Seiten langsam braten. Sofort mit Zitronenscheiben servieren. Dazu passt ein frischer Salat, Ofenkartoffeln und mindestens ein halbes Kilo fruchtiger Weißwein. Zum Beispiel ein Moschofilero aus Nemea.
Kali orexi!

NACHWORT

Hinter mir liegen 19 Spaziergänge. Vom Kaffeesatzlesen mit zugegeben wenig Bewegung, bis zur stundenlangen Wanderung durch unberührte Natur und belebte Metropolen. Ich hoffe, dem Leser haben die Spaziergänge genauso gut gefallen und neue Eindrücke gebracht, wie sie mir vielfältige neue Ideen mit auf den Weg gegeben haben. Ich habe sowohl »mein« Griechenland neu entdeckt, als auch das meiner Mitgeherinnen und Mitgeher. Mir bleibt nur »Danke« zu sagen. All denjenigen, die mir geholfen haben, den Lesern und auch mir, Griechenland und das Denken und Leben seiner Einwohner besser zu verstehen.

Etwas über andere Kulturen zu erfahren, ist nicht nur einen spannenden Urlaub wert, es hilft auch, Brücken zu bauen und den eigenen Horizont zu erweitern. Ich hoffe, ich konnte den Lesern etwas wiedergeben von den zahlreichen tollen Eindrücken in ein wunderbares und manchmal bizarr erscheinendes Land.

1. Die historische Buchhandlung existiert heute leider nicht mehr. Am 30. März 2013 hatte sie ihren letzten Öffnungstag.

2. Katja Jäckel, »Der Sandalenpoet tanzt niemals in der Metro – Athener Weisheiten«, Picus-Verlag Wien 2009, ISBN 978-3-85452-953-8

3. ΙΩΑΝΝΗΣ ΚΟΤΙΤΣΑΣ, »ΙΣΤΟΡΙΑ ΤΟΛΟΝ – ΜΙΝΩΑ – ΤΟΛΟΝ ΝΑΥΠΛΙΑΣ«, ISBN 960-8462-22-3

4. www.zeit.de/online/2007/35/Waldbraende

5. www.sueddeutsche.de/panorama/artikel /880/129660

6. In: NEAFON Ausgabe 06/2007, November 2007

7. Unter www.youtube.com finden sich eine Reihe wunderschöner und leider auch erschreckender Videos von Sue Papadakos über die Waldbrände und das Taigetos-Gebirge.

8. Im Kapitel »Archäologischer Streifzug entlang der Deffnerstraße – Auf der Suche nach den Vorfahren« erzählt eine Professorin mehr über ihn.

9. www.methana.de

10. www.volcanodiscovery.com

11. Eine griechische Redensart in Anspielung auf das wichtigste Fest des Jahres: Ostern. Bedeutet hier so viel wie: Sie machten das Geschäft des Jahres.

12. Das Interview wurde am 19. Mai 2008 in Potsdam-Babelsberg geführt.

TIPPS FÜR EINEN BESUCH IN GRIECHENLAND

www.abenteuer-griechenland.eu
Die Internetseite zum Buch: mit zahlreichen Fotos zu den Spaziergängen und weiteren Informationen. Reinschauen!

www.griechische-kultur.eu
Griechische Kultur, Reiseberichte und Fotos.

www.griechenland.net
Die Internetseite der deutschsprachigen Griechenland Zeitung.

www.methana.de
Die umfangreiche Internetseite über Methana von Tobias Schorr.

www.astrovolia.com
Die Internetseite zum Ausgangspunkt des Kaffeetassenslaloms im Skigebiet.

www.dainst.org
Die Internetpräsenz des Deutschen Archäologischen Instituts.

www.orivatikos.gr
Die Internetseite des Wandervereins aus Ioannina.

www.thoukididis.gr
Die Internetseite des Xenonas Thoukididis in Kapesovo.

www.karonis.gr
Die Internetseite der Ouzo Destillerie Karonis in Nafplion.

www.theclearboxgreece.com
Georgias klarsichtige Schuhkartons.

www.griechenland-urlaub-tolo.de
Die Internetseite über Perikles' Taverne in Tolo.

www.argolis.de
Informationen rund um die Präfektur Argolis auf dem Peloponnes.

Für die freundliche Unterstützung
bei der Arbeit an diesem Buch danke ich ganz besonders:

Stefan Geyr, der mich mit seiner Frau Uschi und den Kindern Robin und Dennis
einst nach Griechenland lockte.
Lena Divani für lustige und lehrreiche Kaffeegespräche in Kolonaki.
Vicky, Kristina und Georgia für durchsichtige Schuhgeschichten und ganz vieles mehr.
Robert für sein typisch griechisches Netzwerk.
Kostas und seinen Eltern für die bewegendste Kaffeetasse Griechenlands
und wunderbare Stunden in den Bergen.
Sophokles und Vangelio für berauschende Erlebnisse im Weingut.
Ioanna und Elli und ihrem Vater Thoukidides
für besonders süße Herberge in den Zagorochoria.
Apostolos für seine museale Führung durch die Schule und seine Gesellschaft in Kapesovo.
Linda Zervakis für beeindruckende Einblicke in ihre griechische Vergangenheit
und ein Interview wie aus der Tagesschau.
Fotis Karonis mit Frau, Sohn und Schwiegertochter
für die perfekte Symbiose von Ouzo und Oktopus.
Ioannis Kotitsas und seiner liebenswürdigen Frau für erschreckende Kriegsberichte,
aufwühlende Gedichte und erstklassige Kekse.
Sue Papadakos für atemberaubende Stunden
und mit größtmöglicher Hochachtung vor ihren Taten.
Tobias, Theodoros und dem gesamte Methanateam für einen vulkanologischen
und touristischen Leckerbissen der besonderen Art.
Adonis und seiner lieben Mutter Barbara für die langjährige Freundschaft
und einen fabelhaften Grillabend am Kamin.
Georgios und Ioanna, seiner Mutter und seiner Tochter Julie mit Familie
für ein Chalkida, das Lust macht, dorthin zurückzukehren.
Kostas und Elpida für ihre Gastfreundschaft am Fuße des Wildpferdberges.
Makis für ein Cowboyspektakel der Spitzenklasse.
Jutta Stroszeck für ihre archäologischen Fachkenntnisse.
Georgios Makridis für seine Musik und sein Engagement
bei seinem irrsinnig fröhlichen Bergwanderverein.
Eva und Annett für ihre aufopferungsvolle Mithilfe im Epirusgebirge.
Susan Sideropoulos für ein herzliches Interview über ihre Kindheit,
das Leben in Griechenland und das herausragende griechische Essen.
David für einen der schönsten Tage in Griechenland und eine aufregende Autofahrt.
Gesa und Jupp, Eleftheria und Elisabetha für einen gelungenen Abend
zwischen Ladadika und Weißem Turm.
Pater Emmanuel für seinen geistigen Beistand.
Franziska für mehr als eine hervorragende Lektoratsarbeit.
Und all den vielen anderen guten Freunden und Bekannten,
die mir tatkräftig geholfen haben.
Euch allen herzlichen Dank!
Hervorheben möchte ich jedoch meinen guten Freund Perikles. Ihm habe ich es zu verdanken,
dass ich in Griechenland vor vielen Jahren eine zweite Heimat gefunden habe. Daher gilt mein
besonderer Dank ihm und seiner gesamten Familie. Und Oma Vangelio und Opa Aristides
werde ich immer in meinem Herzen behalten.
»Ευχαριστώ για όλα! – Efharistó giá óla – Danke für Alles!«
A.D.

BIOGRAPHISCHES

Andreas Deffner wurde am 31. Januar 1974 in Gladbeck, im Ruhrgebiet geboren. Er hat lange Zeit im Rheinland gelebt und wohnt heute mit seiner Frau und seinen drei Kindern in Potsdam. Seine ›Zweite Heimat‹ aber ist Griechenland. Seit er nach dem Abitur im Jahr 1993 das erste Mal nach Hellas gefahren ist, war er von Land, Leuten und Kultur begeistert. Und so fährt er, wann immer die Zeit es zulässt, »nach Hause«, nach Tolo. In dem kleinen Fischerdorf auf der Peloponnes fühlt er sich ebenso heimisch wie in Potsdam, Gladbeck oder Berlin. Und Oma Vangelio hat immer gesagt: »Junge, du bist in Toló groß geworden!«

Veröffentlichungen:

»Das Kaffeeorakel von Hellas – Abenteuer, Alltag und Krise in Griechenland«, Vlg. Re Di Roma / Remscheid, 2010; Überarbeitete Neuauflage mit Rezepten, Vlg. Größenwahn / Frankfurt, November 2013.

»Filotimo! – Abenteuer, Alltag und Krise in Griechenland« Vlg. Größenwahn / Frankfurt, August 2012; 2. Auflage Januar 2013.

»Griechische Einladung – Erzählungen, Geheimnisse und Rezepte«, Anthologie; Andreas Deffner ist vertreten mit seiner Kurzgeschichte ›Ägäischer Fischfang, Vlg. Größenwahn / April 2013.

Seit 2013 ist er beim Größenwahn Verlag Leiter der Reihe ›Griechische Einladung‹.

KAFFEEORAKEL LANDKARTE

Sidirokastro
Kato Ampelia
Serres
Kavala
Thessaloniki
I. Thassos
Arvanitas
See
Chalkidiki
Kapesovo
Pindos
Ioannina
Zagorochoria
Chrissomilia
Korfu
Pertouli
Trikala
Thessalien
Euböa
Chalkida
Nemea
Athen
Argos
Salamina
Nafplion
Methana
Tolo
Poros
Parorio
Sparta

Orte und Regionen Griechenlands,
die in diesem Buch besucht werden.

Grafik: Marti'O Sigma
© 2013 Größenwahn Verlag Frankfurt am Main

Andreas Deffner beim Größenwahn Verlag:

Filotimo!
Abenteuer, Alltag und Krise in Griechenland
ISBN: 978-3-942223-15-7
eISBN: 978-3-942223-51-5

Was? Sie kennen ›Filotimo‹ nicht? Das ist die spezielle Einstellung der Griechen zum Leben. Was sie dazu brauchen? 2-3 positive Gedanken, 1 l Lebensgefühl, 500 g Gastfreundschaft, 1 ganze reife Freundschaft (Frucht ohne Haut), 10 Tropfen Unterstützungsgefühl, etwas Stolz, Würde und Pflichtbewusstsein (aus dem Vorratsschrank). Für die Soße: 5 EL Aufopferungsbereitschaft, 5 EL Verzicht (am besten geeignet ist der Ich-Verzicht), frisch gemahlener Respekt.
Andreas Deffner kennt die Zubereitung – Filótimo – mehr als ein Wort. Es beschreibt das Gefühl bei guten Freunden zu sein, Gastfreundschaft zu geben und zu erfahren. Die Griechen leben es mit Leib und Seele.

Griechische Einladung
Erzählungen, Geheimnisse und Rezepte
ISBN: 978-3-942223-22-5
eISBN: 978-3-942223-41-6

Dürfen wir Sie zu einem Symposion einladen? Nein, keine Angst. Nicht zu einem wissenschaftlichen Kongress mit trockenen Vorträgen und noch langweiligeren Analysen. Vielmehr zu einem Symposion wie sie in der griechischen Antike an der Tagesordnung waren. Zum Reden, Diskutieren und Philosophieren. Unsere Autorinnen und Autoren erzählen Geschichten aus und von Griechenland. Über Liebe, Hoffnung und Glauben, über alltäglichen Konfrontationen, Begegnungen und Abschied, über das Leben in der Krise und die Träume für die Zukunft. Eine Tasse Kaffee oder ein Glas Wein gehören dazu, ein Mezé zum Ouzo wird garantiert, bevor Sie nach und nach Spezialitäten serviert bekommen, bis sich beinahe die Tische biegen. So wie es sich in Griechenland gehört: Essen, trinken, leben. Andreas Deffner ist vertreten mit der Kurzgeschichte: ›Ägäischer Fischfang‹

Brigitte Münch

Geschenk vom Olymp
und andere Bescherungen
Neue ägäische Geschichten

Auf dem Olymp leben dem Mythos nach die griechischen Götter. In vielen Sagen und Legenden haben die Olympier oftmals in die Geschicke der Menschen eingegriffen – aus Liebe, Lust, Hass, Eifersucht oder Machtgier, und Intrigen waren an der Tagesordnung. Was wäre, wenn die griechischen Götter auch heute noch auf uns Menschen blickten und unser Leben beeinflussen würden? Was würden Zeus, Ares und Aphrodite zu unserer gegenwärtigen Welt sagen? Und welche Geschenke würden sie für uns noch bereithalten?

ISBN: 978-3-942223-12-6   eISBN: 978-3-942223-59-1

Ute Petkakis (Hrsg.)

Xenos in Griechenland
Erzählungen deutschsprachiger Immigranten
Deutsch und Griechisch

»*Hals über Kopf hat sich Eva dazu entschlossen, mit ihrer großen Liebe nach Griechenland zu ziehen. Keinen Gedanken hat sie daran verloren, wie das Leben sein wird in einem fremden Land ...*« Deutsche und deutschsprachige Immigranten erzählen aus ihrem Leben in Griechenland: über Begegnungen, Erfahrungen und ihre Gefühle. 19 ausgewählte Beiträge des Kurzgeschichtenwettbewerbs »Xenos in Griechenland« werden zweisprachig – im deutschen Original und in griechischer Übersetzung – präsentiert. Der Wettbewerb wurde aus Anlass des 50-jährigen Anwerbeabkommens zwischen Deutschland und Griechenland vom Goethe-Institut Thessaloniki in Zusammenarbeit mit dem Größenwahn-Verlag Frankfurt am Main veranstaltet.

ISBN: 978-3-942223-06-5   eISBN: 978-3-942223-61-4

Sevastos P. Sampsounis (Hrsg.)

Bewegt
Kurzgeschichten
Deutsch und Griechisch

Eine zweisprachige Anthologie der Gesellschaft Griechischen AutorInnen in Deutschland e.V. aus Anlass des 50-jährigen Arbeits-Anwärter-Vertrages zwischen Deutschland und Griechenland. 17 AutorInnen beschreiben in ihren Kurzgeschichten Formen und Auswirkungen von kollektivem, menschlichem Zusammenleben, angetrieben von brennenden Gefühlen, die als immerwährende Bewegung empfunden werden.

ISBN: 978-3-942223-02-1   eISBN: 978-3-942223-62-1

Monika Schmidt

Das verlockende Blau
Eine Deutsche in Griechenland

1987 ging Monika Schmidt als Reiseleiterin auf die Insel Ägina. Doch sie sollte anschließend nicht nach Deutschland heimkehren, sondern in Griechenland ihr neues Zuhause finden. In ihrer Erzählung beschreibt sie die Konflikte, die entstehen können, wenn man sich in ein neues Land integriert. Eine Hommage an die Herausforderungen und die Schönheit des bikulturellen Zusammenlebens.
ISBN: 978-3-942223-21-8
eISBN: 978-3-942223-45-4

Antonia Pauly

Himmelfahrt
Kommissarin Mylona ermittelt auf Zakynthos

Kommissarin Mylona, geschieden, ein Kind, ist dem brutalen Arbeitsalltag bei der deutschen Polizei entflohen und hat eine Stelle auf der griechischen Ferieninsel Zakynthos angenommen. Doch dann wird ein Hotelier grausam ermordet. Eleni Mylonas erster Fall, wird alles andere als leichter Einstieg sich erweisen. Täter und Motiv sind weit und breit nicht in Sicht und in der dominierenden griechischen Männerwelt muss eine alleinstehende Frau erst mal sich durchkämpfen. Deutsch sprechen und denken ist hier von Vorteil und Verbündete machen das Leben leichter: der Tavernen-besitzer am Hafen plaudert gerne über Neuigkeiten und der Französischer Schriftsteller ist bereit ihr die Sehenswürdigkeiten der Insel zu zeigen. Zwischen moderne Hotelanlagen, smaragdgrüne Strände und Umweltaktivisten zum Schutz der bedrohte Careta-Careta Schildkröte läuft aber ein Mörder herum. Die ersten Herbstlichen Tage bringen neben Regen auch Erkenntnisse über das harte Leben auf einer Insel. Das Ionische Meer stürmt und Zakynthos wird von der Außenwelt abgeschnitten. Kann ein zweiter Mord Licht in die Sache bringen?
ISBN: 978-3-942223-18-8   eISBN: 978-3-942223-37-9

GRÖSSEN
WAHN
VERLAG
Lenaustraße 97
60318 Frankfurt
Tel.: +49 (0)69 48 00 29 92
Mobil: +49 (0)171 28 67 549
www.groessenwahn-verlag.de